广西乡村振兴的产业实践及其效应研究

刘银妹　主编

民族出版社

序　言

党的十九大报告提出实施乡村振兴战略，“要坚持农业农村优先发展，按照产业兴旺、生态宜居、乡风文明、治理有效、生活富裕的总要求，建立健全城乡融合发展体制机制和政策体系，加快推进农业农村现代化”。为深入学习习近平总书记的讲话精神，且为巩固和拓展脱贫攻坚成果、全面推进乡村振兴、加快农业农村现代化助力献策，2021—2022年暑假期间，广西民族大学以“青年红色筑梦之旅”项目为依托，组织数百名青年学子前往广西都安、靖西、扶绥、隆林等地多个乡村地区进行田野调查，深入发掘当地丰富的自然资源和文化资源，从人类学民族学的学科层面探索乡村产业振兴和文化振兴的实践路径。

在秉持“服务学科发展，关注社会实践”理念，综合研究背景、项目实施要求以及调研平台的前提下，经过导师团队的一致评选，特汇集了在本次调研活动中的22个团队所撰写的论文，并将其命名为《广西乡村振兴的产业实践及其效应研究》。本论文集大致分为三组研究主题：一是乡村振兴背景下特色产业及农产品品牌的建设和发展，如横州茉莉花、百色芒果、扶绥甘蔗等；二是乡村治理与集体经济组织发展，如贺州市鹅塘镇槽碓村、环江毛南族自治县思恩镇陈乡村等个案研究；三是民族地区传统文化传承与发展，如南宁“渡河公”、隆林绣花鞋等。乡村产业振兴、乡村治理发展、乡村文化传承三者互为依托，促进乡村全面振兴。此外，得益于学校提供的良好平台及学科发展优势，本次调研活动才能顺利推进。基于此，我们选编本论文集的具体理由如下：

第一，一方面广西具有沿边、背靠大西南、面向东南亚的区位条件。现阶段广西乡村地区存在多元异质要素并存，发展潜质差异较大的特征，“靠边吃边，靠海吃海”，独具特色的多元生计模式有助于激发乡村振兴的新动能，进一步把握乡村振兴战略的丰富内涵。在具体的实践路径中，有三个关键点值得注意：一是聚焦地方某一特色产业，实现产业的规模化、品牌化转型，推动产业的融合发展；二是促进城乡要素双向流动，强化数字经济与地方产业的融合发展，以城乡融合、产业融合推动乡村振兴；三是联农带农，在“自下而上”的发展中调动农民的主动性、创新性、自主性，进一步发挥他们在乡村振兴中的主体地位。

另一方面文化振兴是乡村振兴的核心动力，赋予其深刻的意义内涵。广西是个多民族聚集区，艺术是文化重要载体，音乐、舞蹈、绘画等都是宝贵的财富，通过对丰富多元的民族艺术进行田野调查研究，可以进一步完善具有民族特色、中国特色的人类学民族学理论、方法等。在实地调研中，也有三个重要问题值得深入思考：一是深入挖掘地方的非物质文化遗产，加强非物质文化遗产的生产性保护措施，坚持“文化＋”多业态融合发展；二是充分考虑地方的历史文化脉络，尊重多元主体的表达，为乡村打造新的文化空间和生活空间；三是深刻理解民族地区在历史上各民族交融交流交往的内涵，回归文化主体，促进地方文化的可持续发展，铸牢中华民族共同体意识。

第二，广西民族大学坚持“民族性、区域性和国际性”三性合一的办学特色，立足八桂大地，面向东南亚，服务乡村振兴战略和国家“一带一路”倡议。民族学正是学校的优势学科，田野调查是学科的传统特色。学校有一批专攻民族学、人类学、社会学的专任教师长期立足八桂大地，扎根边疆地区，以田野调查为矛，以理论知识为盾，整合多学科的综合研究，撰写有大量的高质量理论性文章和咨询报告，为民族地区的地方性发展积极建言献策。

因此，我们聘请了马卫华、王玥、方坤、邓渠成、龙启平、朱丽、江彬、农植媚、苏建健、苏梦颖、李玉雄、李松有、李青蓓、杨天保、肖耀科、吴健俊、陈永清、陈彪、庞正武、郑宇豪、茹洋庶、段莹、高文涛、高斌、唐贤秋、曹晗、梁刚等一批具有深厚理论功底的老师，指导学生进行调研并完成后续的研究报告撰写工作。他们具有扎实的教学、科研经验，长期深耕于乡村发展问题研究领域，对“新型职业农民”“生计转型”等概念进行过科学深入阐释和追踪研究，这也有助于更好地帮助学生明确学术研究中的问题意识，培养学生的学术研究能力。此外，还聘请了学术期刊的编辑为学生在撰写研究论文时答疑解惑，为学生建立学术论文写作规范性和严谨性的准则。

第三，习近平总书记强调“从国情出发，从中国实践中来、到中国实践中去，把论文写在祖国大地上，使理论和政策创新符合中国实际、具有中国特色”。这也与人类学民族学的学科要义相吻合。专事关怀与研究人类行为和文化的人类学，经过两百余年的发展已经成为一门国际性学科；人类学民族学也具有综合性和跨学科研究人类文化和民族文化的、特色鲜明的专业特点与学科优势。

如今，人类学民族学学科的重大理论价值和应用价值越来越凸显，研究者不断探索中国经验概念化、国际化的路径，以此推动中国民族学人类学的范畴构建，最终将其应用于社会实践，服务于社会大众。同时，学科也突破传统的小型社区的研究范式，提出诸如“多点民族志”“线索民族志”等研究方法，积极探索在当下社会中新的研究路径，寻找更广阔的研究视阈。因此，本论文集坚持问题导向，追踪学术前沿，以学术关怀社会，倡导立足传统面向当代社会实践的人类学民族学研究，为乡村振兴战略的实施提供现实依据和理论基础。

综上，我们期待青年学子扎根八桂大地，了解国情、民情，接受革命传统教育，用创新创业成果服务乡村振兴战略，助力巩固脱贫成果，走好新时代青年的新长征路。同时，也希望赋予文化持有者文化叙述和解释的权利，并以青年学子的视角和口吻将广西乡村振兴的实录记录下来，“见森林也见树木”，观察一个个具体的人是如何在政策背景下不断调适，寻求发展之路。此外，还希望通过此次实践活动，能让外界了解到地处边疆地区的民族院校在学生的培育、学科的建设、地区的发展策等方面所做的一些努力。

理解他者、理解中国，这也正是迈向人民、面向未来，在复杂社会中从事求知的学科使命和担当。

目　录

乡村振兴背景下特色产业及农产品品牌的建设和发展

乡村治理与集体经济组织发展

民族地区传统文化传承与发展

乡村振兴背景下特色产业及农产品品牌的建设和发展

民族地区农产品区域公用品牌发展与农民职业分化研究

——以横州茉莉花为例

刘银妹　王波　王小丽　吴嘉欣

一、研究背景及意义

近些年来，伴随着我国工业化和城镇化的飞速发展，农民也开始逐渐从传统农民向现代农民发生转变，许多农民开始不再仅仅以农业作为自己的职业，而是去尝试从事农业以外的一些相关职业，农民职业分化进程正在不断推进。农村职业分化，能在农村产业结构合理化构建、转变农民的生活方式和传统观念上有着积极作用（金榜，1986），农民职业分化是转移农村剩余劳动力，提高农民收入的重要途径；是推进城市化和我国第三产业发展的重要力量，对我国全面实现小康构建社会主义和谐社会具有重要意义（冉志、郑万军，2006），农民职业分化为土地流转创造了条件，在促进资源合理配置、提高农业生产率上有着重要作用（牟少岩，2008）。但是我国农民职业分化仍面临很多问题，如职业工种的层次比较低；其从事的职业稳定性较差，不利于职业分化的完全分化，从而阻碍农民的稳定增收，"兼业化"现象不利于农民的非农职业生涯的稳定发展；农民工的城乡间"候鸟"式人员流动不利于社会稳定和新农村建设；且农民职业分化的不彻底不利于农业现代化的发展（李逸波、彭建强、赵邦宏，2012）。并且传统的户籍制度和与之相适应的社会保障制度会阻碍农民职业分化的进程（赵一浩，2017）。如何促进农民职业分化，解决当今职业分化过程中所面临的困境，保证农民职业分化进程的积极推进，是当今研究所需要关注的重点。而在发展农村经济的过程中，建设区域农产品品牌逐渐成为一个新的发展方向，相关实证研究也证明农产品区域品牌拥有数量对当地区域经济发展有着推动作用（李佛关，2013）。农产品品牌建设是提升产品质量对市场化最好的监督，能够有效优化农业产业结构，提高农民的经济收益（刘志峰，2018）。品牌就是竞争力，深入实施农产品品牌战略是贯彻落实科学发展观，带动农业向规模化、标准化、产业化和市场化方向发展的重要手段，是农产品实现市场价值的重要保证，对于提高农产品的质量水平和知名度、持续增加农业经济和农民收入、促进传统农业向现代农业快速发展转变具有重要的现实意义（贾宁、沈继梅，2016）。目前我国许多地区的品牌化建设也取得了巨大成果。如以蔬菜种植闻名的“寿光模式”，发挥本区域的种植特色与区域优势，通过蔬菜种植带动本地的一二三产业的综合性发展，为其他地区的区域公用品牌化建设树立了学习典范（李新军，2021）。种种研究表明区域农产品品牌化建设对发展当地乡村经济有着十分重要的作用，研究其模式内涵、运行过程以及成效典范，能有助于农产品品牌化建设的普及与发展，为开发我国乡村经济活力提供一个有效的途径。

横州作为一个依靠农产品提高经济收益的小地，如何能成为中国茉莉花之乡，靠的就是结合自身的区域优势，推进茉莉花区域品牌化建设，在农产品市场上占得先机，不断增强农产品市场竞争力，并围绕茉莉花建成一系列的相关产业集群，推动区域经济综合发展。横州的成功非常值得我们去探讨与思考。

本项目立足于广西横州当前茉莉花产业发展现状，以茉莉花种植户、茉莉花收购商、茉莉花加工企业等单位作为调查访问对象，开展广泛深入的调查研究。随着横州茉莉花（茶）产业的不断发展以及横州实施的茉莉花区域品牌化发展战略，农民不再停留在茉莉花的种植、采收等第一产业领域，开始尝试在茉莉花（茶）庞大的产业链不同的劳动分工中分离出与茉莉花（茶）相关的新职业，其分化的类别呈现多元化状态。在民族地区农产品区域公用品牌发展中，研究茉莉花产业中的横县人民的职业状况和发展变化，在理论基础上，结合广西具有代表性的农产品区域公用品牌——横州茉莉花，探讨民族地区农产品区域公用品牌发展和农民职业分化研究。

二、横州茉莉花品牌发展历程

横州茉莉花品牌的发展历程从20世纪70年代末开始，经过四十多年的不断努力，经历初期、发展和成熟三个阶段，横州成为了全球最大的茉莉花和茉莉花茶生产基地。通过初期的试种和逐步推广，以及打造集生产、加工、科研、文化、观光和旅游于一体的“中华茉莉园”，茉莉花产业的发展使得横州乡村振兴进入了新的阶段，开启了现代农业的科技提升新征程，同时也为横州扩大对外合作、实现互利共赢打造了新载体，拓展了新空间，带来了新机遇。

（一）初期阶段

由于横州的气候地理条件十分适合茉莉花的生长，横州市在20世纪70年代末开始了茉莉花生产模式的商品化。1978年中共十一届三中全会召开后，当时的横县茶厂经过调查研究，根据当时的市场趋势以及对茉莉花的了解，决定大力发展茉莉花生产，并取得了较好的经济效益和社会效益。从此以后，横州便大力推广茉莉花的种植产业。1990年，在全国的评比当中，横县茶厂作为横县本地茶厂的代表，其生产的“金花”茉莉花茶取得第一名，获得部优金奖。从此横县茶厂生产的茉莉花茶在全国各地享有盛誉。

（二）发展阶段

21世纪以来，横州先后建设了中华茉莉园和中华茉莉花产业（核心）示范区，对提高横县茉莉花产品标准化加工程度，加快横县茉莉花产业转型升级、实现“标准化、国际化”发展目标，打造横县“中国茉莉之乡”形象与品牌起到积极的推动作用。并于2014年12月获批设立设立了广西首个“国家地理标志产品保护示范区”，有效地规范和带动了横州地理标志产品产业的发展。广西横州国家地理标志产品保护示范区拥有“横州茉莉花”“横州茉莉花茶”“横州大头菜”和“南山白毛茶”等4个地理标志保护产品，是广西获得数量最多的县份之一。

（三）成熟阶段

2015年之后，横州继续加大力度，提升示范区的建设水平。将横州中华茉莉花产业（核心）示范区升级为“广西现代特色农业（核心）示范区”。随后，横州开始创建国家现代农业产业园，截至2017年10月，产业园茉莉花产业共申请了发明专利67件，其中已有30件获得发明专利授权。横州茉莉花产业园被列为首批获准创建国家级现代农业产业园的农业产业园之一，在横州茉莉花产业发展中居于核心地位。在2018年的第十五届广西名特优农产品交易会上，横州茉莉花茶获得首批广西“广西农产品区域公用品牌”荣誉称号。广西横州茉莉花产量占全国的80%，占全世界的60%，横州茉莉花在全国公用品牌价值评比中达到195亿元，位居广西农产品品牌第一。

2021年，第三届世界茉莉花大会再次列入中国—东盟博览会系列活动，会节规模不断扩大、规格更高，进一步促进横州市茉莉花产业兴旺、文化传承、城市发展，茉莉花产业深度融入“一带一路”建设，推动横州茉莉花这一“桂系”品牌走向全国、走向世界。

近年来，横县贯彻落实“互联网+”行动计划的进程不断加快，横县花茶企业电子商务业发展更是取得了不错的成绩，横县新型职业农民培育基地和新型职业农民成了助推产业发展的重要力量。

三、横州农民职业分化现状

农民的职业分化是指农民从原本单一的农民职业、角色向非农职业进行转换，在农村或城镇地区形成多种角色并存的一种趋势。农民的职业分化对于促进农业现代化的发展及其与工业化、城镇化同步发展具有重要意义。经过田野调查发现，横州农民职业分化现状与国内大部分农村地区的农民职业分化的发展变化特点大致相同，职业分化呈现多元化发展趋势，分化程度随着茉莉花（茶）产业链的发展而逐渐增大，且速度较快、兼业化特点突出，但存在稳定性较低的问题。而围绕茉莉花（茶）产业链中农民群体的年龄结构进行分析，横州农民职业分化年龄结构出现分层，部分职业存在高龄现象，“新农民”群体较少，不利于茉莉花种植、培养及相关技术革新研发与推广，不利于茉莉花（茶）区域品牌化发展。

（一）横州农民的职业分化呈现多元化状态

随着横州实施的茉莉花区域品牌化“1+9”发展战略，当地农民不再停留于茉莉花的种植、采收等第一产业的职业领域，开始尝试参与在茉莉花（茶）产业链的劳动分工中分离产生与茉莉花茶相关的新职业领域，职业分化呈现多元化状态。而茉莉花种植管理技术的不断改良与创新，及茉莉花（茶）制作流程改进等相关科学技术的升级，在某种程度上也在促进农民的职业分化，使得农民的从事的工作多样化，逐渐分布于一、二、三产业的不同领域和不同层面。

根据 2018 年横州第四次全国经济普查公报数据显示，在第二产业和第三产业法人单位中，位居第一的行业是：批发和零售业 1371 个，占 23.4%，其中酒、饮料和精制茶制造业企业法人单位[①] 139 个，占比 17.77%，从业人员达 6672 人，占比 19.48%，位于工业从业人员数量第一。在个体经营户中，位居第一的行业是：批发和零售业 24129 个，占 66.7%，其中从事批发和零售业的法人单位人员 4598 人，个体经营户从业人员 80289 人。[②] 随着横州茉莉花（茶）产业产值的同步提升，及对内外的销售市场总体表现平稳和市场反馈向好等形势，农民从事非农职业的人数比例及在职业分布上存在明显上升趋势。

（二）横州农民围绕茉莉花的职业分化程度逐渐增大，速度较快

1978 年，横州引进双瓣茉莉花种苗，在县城附近的农户试种并逐步推广。从单一种植、采摘工作脱离出来的部分农民开始从事茉莉花（茶）的生产、加工、运输、销售、服务、旅游、管理等方面的各种相关职业。根据横州市政府的统计数据表示，从 2017 年到 2020 年茉莉花的种植产量由 83284 吨增长到 90837 吨，在 2017 年横州新增就业岗位 9853 个，新增城镇就业人数 3244 人，至 2020 年城镇安置失业人员就业人数仅为 902 人，农村劳动力转移就业新增人数 9263 人。[③] 茉莉花（茶）产业链中农民的职业分化的程度增大、岗位新增速度较快，为横州的农民提供更多就业岗位，农村居民收入得到飞速增长，2015 年到 2020 年农村居民的人均可支配收入从 10480 元提升到 16253 元。

---

① 注：企业法人单位，包括机构类型为企业的法人单位、执行企业会计制度的事业法人单位、民办非企业法人单位和基金会，农民专业合作社、农村集体经济组织和除宗教活动场所以外的机构类型为其他组织机构的法人单位。

② 横县统计局：《横县第四次全国经济普查公报（第二号）——单位基本情况》，广西南宁横州市人民政府门户网站，http://www.gxhx.gov.cn/sj/sjkf/t4502396.html，访问时间：2021 年 8 月 20 日。

③ 横县统计局：《横县 2020 年国民经济和社会发展统计公报》，广西南宁横州市人民政府门户网站，http://www.gxhx.gov.cn/sj/sjkf/t4747461.html，访问时间：2021 年 8 月 21 日。

（三）横州农民职业分化年龄结构出现分层

根据调查发现，在当地农民职业分化中出现农民群体年龄结构分层现象，且部分职业存在高龄化。从事农业的农民大多属于由于年龄过大而回归家乡的农民工及常年在家从事家务劳动者的妇女，年龄集中在45岁及以上；在茉莉花（茶）产业链中从事个体或合伙工商劳动者、私营企业主、雇工等职业的农民群体的年龄分布集中在30岁至45岁。

根据人口结构理念，当前横州农民群体的小部分已从传统的“70”“60”群体，转型为“80”“90”群体，而“80”“90”这一群体属于“新农民”，在知识水平、生活态度、择业态度等方面与以往的农民群体有明显不同。根据调查组的调查发现，在横州茉莉花（茶）产业链的某些职业岗位的年龄结构中，存在“新农民”群体较少，反而高龄化职业人群偏多现象。在茉莉花的种植、土肥管理、病虫防止及采收等方面，规范的茉莉花种植技术能尽可能扩大其产值，增收获利的同时保护好土地，但要求从事相关种植工作的职业人群在有一定强的身体素质的基础上，还要熟悉茉莉花的习性、掌握土壤的治理方法及科学驱虫技术，“新农民”也就是“80”“90”群体比高龄职业群体更能体现其优势。但据调查了解到，在横州种植茉莉花的人群中，60岁的老年人居多，占所调查人群数量约30%，这一农民群体对茉莉花的种植管理没有规范的专业技术认知，所以在种植茉莉花过程遇到的大部分问题只能请教专业人士才得以解决，这样有可能将茉莉花种植成本提高，未能及时解决还将影响茉莉花的产量，且不科学的除虫施肥也将破环原本种植的土壤条件，造成不可逆转的环境损失。在茉莉花（茶）产业链上的从事有关职业的农民群体中，存在一定程度的年龄结构分层现象，不合理的职业年龄结构分层将会导致该职业的生产产量、收益或环境保护等方面的发展受限。

（四）横州农民职业分化稳定性较低，兼业化程度较高

虽然横州农民的职业分化呈现多元化状态，并且职业分化速度较快，但

大部分农民处于兼业的状态，其分化不彻底，稳定性较低，主要体现在两方面：一是在访谈的花农中，除去高龄的劳动者，有较多人表示结束花期后会外出寻找其他工作，这种“候鸟型农民”对茉莉花即土地存在一定的依赖性，在职业分化过程中分化不彻底；二是即使成功职业分化后在第二、三产业层面从事工作的农民人群中，仍存在兼业的情况，例如部分制作茉莉花茶的农民个体经营由于起步较晚的缘故，一个农民需要身兼数职，在收购茉莉花的同时也进行着电商销售宣传，以及在种植茉莉花的同时也进行者茉莉花茶的制作。调查组推断，横州农民的职业分化过程中，部分农民没有完全脱离农民的职业身份，扮演多种职业角色，还有部分农民即使脱离农民的职业身份，但其兼业特征让其在多种职业角色中转换，稳定性不高。长期来看，农民职业分化不稳定及兼业性强，将不利于农民非农职业生涯的发展及影响其稳定增收。

四、职业分化的影响因素

自横州实施的茉莉花区域品牌化“1+9”发展战略的提出，横州茉莉花产业得到不断发展壮大，茉莉花产业不仅仅是当地的第一产业，甚至延伸至第二、第三产业，成为当地名副其实的“致富花”，也成为带动横州市社会经济发展的主要产业，促进了当地产业多样化发展。当地人民拥有了更多的职业选择，不仅仅局限于茉莉花花农这一基础职业；随着产业的延伸，以及进入茉莉花产业人员的年轻化，越来越多的人抛弃了花农这一基础职业，开始从事其他职业，从而在当地出现了农民职业分化。基于对横州市农民职业分化呈现多元化，农民职业分化程度逐渐增大、速度较快，职业分化年龄出现分层、分化稳定性低、兼业化程度较高等现状的研究分析，发现横州农民职业分化是一个多层次、多角度复合影响的产物，当地的农民职业分化受到了多方面的影响，其影响因素可以分为国家政策等宏观层面的因素、地方政策和现代科技等中观层面的因素和农民个人的微观因素。

（一）宏观层面

1. 乡村战略实施，产业分工的要求

习近平总书记在中共中央政治局第八次集体学习时强调，农业农村现代化是实施乡村振兴战略的总目标，坚持农业农村优先发展是总方针，产业兴旺、生态宜居、乡风文明、治理有效、生活富裕是总要求。[①]只有实现了农村生产方式的现代化，使传统农民变为现代产业工人，才能为农民提供更多更好的体面就业。尤其是要加大政策支持力度，采取多元化途径，积极培育一批爱农业、懂技术、善经营、会管理、能够扎根农村的新农人和职业农民，使之成为推进农业现代化的主力军（李周、温铁军、魏后凯、杜志雄、李成贵、金文成，2021）。以横州市为例，其推出"1+9"的特色产业体系。当地的现代化农民不仅仅能选择传统农耕、摘花的工作，更有很多人依靠乡村振兴战略下产业的分化选择成为茉莉花收购商、茶商以及参与茉莉花产业相关的康养、花卉等其他产业。

2. 文化兴农，品牌助农

随着农业供给侧结构性改革的深入推进以及消费者对农产品个性化需求的增长，发展特色品牌农业及农产品区域公用品牌成为推动乡村产业振兴的重要突破口。而要想实现农村社区的真正可持续发展，其动力只能是来自社区内部，来自社区的人口——农民。发挥村民的主体性，依靠自身力量，找到经济、社会发展的目标以及实现途径。内发发展意味着从地区的文化传统出发，适应固有的自然生态环境，自立地发展（周大鸣，2006）。发挥本地文化的价值，让村民享受到文化的红利。

（二）中观因素

1. 地方政策的多重保障

横州把茉莉花产业作为富民强县的重要产业。2018 年横州政府以茉莉产

① 《习近平主持中共中央政治局第八次集体学习并讲话》，2018-09-22，www.gov.vn/xinwen/2018-09/22/content-5324654.htm?cid=303，来源：中华人民共和国中央人民政府网。

业扶持乡村发展，制定《关于加快横县茉莉花产业发展的意见（2018—2020年）》和《横县茉莉花产业发展奖励扶持暂行办法》等一系列扶持政策，每年投入1000万元支持茉莉花产业发展。落实到位的政策，确保当地政府的公信力得到人民的认可，政府公信力的提升又反哺政策的落实，促进人民拥护地方政策，产业在统一的部署规划下得到迅速的发展。

2. 基础设施兜底保障

近年来横州市先后进行投资了5亿多元建设成为全国首家茉莉花产业园。一方面，积极借助机遇以“强龙头、补链条、集聚群”思路实施茉莉花“1+9”特色产业体系，助推横州茉莉花产业跳出传统发展模式，扩大横州茉莉花的资源优势。另一方面，加快推进建设六景产业园物流园、全球茉莉配送中心、横州快递物流共配中心项目。其中2020年5月“中国·茉莉小镇茉莉花交易市场”作为重要茉莉花集散中心投入使用，为花农与茉莉花加工企业牵线搭桥。

3. 着力强调科技兴农

横州与科研机构合作，以及聘请专家顾问建立了“茉莉花专家大院”，发展“数字茉莉”等，打破原先花农对茉莉花种植缺乏科学指导、茶商少造成的花多茶少、花价过低的尴尬局面。同时建立和发展了一个良好的茉莉花产业的监督体系和标准机制，大大改善了横州茉莉花产业的发展环境，进而带动茉莉花产业劳动生产率和土地生产率的提高。

（三）微观因素

1. 自身因素

根据劳动经济学理论，劳动意愿和劳动能力决定着劳动供给，说明劳动者的就业选择与劳动者自身能力挂钩（欧阳博强、张广胜，2018）。

（1）年龄影响因素

由于农村年轻人外出，农村常住人口年龄结构呈两头高，中间低形状，即青少年和老年人口多，青壮年人口少，农村地区老年人口比例明显上升，加快了农村人口的老龄化速度，同时也使农村部分地区出现了劳动力适龄人口短缺的问题（何亮，2002）。因此，年纪较长的农民通常也由于自身素质较低，顺应外部环境能力较差从事非农工作能力较弱，只能固守农业，从事简单的劳动。

（2）性别影响因素

相较于女性，男性农民因其社会约束力小更容易从事非农职业。因此在横州茉莉花产业中，当地从事茉莉花种植采摘的主力军为老人和妇女，而青壮年承担家庭重任大多选择外出打工或从事重体力劳动相关的工作，在一定程度上与传统中国“男主外女主内”潜在的家庭分工意识有关。

（3）人力资本水平因素

如受教育程度、普通话水平、健康状况。个体人力资本水平越高，则就业竞争力越强，择业面更广。一般自身素质高的个体往往能抓住机遇进行职业转型，由原先单一的个体职业转变为多元化职业角色，共同为推进横州茉莉花一、二、三产业的高质量发展增添活力动力。

2. 外在因素

（1）家庭的经济状况因素

一般家庭经济状况条件好的，拥有较丰富的社会资源，对底层岗位的依赖性不高的群体，职业转型更容易，这源于个体户和自主创业需要稳定的资金链作支撑；以及被誉为“中国茉莉之都”的横州有着浓郁的茉莉花文化氛围，当地不少家庭世代从事茉莉花事业，几代花农、茶商延续传承。

（2）居住地域因素

居住地域对个体的工作类型或岗位具有重要影响。居住城镇或接近城镇的个体，就业信息来源丰富，且职业技能培训机会较多，从事非农工作可能性更大。

（3）土地资源影响因素

根据当地横州各村落大多数老人数量多，青壮年劳动缺少，家庭人均耕地面积大的特点，大部分花农不忍将土地荒废，仍愿意通过种植附加高的茉莉花给家庭带来可观的收入。

（4）下一代教育资源影响因素

对于家中有子女的群体而言，不仅要赡养老人，还要抚养孩子，经济负担压力大。然而对孩子的陪伴和教育无法通过获得金钱的多少换取得到，“有些人钱挣到了，孩子没有教好。我宁可挣得少一些，也要把小孩教得好一些，小孩也想和大人生活在一起”，因而许多的个体愿意为了亲自教育好下一代而放弃外出务工。

（5）技术因素影响

技术的难易程度决定了加入一个行业门槛的高低程度。技术含量越高，该行业的门槛就越高，进入此行业的人就很少；技术含量越低，该行业的门槛就很低，人人都能够加入到其中。技术就成为了职业分工的一个重要的影响因素。对于横州茉莉花产业而言，摘花的技术含量很小，因而上至老年，下至青少年，均能加入到里面去，而像收购商、茶商等职业的技术含量相对较高，能够进入此行业的人就较少。

五、农产品区域公用品牌发展与农民职业分化的互动

横州的茉莉花产业经过多年的经营建设，已经形成了享誉全国的茉莉花（茶）品牌产业链，打造了横州独有的茉莉花区域公用品牌，而与之齐头并进发展的，是当地农民的职业分化进程的推进，横州的农民也渐渐地从以前的主要依靠土地作为主要生产资料的生产活动中开始分离出来，从事和农业以外的其他产业的生产与经营。在这一过程中，横州的茉莉花品牌产业集群建设和当地农民的职业分化相互作用，茉莉花公用品牌化建设推动了农民职业分化，而农民职业分化又反过来对横县茉莉花公用品牌化建设提供了支撑作用。

（一）农产品区域公用品牌化发展对农民职业分化的推动作用

1. 农产品区域公用品牌相关政策体系日趋完善

农产品区域公用品牌化发展作为全面贯彻乡村振兴、打赢脱贫攻坚战的重要保障，在这一过程中，政府在农产品区域公用品牌化发展建设中充分发

挥自身作为推动者、引导者、组织者、监管者的作用。横州当地政府充分贯彻落实区域农产品品牌化发展的宗旨，围绕当地特色产品“茉莉花”，打造现代茉莉花产业集群，鼓励茉莉花种植，建立茉莉花市场交易监管体制，推动茉莉花种植的规模化，使得茉莉花种植在当地农业种植中处于主要地位，而合理的茉莉花种植规模也大大降低了茉莉花种植的劳动力需求，加之丰富的产业集群建设完善，使得更多人有能力参与到其他产业生产，推动职业分化。政府鼓励推进地理标志专用标志的使用，打造“横州茉莉花”“茉莉花茶”的区域地理品牌形象，为茉莉花产业多元化发展提供官方动力支持，鼓励更多非农化的第二、三产业的茉莉花产业的建设，促进了职业分化。

2. 茉莉花相关产业市场规模不断拓宽

横州茉莉花产业发展建设立体化市场发展体系，横向上不断拓宽市场规模，产品畅销全国各地，并通过发展与东盟各国之间的交易，开拓茉莉花国际市场，凭着良好的品质在国际市场站稳脚跟。而这反作用于供给方，使茉莉花生产加工的规模不断地提升，让更多的横州人民走入了茉莉花产品的生产、加工等不同的产业领域。纵向上横州茉莉花发展不断开拓新的产业链，将茉莉花市场辐射至更多的产业，建立了独特的茉莉花产业集群。伴随着横州茉莉花市场覆盖面的不断拓宽，越来越多的不同产业以及同一产业的规模扩大，在职业人数与职业数量上的需求也越来越多，许多农民走出田野，凭借着自身对茉莉花相关知识的储备，走进茉莉花相关的其他领域，促进了当地农民的职业分化。

3. 科学技术引起茉莉花产业领域的变革发展

随着科学技术的不断提高，一方面，应用于经济生产上的技术有了很大的改进，农民采花时的遮阳板、空调服等防晒套装大大提高了农民的采花效率，运用大数据库采集茉莉花生长的相关数据，开展的延长开花期的实验及其成果大大提升了茉莉花的产量；更加智能化的筛花、通花、烘干机器的出现，也使得工厂加工过程更加方便快捷，提高了生产力。随着这些人力生产逐渐被机器生产替代，产业结构发生变化，从而促进产业供给侧结构性改革。而另一方面，横州对茉莉花相关产业的技术研发也促进茉莉花产业链的衍生发展，通过茉莉提取、制作香氛类的茉莉香水、精油；通过规模化标准化的茉莉花大规模种植带动旅游业的发展；将茉莉花融入到食物、饮品当中来开发横州特色的相关餐饮品牌。越来越多的横州市民通过自己的劳动与智慧，将茉莉花融入到各种不同的领域，形成了横州独有的茉莉花产业集群，越来越多的人转行去了其他领域工作，从而促进农民的职业转型。

（二）农民职业分化对农产品公用品牌化发展的支撑作用

随着农民职业分化程度的不断加深，少量劳动力服务于第一产业生产，其他农民则走进茉莉花第二、第三产业中。随着越来越多茉莉花产业的兴起，横州茉莉花各产业之间的竞争也不断增大，许多的产业不得不提升自己的市场竞争力，另辟蹊径开发新的茉莉花相关的产业产品，从而使得自身的利益最大化。在政府引导支持下，正当合法竞争使得茉莉花的产业发展不断得到创新，逐渐形成了独具特色的横州茉莉花产业集群，正是有着职业分化发挥的作用，支撑着横州茉莉花产业从第一产业向第二、第三产业开拓，使得茉莉花产业链得到延长，产品附加值增加，推动了农产品品牌体系的完善。

横州市在打造茉莉花农产品区域公用品牌的发展过程中，形成了一系列围绕茉莉花这一农产品的相关产业链和产业集群，在政府政策、市场、科学技术等因素的推动下，横州第一产业的生产力得到提高，改变了当地的产业结构，推动社会分化，最终导致了农民的职业分化。而随着农民的职业分化进程的不断推进，越来越多的横州人民摆脱了土地去经营、开拓当地的第二、第三产业，建成横州区域农业产业集群，推动了当地农产品品牌化的不断发展。在这一过程中，农产品区域公用品牌发展与农民职业分化不断进行互动，共同推进横州经济的不断攀升，为当地百姓带来更多的经济收入。

参考文献

[1] 金榜 . 农村职业分化状况及其影响 . 社会学研究，1986（5）.

[2] 冉志，郑万军 . 我国农民职业分化探析 . 江南大学学报（人文社会科学版），2006（1）.

[3] 牟少岩 . 农民职业分化的影响因素研究——以青岛地区为例 . 泰安：

山东农业大学，2008.

[4] 李逸波，彭建强，赵邦宏．中国农民职业分化现状分析．调研世界，2012（10）.

[5] 赵一浩．大同市农民职业分化现状及影响因素研究．太原：山西农业大学，2017.

[6] 李佛关．农产品区域品牌对农业区域经济发展的推进——基于国家三部委地理标志截面数据的实证研究．广东农业科学，2013（24）.

[7] 刘志峰．农产品质量提升及品牌建设思路研究．农民致富之友，2018（2）.

[8] 贾宁，沈继梅．沧州市农产品品牌发展研究．农业开发与装备，2016（10）.

[9] 李兴军．“寿光模式”对传统农耕文化的传承与创新．古今农业，2021（1）.

[10] 李周，温铁军，魏后凯，等．加快推进农业农村现代化：“三农”专家深度解读中共中央一号文件精神．中国农村经济，2021（4）.

[11] 周大鸣．内源式发展与参与式发展．中国民族报，2006-03-17（006）.

[12] 欧阳博强，张广胜．农民工就业分化及其影响因素．华南农业大学学报（社会科学版），2018（3）.

[13] 何亮．论转轨时期贫困地区农村劳动力流动对农村经济的影响——对贵州威宁县农劳动力流动的实证研究．贵阳：贵州大学，2002.

[本文原载《现代化农业》2022（6）]

乡村振兴背景下芒果产业发展现状研究

——以百色市田东县为例

游博晖　廖培含　方仕仗　黎楚　廖雪霄　秦丹
苏永琪　徐一郡　淡晖亮　伍日旺

一、研究缘起

实施乡村振兴战略，是党的十九大作出的重大决策部署。党的十九届五中全会审议通过的《中共中央关于制定国民经济和社会发展第十四个五年规划和二〇三五年远景目标的建议》，对新发展阶段优先发展农业农村、全面推进乡村振兴作出总体部署，为做好当前和今后一个时期“三农”工作指明了方向。[①] 2020 年以来，田东县坚持把解决三农问题放在首位，并在农业工作中取得了显著成效，但目前仍然存在农业发展不平衡、不充分情况。因此，解决芒果产业方面现存的问题对田东县农业经济发展具有重要意义。开展本研究目的在于为田东县芒果产业振兴提供理论指导，促进当地芒果产业结构优化升级，推动农村产业融合发展，延伸产业链，使田东县芒果产业持续健康发展，助力田东地区实施乡村振兴战略。

位于右江河谷两岸的百色田东县，地理条件优越，土地肥沃、光热充足、雨热同季，是我国芒果栽培最适宜的地区之一。田东芒果种植历史悠久，据

① 《中共中央关于制定国民经济和社会发展第十四个五年规划和二〇三五年远景目标的建议》，北京，人民出版社，2020。

《广西通志》卷二十记载："芒果田州土州（今田东、田阳）出树扶疎直上，枝叶秋冬不凋。"[①]

近年来，田东县大力发展芒果种植，逐步建立了右江河谷芒果生产基地，同时把芒果产业作为振兴田东农村经济、加快红色老区群众脱贫致富的支柱产业来抓。

本文以田东县芒果产业为研究对象，对当地芒果产业的发展现状、发展趋势、存在的问题等进行研究。首先，通过查阅文献了解国内外芒果产业的现状，吸取国内外芒果产区的发展经验。其次，通过实地调研并在广泛听取相关专家和人士得意见后，归纳田东主产区芒果生产情况以及发展趋势，并深入分析总结百色芒果产业发展存在的不足，同时结合乡村振兴战略的内容，提出田东县芒果产业发展的基本思路和主要任务。最后，对田东县芒果产业振兴提出对策及建议。

二、研究现状

目前，国内研究田东县芒果产业发展及相关对策分析的文献，具有以下共同特点。

一是强调当地芒果产业在种植技术普及及种植规模化方面所存在的不足，认为当地芒果产业发展缺陷主要集中在种植方面。如陆弟敏《广西田东芒果产业发展制约因素与对策研究》一文认为制约田东县芒果产业发展的因素主要有种植技术；生产设备和管理能力落后；缺乏专业指导；缺乏规模化；产业链不完整等。田东地区芒果种植多为传统农业种植模式，缺乏现代化的种植生产技术及管理技术，主要表现在产中管理（包括修剪、摘叶、套袋、转果和病虫害防治等）技术粗放、芒果的疏花疏果技术应用不理想。[②]何堂熹等《广西百色芒果低产原因分析与改造技术》一文认为百色芒果低产很大原因是

① （清）金鉷：《钦定四库全书·史部 11·地理类·广西通志》卷 20。
② 陆弟敏：《广西田东芒果产业发展制约因素与对策研究》，载《中国热带农业》，2018（4）。

栽培、管理技术落后、选种不合理等因素，导致当地出现了许多低产量果园，成为制约芒果产业发展的瓶颈。[①]

二是强调当地芒果产业在传统销售及电商发展方面的不足，认为当地芒果产业发展缺陷主要集中在加工及销售环节。如覃珊娜《农村电商成长记——聚焦广西百色田东县水果电商发展历程》（浙江大学，2019年）一文认为制约田东县芒果产业发展的因素主要是芒果产业电商建设落后及相关从业人员缺乏经验等。从事电商的人大部分都缺乏专业的电商运营知识和网络推广技术。微商是大部分人接触电商的开端，也是个体小电商线上销售的主要渠道。但仅靠微信朋友圈或亲友群分享这种单一的宣传方式，难以做大做强，网络信息技术、电商运营推广技术、数据分析、美工设计等电子商务专业技术的贫乏，也阻碍着他们向大体量电商平台的发展。

三是强调当地芒果产业在品牌建设方面的不足。黄新建在《广西“百色芒果”品牌建设的问题与对策研究》（华中科技大学，2019年）一文认为制约田东县芒果产业发展的因素主要是芒果产业品牌建设与发展策略不强，缺少知名品牌，品种繁多难记，品牌网络销售占比低等。品牌建设涉及主体较多，除生产经营主体的农户和农业企业外，还有政府、行业协会等；各参与品牌建设的主体对品牌建设的认识不到位；品牌宣传力度不够，缺乏扩大品牌知名度的途径探索；宣传渠道方式有待拓展，品牌宣传形式单一，主要是依靠展览和产品推介会，缺乏扩大品牌知名度的途径探索，没有能充分利用权威品牌价值发布平台增加品牌曝光率，知名度缺爆发力，如在中国农业品牌研究网公布的《2018中国果品品牌价值评估报告》中，“三亚芒果”品牌价值26.21亿元，而“百色芒果”品牌未参评。

综合各类研究文献来看，前人在对田东县芒果产业发展研究还存在以下不足；一是着眼点主要集中在芒果种植大户及产业示范基地，缺乏对农村个体种植户的深入调查研究，缺乏农户种植方面存在问题的一手数据，对限制产业发展的因素分析不全、较为单一。二是过于强调产业发展电商化，目前忽视了传统销售渠道在芒果销售中所起到的主体作用，缺乏对农村电商普及程度及难度

① 何堂熹、何新华、罗聪等:《广西百色芒果低产原因分析与改造技术》，载《农业研究与应用》，2018（3）。

的认识。三是忽视了劳动力流出与村集体经济对芒果产业发展的影响，农村适龄劳动力大量流出导致个体种植户以中老年人为主，农村闲置土地不断增加，如何利用大量闲置土地发展村集体芒果种植产业仍需妥善解决。

三、田东县芒果产业发展史

田东芒果历史久远，早在宋、元时期就作为地方名产进贡朝廷。从1985年开始，田东县大力发展芒果种植产业，确立了右江河谷芒果商品生产基地的地位，把建设芒果商品基地作为振兴田东农村经济、加快老区群众脱贫致富的一项支柱产业来抓。1996年，田东县获得国家农业部认证“中国芒果之乡”的荣誉称号。现今，田东芒果生产实现了大跨越，做成了大产业。数据显示，田东芒果品种已发展了台农一号、金煌芒、凯特芒、桂热七号、青皮芒、红象牙、红贵妃、玉文芒、文心芒、金兴芒、彬林一号、金穗芒、紫花芒等38个名优品种，田东县被农业部命名为“第二批全国创建无公害农产品（种植业）生产示范基地县”。[①]

（一）田东县四平村

自2006年起，四平村开始引进优良的芒果品种，得益于优越的地理条件和广阔的市场，该产业逐步发展起来，但是由于受教育水平、技术条件落后等方面的影响，芒果产业要想“走出去”，做大、做强，还是有不小的困难。

四平村努力开发自身的经济文化价值，促进产业升级，寻求合作，终于有了新的突破。2019年1月12日，位于四平村内三座山头上的田东县平马镇奔富芒果产业示范园被当地政府认定为“2018年田东县现代特色农业乡级示

① 何麒峰、戴雨菡、黄伟圣：《田东县芒果种植的气候条件分析》，载《气象研究与应用》，2018（2）。

范园”之一。[①]示范园总面积共350亩，是科技试验和绿色发展的集成与示范基地，集科研、种植开发、旅游、休闲、观光等价值于一身，园区内的芒果已经通过“绿色食品”标志认证，以及“田之芒”注册商标。该园区对周边地区农业产业升级和农村经济发展具有显著的示范与推动作用，四平村的芒果产业也从此进入了以科技为支撑的新型发展模式。电商的兴盛发展就是其中的一个表现：2020年11月29日，田东县人民政府通过《田东县2018年度国家电子商务进农村综合示范县500万元财政资金使用方案》[②]，四平村得以推动芒果种植产业与新时代电商的深度合作。对于芒果产业而言，四平数字乡村能够接通各大电商平台和实现村两委、各组组长与全村群众的即时互动，贯通产加销，有利于拉动产业发展和农产品销售，让群众更多分享产业方面的增值收益。

（二）田东县福兰村

福兰村是田东县林逢镇的下辖行政村之一。林逢镇位居田东县城东部，地处右江河谷中心地带，这里地势平坦、土质肥沃、光照充足、无霜期长，利于发展芒果等作物。右江河谷的芒果种植历史已有几百年，早在宋、元时期，芒果就作为地方名产进贡朝廷。《中国作物及其野生近缘植物·果树卷》一书中记载：“中国芒果产区在广西主要分布于右江河谷的田阳、田东等县市”“广西百色等地有200—400年生老树”[③]。但改革开放以前，田东县林逢镇福兰村的芒果种植比较零散，尚未形成完整的、规模的芒果种植产业。

20世纪90年代改革开放后，福兰村芒果种植开始逐渐形成规模，逐步形成具有当地特色的芒果种植产业。多年来，百色市委、市政府和各级农业部门高度重视发展农民合作社，先后下发了多个文件，积极支持农村合作经

① 《田东县人民政府关于认定2018年田东县现代特色农业乡级示范园（第二批）和村级示范点的决定》（东政发〔2019〕1号）。

② 《关于印发田东县2018年度国家电子商务进农村综合示范县500万元财政资金使用方案的通知》（东政办发〔2020〕13号）。

③ 贾敬贤、贾定贤、任庆棉主编：《中国作物及其野生近缘植物·果树卷》，北京，中国农业出版社，2006。

济组织发展。2007 年《农民专业合作社法》实施后，林逢镇积极响应，2018 年，林逢镇农民合作社达 74 家，林逢镇荣获“全国农业产业强镇示范镇”称号[①]。在国家政策和当地政府的支持下，林逢镇福兰村的农民合作社也取得了较好发展，促进了农民增收。

如今，福兰村正大力推进当地休闲观光农业发展，促进农业增效和农民增收，在村内扶持打造一批宜看、宜居、宜游的现代休闲观光农业综合示范园和特色“农家乐”示范点，并努力将福兰村打造成田东县境内中部芒果生态农业观光带上的一个独特景点，打造福兰的休闲观光农业品牌。咬定绿色发展，深耕生态产业，以青山促金山，以金山强青山。福兰村的芒果产业以绿色经济为发展底色，让美丽经济释放生态红利，拓宽了群众致富奔康的道路。

四、田东县芒果产业种植现状

（一）四平村

四平村与田东县城仅一江之隔，在当地村委书记的带领下，当地主要发展芒果及西红柿种植产业，右江河谷的产业活水逐渐被唤醒。田东县平马镇四平村种植产业以芒果和西红柿为主，芒果主要有桂七芒、金煌芒、台农一号，种植芒果核心区有 350 亩，拓展区有 1780 亩，辐射区有 2950 亩。据四平村党委书记讲述，全村共有 72 户村民种植芒果，芒果种植约每亩两千元到两千五百元，一亩有 40—50 株，每户约种植 2000 株芒果树，一年净收入约 10 万元。

田东县村落土地使用情况多为农户把自有地用来种植芒果、西红柿、水稻，同时有一部分村集体共有土地，用于合作社集体承包种植芒果。四平村

① 刘卫金、陆军安：《芒果飘香　醉美林逢——田东县林逢镇谱写新时代产业强镇示范建设新篇章》，载《右江日报》，2020-11-05。

也不例外，农户大多种植芒果和西红柿，种植的芒果品种有桂七芒、小台芒、金煌芒、澳芒，因当地气候适宜，雨热同期，地理位置优越，适合植物进行光合作用，因此也有部分农户选择多种植芒果。

四平村的奔富芒果园，是田东县芒果绿色食品标准化生产基地，也是村集体经济示范园，有较先进的测土施肥技术、覆膜技术、喷雾保湿病虫防控技术；灌溉系统比较完备，且拥有商标和独立电商销售店铺；从生产到售卖有一条较为系统、完善的产业链。四平村共拥有两个示范性芒果园，村委会集中剩下的芒果种植散户，收拢土地，准备注册村集体芒果商标、公司等。从整体来看，四平村的芒果种植呈现出规模化、产业化、标准化趋势，芒果的售卖以及线上线下的批发、运送等产业链逐步发展完善，从普通的零售模式逐渐发展成芒果产业。

（二）福兰村

福兰村种植芒果的历史悠久，最早芒果种植在 1989 年且是田东县第一个种植芒果的村庄。全国第七次人口普查数据显示全村共 760 户 3506 人，村落规模较大。“广西芒果看田东，田东芒果看福兰”，福兰村长期坚持打造芒果“一村一品”品牌建设。当地村委了解到，福兰村每家每户都种植芒果，目前全村种植面积超 12000 亩，每亩种植 50—60 株，主要种植品种有桂七芒、小台农和金煌芒三种，其中以桂七芒种植力度最大、面积最广。

福兰村没有大规模的标准示范性芒果产业园，主要分为农户们在各自的土地上进行分散种植芒果。福兰村的土地未收拢、未形成村集体经济。通过参观福兰村大小的散户果园，采访中间商、收购商，我们发现，福兰村目前的芒果种植和销售仍然停留在较传统模式。种植方面，农户主要采取简单的护理，农药喷洒、人工灌溉等方式，人力成本较低；销售渠道主要通过中间商介绍，出售给批发商自行装载至芒果批发市场售卖，少数会在朋友圈宣传出售。传统的种植—销售模式在相当一段时间内仍然会普遍存在，无论是福兰村，还是其他村的芒果种植：农民对土地的依赖程度仍然较高，土地收拢、集中使用难度大；农民习惯自家种植、销售、投入成本低、管理难度小，并与中间商建立了较稳定的联系；比起电商平台的先发货再到款，大多数农民更青睐一手交钱一手交货的传统交易模式。这是田东县芒果产业传统种植、销售模式的长期优势，这一优势在电商、中间商、规模产业园的不断冲击下逐渐减少，但仍然有着顽强的生命力。

五、田东县芒果产业销售现状及存在的问题

（一）芒果市场行情

近年来，在乡村振兴新形势的背景下，芒果产业作为田东县的标志性产业，已成为带动当地经济发展、助力乡村振兴的重要支柱。从当前形式来看，田东县芒果产业市场稳中向好，产品供不应求，销售价格保持在高位运行。但芒果市场价格往往会受到多方因素影响，加上市场本身具有自发性和调节性，且每年芒果的市场行情不同，导致芒果市场价格会有所波动。

结合现有资料和实地考察情况来看，今年田东县当季芒果市场价格约保持在 3—5 元 / 斤不等，再结合当地芒果销量来看，其市场价格走势相对保持在合理价格范围之内。但值得注意的是，芒果市场价格不仅仅受到市场规律的调节，还与上市时间、种类以及产地等因素有关。根据实地考察芒果批发市场和调研数据的对比，我们得出了当季当地较为热门和具有代表性的芒果种类的市场平均价格。其统计数据如下：

表 1　芒果市场销售均价

品 种	价 格
金煌芒果	3—4.5 元 / 斤
台农芒果	1.5—2.5 元 / 斤
桂七芒果（大）	3.5—4.5 元 / 斤
桂七芒果（中）	3—3.5 元 / 斤

表 2　成箱市场价格[①]

金煌芒果（大）	50 元 / 箱（不包含运费）
金煌芒果（小）	40 元 / 箱（不包含运费）
台农芒果（大）	40 元 / 箱（不包含运费）

上述为当地主要种植芒果种类的市场销售价格，它的销售价格会因芒果的品质有波动。实际上芒果的市场价格如果包含包装费、运费以及运输的快递费，价格远不止于此（快递运输按不同快递公司、省内外不同地区，价格也不同）。对此我们查找相关资料进行数据整理又得出一批相关数据，个体芒果销售价格基本与价格表一致，部分具体价格会受到其他因素影响而出现小范围波动，但价格波动不大。

在整理原有资料基础上，通过实地调研我们发现当季芒果市场价格有些上升，如桂七芒果（特级）的实际市场价格为 110 元 / 箱，中级果的市场价格则为 50—55 元 / 箱，而其他品种的芒果市场价格约是 60—80 元 / 箱。通过这些数据记录对比和相关资料查找，我们得出了当季芒果市场的价格走势。总体而言，芒果市场价格走势会受到上市时间、品质等因素影响，而芒果每年的价格变动幅度是在可控范围之内，波动不大。

（二）芒果销售现状

通过走访调查，我们得知当地几乎每户均种植芒果，并以此作为最主要的经济来源。个体种植户的种植规模也各不相同。小部分个体户以种植芒果为补贴家用的其种植规模较小（2—3 亩），而大部分以芒果种植作为主要经济来源的则会种植更多。但无一例外的是，个体芒果种植户的出售价格往往比市场价格要低很多（1—2 元），只有优质芒果才可以实现价格于同期市场价格相当。个体芒果种植户销售途径有两种：一种是批发商定期前来收购，另一种则是自行运往市场进行销售。前者有稳定的销售渠道出售，但价格会被压低许多，只有经过层层筛选后的芒果才能以市场价或高于市场价卖出。

① 数据来源于绿果网（https://www.lvguo.net/）。

后者的价格虽不会远低于市场价格，但销售渠道不稳定，在承受市场租金的同时也更易受外界因素影响（如新冠肺炎疫情）。

总体而言，芒果个体种植户销售现状不容乐观，他们需要承受如被压价、无销售渠道等风险，尽管多数情况下不会面临严重亏本的危险，但其仍面临着获利过低、上升发展空间较小等问题。这些个体种植户所面临的问题极大压榨了他们的生存空间，不利于芒果个体种植户发展。

相比个体芒果种植户，芒果种植大户的销售环境要好一些。芒果种植大户一般是一些承包商，他们会承包一整片地区或者山头进行大面积种植芒果，这些一大片种植的地区被命名为产业基地或种植园。此外这些种植大户很多都会注册一个商标，成立一个属于自己的品牌，形成品牌效应。很多时候，芒果种植大户是不愁销售的，不乏批发商前来收购，另外他们还会拥有自己的收购点。芒果种植大户的优势还在于他们拥有电商这条销售渠道，这是个体芒果种植户所不具备的优势。但实际上芒果种植大户和个体芒果种植户销售渠道不存在竞争关系，因为芒果种植大户的存在客户是大型批发商和电商。芒果种植大户销售渠道是多样的，还不存在滞销的情况，属于是供不应求。所以种植大户销售现状和发展空间相对乐观。

（三）芒果销售存在的问题

个体芒果种植户所面对的销售方面的困境最为严重。我们在向田东县县城市场周边的流动商贩以及百色芒果交易中心里单独运输芒果来零售的商贩询问时，以桂七芒果为例，其二等果的价格为 1.5—2.5 元 / 斤不等，仅等同于市面上或市场上三等果的价钱。除了遭受压价以外，个体芒果种植户还会面临其他一些问题：如在种植的初始阶段，个体种植户要独立承担诸多风险，前期需有一定的成本投入，从育苗到生长，需要培育、修枝再到管理果树，同时购买农药、化肥等防止病虫，进一步增加了成本投入；后期则因人手不足，需要请人工采摘，投入人工成本（以百色县福兰村某种植户为例，其种植 50 亩芒果地每年在化肥农药上投入约 12000 元，同时需在收获季聘请工人采摘，其人工费会达到130—150元/天，且因采摘工作较为辛苦，缺少应聘工人，聘请价格还会更高）。在收获季节，个体种植户还需承受压价，缺乏销售渠道而低价抛售或丢弃的风险。除此之外，因芒果属于季节性水果，在没有芒果收获的季节，个体芒果种植户还得必须外出打工才能获取收入，以补贴家用。

芒果种植大户也存在一些发展问题。目前田东县芒果种植大户所面临的主要问题是人手不足。在四平村附近一处具有相当规模的芒果种植基地调查时，基地的负责人也给出了“请人难”的答复。种植大户芒果种植面积几百亩甚至上千，但是工人人手不足。平时管理果树，种植大户可以高价聘请专业团队来帮助或自行管理。但在芒果成熟的季节，尤其是当地芒果采摘的季节集中在6—7月，属于夏季，天气炎热，加上大部分大型种植户芒果种植园分布于山坡高地，采摘运送工作十分辛苦，导致招工困难。平时，2—3人就可以管理一大片芒果种植区，但到了芒果收获的季节，则需要数倍的人手。目前而言，最令芒果种植大户苦恼的其实不是销售，而是采摘。

综合来看，芒果种植大户销售现状远比个体种植户要显得乐观许多。作为芒果种植的个体户始终处在产业发展的劣势位置，芒果销售获利的往往是产业中间环节，另外产业中间环节所承担的风险比个体种植户要小许多，这往往也造成个体种植户需要更多的销售渠道才能避免亏损的风险。总体而言，芒果个体种植户销售现状不容乐观，他们需要承受如被压价、无销售渠道等风险，尽管多数情况下不会面临严重亏本的危险，但其仍面临着获利过低、上升发展空间较小等问题。这些个体种植户所面临的问题极大地压榨了他们的生存空间，不利于芒果个体种植户发展。而芒果种植大户所销售的芒果供不应求，原因可能是他们有属于自己的包装品牌和影响力。从总体对比来看，芒果种植大户销售比较具备优势。针对这以上现状及发展中存在的问题，希望芒果种植大户在保持自己优势的同时，积极带动个体种植户发展，实现共赢，而不是通过挤压个体种植户的生存空间谋求自身的发展。

六、新时代田东县芒果产业的出路

团队基于对田东县当地农户种植芒果状况，芒果销售状况的调研，了解到当地芒果产业存在许多问题，在乡村振兴的这一大背景下，芒果产业需要进一步深化改革，因此团队针对田东县芒果产业发展存在的问题提出以下建议。

（一）种植：规模化种植与技术推广

一是大力推进规模化种植。团队经过对田东县四平村以及福兰村的走访，发现当地的芒果种植仍然存在管理分散、粗放的问题。百色市田东县的芒果种植虽然形成了一定的规模，有一些承包的果园，但是这样的仍是少数。农户大多还是以一家一户的小果园种植和农民的零星种植为主，规模化、产业化程度不高。专业合作化水平也很低，育苗、种植、深加工、销售等方面的合作化程度也不高，要素之间的沟通效率低下。为了促进芒果种植产业的发展，当地必须进一步对芒果产业布局进行深层的优化。可以大力推进规模化种植，加强各个环节的沟通与合作，比如通过采取“龙头企业＋合作社＋基地＋农户”、股份制、订单农业等模式，把分散种植的芒果户组织起来，形成组织化、高效的运作种植模式。同时也鼓励各个组织和机构，为农村种植的农户提供必要的资金、技术的支持，以及市场上的信息等资源。这样，就能让市场各要素之间实现有效的沟通，实现互惠互赢。此外，在规模种植时，驻村干部也需要科学布局，加强种植示范基地的建设，采取“统一规划、分户经营、连片发展、基地示范、典型引路”的运作模式，合理规划布局土地资源，优先发展优质品种，并针对品种进行划区培育，同时要加强农村土地的流转，为芒果的种植开绿灯。

二是加强技术推广。科学技术是第一生产力，百色农村的芒果产业的发展，必须加强芒果种植技术的宣传推广应用。比如加强良种培育，百色市芒果的种植主打桂七芒果，但是也可以积极研发新的品种；推广芒果早花摘除技术、小分子诱导技术，促芒果开花；推广采后修枝、病虫害综合防治等先进实用技术，解决芒果丰产稳产等技术难题，填补市场对芒果晚熟品种的需求，实现了品种结构优化，延长了芒果供应期；推动生态种植，实现绿色循环，根据芒果树枝叶茂盛，树干比较高的特点，可以发展芒果树下养殖，在芒果林里养殖鸡、鸭、鹅，可以促进果牧循环，提高综合效益，可以显著提高农民收益。此外，还需进一步提高田东县科研水平上限，打造属于田东县的芒果技术科研团队，摆脱外地套用成果依赖的局面，开创田东芒果产业科技新时代。

三是培养种植人才。团队走访发现，许多种植户都坦言自己文化水平不高，吃了很多的亏，许多东西都是在摸索中前进，而且成效甚微。为进一步提高农村芒果种植的人才素质，加强芒果产业化种植的人才保障。百色市政府要加强技术基础较薄弱地区的种植户培训力度，投放更多的资金，做好调查研究工作。根据芒果生长所需注意的问题，对当地农户进行适时节的技术培训，使农户更加亲近技术，记住关键，掌握基础技术。二是对技术基础较好地区的种植户，在基础技术培训的基础上，增加开设技术提升培训班，确保通过提升管护技术水平，不断提高芒果产量和质量。可以大力开设生产技术培训中心，邀请一批致富能手、种植达人现身说法交流经验，同时市区技术人员、专家等也应给予技术上的回应与支持，推动新品种的种植教学与试点的建设，进而提高农村农户的种植水平。

（二）销售：品牌打造与电商思维的培养

近年来百色市芒果的产业已经逐渐形成规模化，芒果种植面积逐年增加，产量得到保证，满足了全国各地市场的需要。产业不断发展壮大，芒果种植技术进步，芒果质量也随之不断得到改善，百色市芒果种类呈现多样化的特点。但是在芒果产业的销售方面仍然存在营销方式单一、渠道狭窄、品牌欠缺、质量标准模糊、芒果深加工产业链不全等问题。本研究团队认为可从以下几方面着手进一步深化当地芒果产业改革升级。

一是注重产品安全，打造绿色品牌。加大芒果品牌宣传，提高芒果品牌在市场上的知名度，建立一个绿色无公害的有机食品的品牌形象，打造安全、绿色的芒果口碑。结合消费者的消费习惯和对食品安全要求，做好保障措施，保证品牌在市场上的长期优势。首先要注重的是农户种植品控保障。一是明确区域分工，落实主体责任。通过召开动员会，充分利用各类媒体宣传。各工作队要及时进村入户开展地毯式宣传，召开高危害农药和芒果膨大剂等禁用药物辨别培训会，确保果品安全生产发展理念宣传到家到户。二是完善芒果生产质量安全体系、农药残留监控体系和市场流通体系。通过发放芒果标准化生产技术规程，引导农户逐步通过改善栽培制度、加强田间管理等标准化生产技术方式，使芒果生产过程逐步规范化、标准化，确保产品质量安全，提高百色田东县芒果销售的优势地位。其次要培养本土电商思维。电商虽然在百色芒果的销售中起到了重要作用，但是受限于当地农户的知识水平，总体发展水平不高，很多农户至今仍使用微信朋友圈售卖这一原始网络渠道进行售卖。为此，团队认为种植大户要带动周边农户成立以经营种植、物流、线上销售、售后服务为主的芒果专业合作社以发展壮大电商行业。进一步拓宽农户电商思维，使农户逐步从朋友圈宣传走向田间地头直播宣传，同时通过引入直播带货的方式，提高田东芒果知名度，进一步提升田东芒果的市场占有率，增强产品抵御市场的风险，竭力切实消除广大果农的后顾之忧。努力实现芒果产业效益最大化。当地也要要积极推进规模化和专业化生产运输销售一条龙服务建设。农户要切实提高芒果产业耕作、植保、收获、运输等水平，引入创建“智慧”芒果产业，提高芒田东县果产业现代化水平。

（三）产业升级：产业链延长与产旅融合的新出路

一是打造芒果产业园区建设。当地政府要推进芒果仓储区建设，规划建设物流园区，配置仓储设施，加大应对大量芒果件的分拣、处理、保鲜和储运等方面工作的引导和支持力度，提高芒果的商品性和市场空间。其次要引导芒果的精深加工，为今后大量商品性不高的芒果销售提供新选项，同时也可以进一步延伸芒果的产业链条，提升百色市芒果产业的风险防御能力。引进加工企业，打造芒果加工产业集群。引进先进技术，加大对芒果加工技术改造的支持力度，同时开发拥有自主知识产权的生产加工设备。进一步推广“生产基地 + 加工企业 + 商超销售”的芒果产销模式，使百色芒果产业向着现代化的目标迈进。

二是推进百色市农村电商发展。借助互联网营销张力，全面推动品牌打造、拓宽产品销售渠道。成立电商协会，扩充协会会员，促进百色市农村地区芒果经营主体、加工企业与电商对接融合，推动线上线下互动发展。支持芒果电商平台和乡村电商服务站建设，加强从农村到乡镇再到城市的物流体系建设。加大农村电商人才队伍建设。对农民、合作社人员加强技能培训，提高农民利用网络渠道销售农产品的能力。有条件的地区可以建立专业的电子商务人才培训基地和师资队伍，培养一批既懂理论又懂业务、会经营网店、能带头致富的复合型人才。引导具有实践经验的电商从业者返乡创业。

三是延长产业链，促使产品升级。田东县芒果产业的环节基本上还只停留在种植—销售环节，产业链短，增值能力和市场调节能力不强。为了增加芒果产业效益，提升芒果产品附加值，要利用好百色田东县的发展优势，建设农产品加工园区。通过招商引资建立芒果深加工厂，大力引进芒果汁、芒果干、芒果罐头、芒果酒及芒果醋等食品加工企业，走种植—加工—销售的路子，消化本区域和周边的芒果，提高次果的利用率，调剂滞销芒果的去向，延长芒果产业链，提升附加值，避免出现销售难、果贱伤农等问题。推广芒果保鲜、储存技术，最大限度延长芒果的贮存保鲜期限，以缓解不良气候的不利影响，同时可以调节市场供应期，提升市场竞争力。坚持扶持小型农产品加工企业、家庭作坊升级改造等项目，以小为大，全面落实扶持农产品加工企业的各项政策，与此同时大力发展农产品贮藏、保鲜、分级、加工、包装及运销等小型专业企业，推动田东县农产品加工业转型升级。

四是实施标准化生产，提升芒果品质。实施农业标准化是增强农产品市场竞争力的重要举措。在原有芒果标准基础上，不断完善现有的芒果标准化生产体系，不断完善现有国家级芒果标准化示范基地建设。同时加强与科研院校、单位合作，开展科技攻关，加强对节水灌溉、配方施肥、贮运、保鲜等技术的研究，促进科研成果向现实生产力转化，提升芒果的品质：进一步完善现有的芒果科技推广网络和加强对果农芒果技术培训，为芒果产业的可持续发展提供科技支撑。

五是实现产旅融合，促进“现代农业＋现代服务业”发展。充分利用田东县统筹整合财政涉农资金的有利契机，打造休闲农业与乡村旅游示范点。探索旅农结合，有规划地开发休闲农庄、自驾露营、户外运动等乡村休闲度假产品，发挥芒果产业文化功能、生态功能、景观功能、休闲功能与观赏功能等效益。大力扶持消费者参与度高、群众受益面广的休闲旅游项目，重点打造一批“一村一品、一村一景、一村一韵”的魅力村庄和宜游宜养的景区。把芒果产业和新农村建设结合起来，使芒果产业成为休闲农业、新农村建设的新经济支撑体，推动新农村建设，不断提高群众的生活、医疗、卫生和文化教育等方面水平，更好更快实现“城乡一体”“产村相融”。要结合田东县右江河谷、灵岐河风光、山地木林等不同地域、不同旅游资源，大力探索、挖掘不同区域的特色芒果文化，创建不同特色的芒果产业旅游项目，拓展芒果产业功能，最大程度发挥芒果产业的经济效益、生态效益和社会效益，大力促进田东农业和休闲旅游业的发展。

参考文献

[1]（清）金鉷 . 钦定四库全书 · 史部 11 · 地理类 · 广西通志（卷 20）.

[2] 何麒峰，戴雨菡，黄伟圣 . 田东县芒果种植的气候条件分析 . 气象研究与应用，2018（2）.

[3] 中共中央关于制定国民经济和社会发展第 14 个五年规划和 2035 年远景目标的建议 . 北京：人民出版社，2020.

[4] 陆弟敏 . 广西田东芒果产业发展制约因素与对策研究 . 中国热带农业，2018（4）.

[5] 何堂熹，何新华，罗聪，等 . 广西百色芒果低产原因分析与改造技术 . 农业研究与应用，2018（3）.

[6] 贾敬贤，贾定贤，任庆棉主编 . 中国作物及其野生近缘植物 · 果树卷 . 北京：中国农业出版社，2006.

生态新农人有机种养的实践困境与策略

何丽媛　庞琨　吴嘉欣　邓洪娇　黄慧璇

引　言

党的二十大报告明确把"全面推进乡村振兴"作为新时代新征程三农工作的主体，提出要"加快建设农业强国，扎实推动乡村产业、人才、文化、生态、组织振兴"。随着乡村振兴战略的深入推进，将绿色理念融入农业农村发展，成为乡村振兴的内在要求，发展生态农业对于全面推进乡村振兴、生态文明建设、食品安全和满足人们群众对美好生活的追求等目标有着重要的现实意义。从有机农业到生态产业，从农业文明到生态文明，是当今转型时期的中国农业发展的必然趋势。乡村振兴战略的推进给作为生态农业主体之一的生态新农人带来了机遇和挑战，如何协调二者的良性发展是实现农业高质量发展的一项重要课题。

新农人是在新型职业农民基础上出现的新兴群体。汪向东、张红宇等学者对该群体的概念、内涵及特征方面进行了研究。汪向东认为，"新农人"作为"三农"领域新生的主力军，具有三个"新"的定义：群体"新"、业态"新"、细胞"新"，并区分"新农人"的标准和特征在于从事农产品生产经营活动的方式[①]。张红宇将"互联网＋农业"作为广义上的新农人的特征，他倾向于使用狭义上的新农人，指的是"秉持生态农业理念，运用互联网思维，以

① 汪向东:《"新农人"与新农人现象》，载《新农业》，2014（2）。

提供安全农产品、提高农业价值为目标的农业生产者和经营者”①。汪向东、郑风田、王振等学者在针对这类群体产生背景的原因进行研究和分析，他们围绕新农人群体的主要特征、市场环境、国家政策、自身原因等角度对新农人群体的产生背景进行了内外因素的分析。汪向东认为，“新农人”群体的出现很大程度是由于市场环境的改变使一部分人群看到农业的蓝海市场，并开始自主选择、创业②。郑风田和张璟则指出，在市场环境改变的同时，国家“三农”、乡村振兴等政策的推动以及一些个人、企业、组织等资金的支持，都是催生“新农人”群体的重要原因③。而学者王振④和李露萍⑤则认为，“新农人”群体的形成和发展，主要原因是他们的农业情结和对健康食物的追求，他们厌倦了城市的生活压力和受污染的环境，于是转而追求亲近自然、天人合一的生活，并将事业与人生的追求结合为一体。从20世纪迈入商品经济时代开始，日本、美国等国家十分重视在现代化农业中作为主力军的“新农人”群体的研究和作用，颁布了一系列的相关政策和指南，以此提高农村经济、解决现代化发展中伴随的农业发展问题等。

综上，现有文献关于“新农人”的探讨已取得较为丰富的研究成果，但对新农人的研究多集中于群体的概念、主要特征、产生原因、发展状态、产业理念等方面，且学术界尚未对新农人这一概念有统一的定义。除此之外，鲜有学者立足于乡村振兴战略推进的背景下，就生态农业和新农人群体两者结合进行面临困境和应对策略的研究。

鉴于此，在乡村振兴战略持续推进的大环境下，本文以生态新农人为研究对象，探究其在推进乡村振兴实现农业农村高质量发展、发展环境友好型农业以及生态环保意识认同和支持的作用，总结在在乡村振兴背景下生态农人与有机生态农业发展中面临的机遇和挑战，形成对促进乡村可持续发展的有益研究。

---

① 农业部农村经济体制与经营管理司课题组、张红宇:《农业供给侧结构性改革背景下的新农人发展调查》，载《中国农村经济》，2016（4）。

② 汪向东:《“新农人”与新农人现象》，载《新农业》，2014（2）。

③ 郑风田、张璟:《新农人的梦想与路径》，载《商界（评论）》，2014（7）。

④ 王振、齐顾波、李凡等:《乡村振兴战略的背景和本土化优势——基于对发展主义的反思》，载《贵州社会科学》，2018（4）。

⑤ 李露萍:《当代“新农人”的身份建构研究》，上海，华东师范大学，2016。

一、以农为业——生态新农人的现状

（一）新农人入行的选择

农业发展最重要的是人，与时俱进的人是不断成长的农民。生态新农人是一批志愿投身于农耕、采用新观念进行绿色耕作的一批人，他们秉承着绿色耕作的思想，以绿色生产的方式，向人民群众提供健康、优质的绿色食品。一方面，返乡生态新农人在城市工作、生活、奋斗多年，已经出现了各种“城市病”，他们倍感压力，对城市的生活产生了厌烦情绪，也对城市发展面临的许多问题感到担忧，如环境污染、食品安全等。他们转而向往农村清新自然的空气和自由自在的生活方式，追求单纯、淳朴的生活，试图扭转农药造成的生态环境恶化，毅然决然地选择了生态新农人这一职业。另一方面，一些生态新农人对当前农村衰落、“谁来种地”等问题进行了深刻的反思，当他们有了一定的资本，就开始思考如何用自身拥有的能力来解决这些问题。因此，许多农村问题逐渐成为生态新农人返乡发展的持续动力，吸引他们回到农村，回到土地上追求绿色生活，从事有机农业生产。在城市中，拥有一定的知识和技术的青年尽管能够在城里找到一份像样的工作，但在竞争日益激烈的社会环境下，他们的生存压力要比乡村大得多，对其身体和心理都有很大的负面作用。相比之下，农村的生活更自由，没有在城市工作的压力。所以，一些受过良好教育的农村年轻人逐渐放弃陈旧观念，选择回归田野，到农村去创业。与传统意义上的“返乡青年”不同，他们的入行缘由可以分为两类：一类是主动自发退出城市工作与生活场域，经历了地域上从城市到农村，身份上从白领到农民的转变，他们通常具有较高的教育水平，返乡前能够凭借个人能力在城市过上体面的生活，返乡后，通过生态的种养殖方式，直接或间接参与到农业生产经营并获得收入；第二类是原本就从事农业生活，在选择其他收入方式后，由于各种原因，选择返乡，重操旧业，但返乡后选择新的种养方式，这对于他们来讲是一种新的探索，他们虽然文化水平相对较低，但之前就有从事农业生产的经验，因此在回归转变后也能有着很好的生产经营手段。

（二）有机种养的的实践运用

从山川海岳到田间地头，从农贸市场到厨房餐桌，农产品连接着人与自然环境、人与动植物的关系，承载着农村、农民、农业这三大主体，是人类生活的必需品，食物所提供的能量支持着人类的生产、劳动和其他社会活动。当今，农业的功能已经不仅仅是解决温饱问题，而是提供高品质、无污染的绿色健康产品，不断从单一到多元，从重“量”到重“质”。我们在享受经济社会不断发展带来的福利的同时，也开始关心日益尖锐暴露的食品安全问题。食品安全问题是民生问题，关系到社会和国家的安定，也关系到消费者生命健康和生活质量。消费者对食品安全普遍的焦虑，让有机农产品逐渐获得人们的认可。那么，自古以来便讲究“民以食为天，食以安为先”的农业大国——中国在面对层出不穷的食品安全事件时，生态新农人如何通过种养模式来改善食品安全现状？中国生态农业究竟向何处去，要走什么样的发展道路？

1. 生态新农人有机种养知识的来源

我国的生态农业发展速度迅速，以广西目前的生态农业发展为例，广西地处亚热带季风气候区，独特的区域适合热带植物生长，具有丰富的农产品资源，农产品品种多、产量大，是推广生态农业的一大试验[1]。根据实地走访发现，目前广西“生态新农人”的有机种养知识和生产投入途径来源主要有三个。第一是“自力更生”型。这一类“生态新农人”大多先前是“农业小白”，但因为有着较高的学习能力和文化知识水平，所以可以自学相关生态理念来经营农场完成有机种养的实践利用。生产投入受限于自身身份的突然转换，在人员、技术、设备、信息投入方面都只能依靠自身，农场一般规模小、技术设备缺乏、劳动力缺少，只能通过生态新农人先前的人脉关系以及自我学习来实现收益最大化，有着较多的时间投入，打理农场事物，但基本上很少能够实现投入产出正比化。如南宁天萌农场的古先生，他在南宁市五塘镇创建一个 10 亩地的有机小农场，通过自学生态有机知识来运营着农场，主要种植香水柠檬、芭蕉、梨等水果作物，目前自给自足之余会将其他产品通过熟人圈宣传售卖。第二是“传统转型”型。这一类生态新农人本就是农民，从小便学习农业种植知识，掌握大量“土方法”解决种植过程中出现的问题，所以在种植过程中比较得心应手，生产投入依赖于原有资本，本身便有土地，所以成本投入不高，但由于是农业转型发展，所以缺乏相关的技术、设备和先进的信息。比如南宁横县岛主农场的张先生，他在南宁市横州市新福镇白沙村西津水库中上游筑坝养鱼，因为出身于农民家庭，自小便跟着父母下地干活所以对于养殖有着丰富的经验。第三类就是“专业专门”型。这一类生态新农人会选择报班学习种植技巧、找人专门教学相关农业知识、依赖于外界的帮助，通过他人指导来完成自己的有机种植事业，因为有着大量的财力以及时间，所以这类生态新农人会主动引进新技术、新设备，有偿招募农场工人帮助农场经营，农场规模大功能齐全、农产品品种丰富多样、种养过程有专门的理论指导以及有效的贯彻实施，所以农场产出投入都较为可观。不足之处就是生产投入成本过大，风险较高。比如南宁市青秀区六律坡乡里亲康养生态农场的陈先生，前身为企业高管，对于农业知识了解甚少，主动参加相关培训班、请教专业人士以及农民学习种植知识以及有机生态理念，且农场有专门的人员看管，各大棚都配有浇水设备、杀虫设备、施肥设备。但无论是何种学习途径来源，生态新农人都在有机种养的过程中充分学以致用，把所秉持的生态理念以及掌握的生态知识运用到极致。

2. 生态新农人有机种养的具体实践及种养理念体现

当前，有机种养模式的实践利用主要集中于家禽类与植物类。在家禽养殖方面，以南宁横县岛主农场为例，生态新农人张先生一直走在“半农半 X”的道路上（即一半农业一般其他职业），在南宁市横州市新福镇白沙村西津水库中上游筑坝养鱼，并秉持着“不使用激素、抗生素、不使用农药化肥”的有机理念养殖土鸡、土鸭，岛上的鸡鸭鱼均采用放养的传统养殖方式，中草药防疫治病，不使用激素、抗生素，不喂饲料，延长养殖时间（项鸡满 7 个月出栏，阉鸡 8 个月以上出栏）。而较于市场上售卖的速生鸡，有机养殖的鸡在疾病以及喂养方面别出心裁，都是通过践行自然农法来保证雏鸡的存活率以及成鸡的肉质感。在有机生产投入过程中，通过实行有机养殖能够缓解高度集约化畜禽养殖方式造成的环境污染，提高动物福利以及减少疾病传播。而在位于中越边境的龙州县金龙镇贵平村的崇左龙州金龙稻鸭米种植专业合作社里，当地合作社农户以稻鸭共作的传统方式，种植可留种的水稻品种，用花生福、草木灰和牛粪沤农家肥，用沼液、草木灰、艾叶防病害，期间放养鸭子在田里吃虫、除草、耕田，种出来的米，叫“稻鸭米”，稻田里长大的鸭子叫“稻间鸭”。

不同于有机养殖，有机种植不仅在疾病预防、肥料供给方面有所要求，还对种植前期的土壤改善有一定的标准。有机种植是一种与自然和谐相处的现代农业方法，它融合了生物学、生态学和环境知识等一系列农业科学。以南宁五塘博一农园为例，农场主在种植本地土品种香蕉、沃柑、番石榴及水稻时，就会利用有机肥以及酵素（环保酵素、花生福酵素、鸟酵素等），运用能量守恒定律的理念将生草加酵素堆沤液肥对作物进行喷施及淋湿，在这种植过程中不使用任何化学合成的肥料，限制使用人类的粪尿。以南宁天萌农场为例，生态新农人古先生通过自学生态有机知识来运营着农场的香水柠檬，比起精心维护处处看护，其认为“放养”更适合农作物的生长，浇水全靠雨水、肥料来源于家禽粪便，看似放养但却从另一方面拉近了生态新农人与自然、生态新农人与农产品的距离。“家禽—农产品—生态新农人”三者间通过自然连接起来，在自然环境的变化下，三者实现了各自的升华。而在南宁市青秀区六律坡，“生态新农人”陈先生也用实际行动证明了人与自然和谐共处。陈先生本是职场精英，因家庭、个人、社会等多重原因归隐田园，创建乡里亲康养生态农场，农场现有 18 个大棚可种植蔬菜瓜果，半亩鱼塘 2 个，鸡舍 1 排，秉承着“自然、生态、安全、健康”的种养理念，陈先生种植着西瓜凤梨，然而，传统的果园管理模式劳动强度高，土壤保水保肥能力低，肥料投入成本高，造成冬春季节土壤裸露，易发生风沙和扬尘。陈先生采用天然草覆盖的方式，提高土壤有机质含量，减少土壤水分蒸发，提高抗旱性，同时有利于天敌繁殖，减少农药使用，提高水果品质，此外，具有良好的景观效果，减少环境污染，抑制大气粉尘。在马山县古寨村南宁马山荣艳生态种养专业合作社，负责人陆荣艳带领 27 名留守老人和妇女一起建立种养一体化的专业合作社，尝试进行“玉米—土猪—有机蔬菜—沼气池”的生态循环农业，且不使用杀虫剂、化肥或除草剂种植蔬菜，也不使用含有添加剂的饲料饲养当地猪、当地鸡和当地鸭。向消费者提供健康和生态的农产品，体现了对植物、动物、种养人和消费者的友好态度。

基于以上有机种养的实践，可以了解到生态新农人的种养理念。生态新农人的种养理念之一就是致力于发展绿色、生态、环保农业，促进农业资源的可持续利用，提高产品安全，尽自己最大努力让消费者吃上绿色放心的食品，同时，使生态环境得到改善，控制污染，保持生态平衡，把环境建设与农业发展有机地联系在一起，不仅要确保生态系统的稳定、可持续发展，还要满足人们对农产品的不断增加的需要。回归乡村、回归自然也是“生态新农人”的从业理念之一，生态新农人怀揣着自己的理想与热情，回到自己的家乡，用自己的知识，走出一条与父辈不同的农业道路，利用有机种植技术发展生态农业，在闲暇时光品美食、写文章、会朋友，把单调的农耕生活过得有滋有味，活出了人们梦寐以求的“诗和远方”，他们打破了人们对农业固有的印象，用自己的真实的人生经历证明，在乡村振兴的背景下，农业是可取的产业，农民是一种令人羡慕的职业。

3. 生态新农人有机生态认证途径

我国是一个农业大国，农业发展经历了原始农业、传统农业和现代农业的阶段和历程[①]。原始农业是相对封闭的，基本上依靠自然力量自发生产物质，是一种完全封闭的自然经济。这种农业经济对农业系统只有索取，没有物质和能量的补充，因而只能维持极为低下的生产能力。传统农业以畜力和铁器作为生产力和生产工具，对自然力的依赖减少了，但仍旧是一种自给自足的综合经济，形成的农业系统则为一种低消耗、低投入、低产出的半封闭系统，难以解决人类对农产品的大量需求。现代石油农业投入大量的机械、化肥、农药和各种能源使农业成为高投入，高产出的开放农业系统，在很大程度上满足了人口增长和食物营养要求提高的需要，但在向自然开发和索取的过程

① 吴韬：《云南发展智慧农业：机遇·挑战·展望》，载《创造》，2017（Z1）。

中，忽视了人与环境的和谐统一，造成了一系列的不可弥补的损失[①]。有机种养是近年来在我国兴起的一种生产模式，有机食品就是有机种养模式下的产物，而关于有机生态的认定途径主要有三个方面：一是关于生产的标准，即在培育过程中，不要使用化学合成、基因工程技术以及该技术的产品和衍生物。二是关于消费者对有机食品的认识和判定。作为消费者，其目的是为了吃得健康，因此他们会主动去寻找合适、值得信赖的平台购买有机产品，比如街边菜摊、大型超市、生态农产品集市等。平台的选择大多会影响产品的品质，例如南宁某平台是一个较为有公信力的平台，其售卖的生态农产品都是经过实地考察，了解具体的种植过程才允许准入，而大型超市里的瓜果蔬菜是属于大规模批量进货，品质参差不齐，但超市品牌效应能给农产品提供些许保障，小型流动摊贩也具有不确定性，产品来源未知，消费者基本上是只能解决饱腹而不是为了饮食健康而购买。三是生产者对有机产品的认证，由于有机认证程序繁琐、成本较高，许多生产者望而却步，大部分具有有机资质的产品都是来自大型公司或者农场，而其他的生产者更多是通过共识来维系着有机的认定。生产者通过熟人朋友介绍完成交易，滚雪球式地将交易圈子扩大，从而形成一个信任的圈子，然后在圈子里面实现“介绍—购买—反馈—介绍”这样的闭环发展。

4. 生态农产品流通销售实践

生态农产品销售是新时期促进现代农业可持续发展的重要途径。随着我国社会经济的日益发展，城乡居民的消费水平不断提高，而目前食品质量安全形式不容乐观，消费者对食品绿色化的要求越来越高，人们对生态农产品的需求与日俱增[②]。生态新农人通过有机种养生产出生态农产品后，面临的一个重要环节就是销售，目前，生态新农人的有机生态产品主要包括家禽类、蔬菜类、水果类及其衍生的农副产品，生态农产品的销售主要包括以下模式：农户直接销售模式、合作组织销售模式、农产品微商电商销售模式等。农户直接销售模式是生态新农人将生态农产品以个人为单位到市场上去售卖，主

① 杨友孝：《从农业发展趋势看我国生态农业建设的核心问题与对策》，载《地域研究与开发》，1990（S3）。

② 刘博、宋伟鸣：《生态农产品销售渠道优化》，载《农村经济与科技》，2021（21）。

要以瓜果蔬菜、粮食为主，具有零散性，盈利较少，而相对于普通农产品，生态农产品因付出更多的人力物力照料价格会偏高，这也导致了在农户直接销售模式下生态农产品难以售出。合作组织销售模式主要指“生态新农人”依托有公信力的平台市集进行定期集中摆摊销售生态农产品，进行集体销售能实现规模化效益的最大值，有效减少了农产品滞销情况，而且生态新农人的聚集还能更好的交流有机种养技术、生态农产品营销等方法，实现最大化的“抱团取暖”。现如今社会互联网进入千家万户，网络覆盖了人们的生活，网络销售也应运而生，发展迅猛，成为当今社会的主流，生态农产品也趁着这股潮流开辟了农产品微商电商销售模式，生态新农人运用社交软件创建群聊，聚集了一定数量认可生态农产品且愿意购买的消费者，初步形成了自己的小市场，且微商电商不受时间空间的限制，面对各地消费人群，了解市场需求，销售面更加广阔，节约了空间与时间，使生态农产品的销售市场进一步扩大。

总体而言，在有机种养模式的实践利用中，生态新农人对于人地关系、人与食物的关系，种植、养殖实践的空间内各类物种之间的关系都产生了新的认知。根据马尔萨斯理论，人口的规模和增长取决于食物供给和农业技术，当食物不足以满足人类需求时，过剩的人口将会消亡①。而现在面对琳琅满目的农产品，这个理论貌似成为悖论。人们从被动选择农产品和只求吃得饱逐渐转变为追求吃得好，这给生态新农人发展生态农业提供了很大的契机。中国有机食品产业发展潜力大，市场前景广阔，有机种养模式不断在中国各个地区得到实践应用，生态新农人的实践不仅提高了农产品质量，有助于生态农业的健康发展，而且改善了农业生产体系的多样性，实现了人与自然的和谐共生，促进农业生态系统生物多样性的建立和恢复以及良性循环，成为维持农业可持续发展的重要农业生产体系。

① ［丹麦］埃斯特·博塞拉普：《农业增长的条件：人口压力下农业演变的经济学》，罗煜译，北京，法律出版社，2015。

二、困境与突破：生态新农人所处困境与自我协调

（一）生态新农人现存困境及其挑战

生态新农人作为在乡村振兴战略深入推进大背景催生的群体，在有机种养的探索和实践中也面临着困境和挑战。从系统分析的角度出发，生态新农人的发展主要存在以下困境：新农人有机种养实践的不成熟性、有机生态农产品市场销售的不稳定性、生态农产品有机认证门槛高且公信力较低、土地流转关系不稳定以及工业化现代化影响生态农场发展。

1. 生态新农人有机种养实践的不成熟性

生态新农人的入行主要是自身回归淳朴自然生活愿望以及生态意识觉醒的影响，他们放弃了原本职业，转而从事生态农业，大多是一群跨界的新兴农业生产经营群体，这也意味着他们有机种养知识技术的不成熟性。第一，生态新农人的生态种养知识主要来自儿时家庭农耕积累、农友之间交流以及培训班学习三个方面，其生态种养知识具有很大的经验性，缺乏系统性和科学性，其部分种植知识实践的具有较大困难和一定的风险，比如天敌控虫技术，利用物种的自然竞争、捕食、寄生等限制某种生物的生长，但在具体实践中仍存在着大量的技术问题，如大规模养殖、活虫包装、储运、生态环境区域协调问题等，因此使用天敌昆虫等方法具有很高的技术要求，操作不当会影响使用效果，严重时还会破坏区域内的生物多样性。在沤肥技术方面，生态新农人主要使用动物粪便、生石灰、草木灰、作物等沤肥，这种传统的沤肥方式所需时间长，气温低时堆沤发酵效果差，自然堆沤发酵难以清理分辨陆的病原菌、虫卵等有害技术，对肥料的质量会产生一定的影响。除此之外，部分种养知识的被认可程度较低，使消费者难以接受其农产品的生态有机性。第二，资金、政策以及人力的缺乏和小农思想限制着生态新农人的发展，一方面，对于生态新农人来说，为了追求良好的生态环境和优质的农产

品，在生态种养的过程中要比一般农业付出更多的时间精力，在生态农场的建设中所需投入大，资金消耗较多，此外农资、农机、后期的管理运营都需要大量的资金支持，农业生产的回报周期较长①。生态新农人维持农场运营的资金主要是转行前的资金积累以及有机生态农产品售卖获得的利润，这就导致生态新农人普遍遭遇资金周转不足的困难。另一方面，部分生态新农人的家庭受中国漫长农耕文明中小农思想的影响，不一定支持他们，也就进一步导致了生态新农人难以运营面积更大生态农场，在一定程度上限制了有机生态农业的发展。第三，部分生态新农人具有极端生态主义思想，他们对“生态”这一理念极端扭曲，表现出不切实际的偏激和过度热情，对自然的过度崇拜，强调以环境或以自然为本，忽视了以人为本。生态农业是一种积极采用生态友好方法，全面发挥农业生态系统服务功能，促进农业可持续发展的农业方式②。通过轮作、农作物秸秆、绿肥、外来有机废物和生物控制，保持土壤肥力和可耕种性，控制害虫和杂草。生态农业突破了传统农业的局限，但保持了集约农业的优良传统。但部分生态新农人却认为部分技术如覆盖地膜，其材料仍会对环境产生一定的影响，要采用最原始的种养方式才会不影响生态环境，这就过度解读了“有机生态”一词。

2. 有机生态农产品市场销售的不稳定性

受客源、农产品生产周期、疫情、物流运输等因素影响，有机生态农产品的销售容易陷入困境，加上有机生态农产品大多存放时间短、不宜储存，因此它们面临销售困境会给生态农人带来严重的损失。目前有机生态农产品主要依靠线上和线下两个销售渠道，销售渠道较为单一，线上销售模式不够成熟，线上主要依赖于社交软件进行不定期农产品的销售，通过社交软件将认可且愿意购买有机生态农产品的消费者聚集在一起，但该销售方式主要依靠于生态新农人的自行配送货物，多个农户自成单位进行简单的宣传和销售，较为零散，辐射范围较小，线下主要依靠两三个月一次的农墟等较大集市活动进行农产品的售卖，但易受环境及场地占用等因素影响，会导致农墟开墟

① 刘迎春、袁莉：《新农人推进乡村振兴的困境及对策》，载《桂林师范高等专科学校学报》，2022（1）。

② 骆世明：《农业生态转型态势与中国生态农业建设路径》，载《中国生态农业学报》，2017（1）。

的推迟，且举办地点单一，消费者大多局限于附近居民，市场有待开拓，销售渠道较为单一且不稳定。除此之外，人们对有机生态的认可程度也会影响有机生态农产品的市场销售，社会发展和人民生活水平的不断提高使安全优质生态产品在人们生活中的地位日益突出，但中国漫长的农耕文明历史中残留的根深蒂固的小农思想却仍影响着今天的人们，生态农产品市场发展已经进入快速发展阶段，但其产品产业链较短，80% 以上为初加工产品，在市场上销售价格较高，并且目前生态农产品的品牌建设和营销发展相对不足，使得消费者未与生态农产品之间建立良好的信任机制，在同等情况下，消费者更倾向于购买售价更低的普通农产品。现阶段生态农产品大多通过本地农夫市集和线上进行销售，周转周期较长，新鲜程度不具备优势①。一些生态农产品虽然获得品牌认证，但是品牌包装设计普通且陈旧，对产品特色的挖掘不够，缺乏创意营销，导致生态农产品的优势没有得到充分发挥，进而使得消费者对市面上的生态农产品认可度一般，未建立良好的信任机制。

3. 生态农产品有机认证门槛高且公信力较低

近几年我国有机产品呈快速增长的势头，我国有机产品认证也日趋完善，制定了《有机产品认证管理办法》《有机产品认证实施规则》等制度规范②。但有机产品的认证仍面临着很大的困难，一方面，有机生态认证的门槛较高，需要较多的时间、金钱、人力、物力，作为个体的生态新农人很难跨过有机生态认证的门槛，另一方面，认证机构专业技术能力和社会责任感有待提高，目前我国对有机食品的营养价值、安全性与质量等的研究较少，有机生态农产品认证标准有待完善。此外，近年来有机食品认证造假问题凸显，消费者对有机产品的怀疑日益加深，使得有机认证失去公信力。面对生态农产品有机认证的高门槛、低可信度，生态新农人很难在有机认证上取得突破，也很难获得消费者的信任，从而影响了自身生态农产品的销售。

① 吴雯婷：《乡村振兴背景下生态农产品购买意愿分析》，载《安徽农业大学学报》（社会科学版），2021（6）。

② 郑晓燕、张倩茹、艾启俊：《浅析我国食品安全管理体系（基于 ISO 22000 标准）认证的现状及存在问题》，载《农产品加工》，2017（16）。

4. 土地流转关系不稳定

土地是生态新农人经营农场的一大重要因素，没有了土地，生态新农人就无法建立农场，目前生态农场的土地大多以租赁的方式获得，土地流转期较短，大多为5—10年，且租金较高，这使刚入行的生态新农人陷入资金危机，难以支付农场场地的租金，阻碍了农场的可持续发展和扩大。此外，部分农场的土地还面临着未来被国家征用的困境，生态新农人只好走一步算一步，土地流转关系有着极大的不稳定性，不利于生态新农人对于农场发展的未来规划，严重阻碍了生态新农人种植的发展。

5. 工业化现代化影响生态农场发展

受工业化和现代化的影响，生态农场在建设主动迎合现代社会的趋势，集中体现在农场经营模式的探索上。目前，生态新农人仅仅依靠生产有机农产品销售获取的收益还难以运转农场，达到收支平衡，生态新农人在结合农场的实际情况和农场区位条件后，发展了农家乐、露营野餐等生态农场附加形式，吸引消费者到生态农场亲身体验，使农场逐渐发展成为种养和娱乐结合的场所。随着人民生活水平的日益提高，农场经济发展也迎来了发展热潮，生态新农人探索的这一新出路目前还处在萌芽时期，生态新农人对农场总体经营策略、定位、价格把控、长期战略和短期效益等方面的处理上还难以把握，农场的娱乐化还有待发展。

（二）生态新农人面临困境的自我协调

与传统农民相比，生态新农人是一群有理想追求和知识技术的群体，面对困境，生态新农人没有放弃，而是在学会在困境中自我协调，冲出重围。第一是交际互助，运用多样化关系来支持自身发展和生存，一方面，生态新农人通过社交软件聚集认可且愿意购买生态农产品的消费者，一定程度上突破了销售渠道的闭塞，同时通过社交软件分享农场日常、农副产品加工等，增加消费者对农产有机生态产品的信任，另一方面，生态新农人通过较有公信力的平台达到“抱团取暖”的效果，这样的平台旨在通过开墟的形式支持本地小农生态生产，搭建城乡可持续生活交流平台，促进人与人之间的信任，人与自然的和谐相处，更好的发展生态农产品团购、产品参与式溯源、农事体验、生态理念传播、有机种养技术指导分享等，相比于一个人的“孤军奋战”，这种自我协调的“抱团取暖”方式，助力了生态新农人突破发展瓶颈。第二是采取因地制宜的农法，如何不使用农药化肥又能让产品达到比使用农药化肥更好的效果成为生态新农人种养实践中的一大难题，目前，生态新农人在有机种养实践中所运用到的自然农法大致可分为两类，一是家禽类，二是植物类。在家禽养殖方面，主张自由放养，喂养玉米、米糠、红薯等产品，通过草药防治、分批轮放减少病菌繁殖的方式减少家禽疾病的发生；在植物类方面，通过生草管理、树枝覆盖来达到改善土壤的目的，使用天敌控虫、低毒易降解农药、酵素、套袋等方式来防治病虫害，运用花生麸、草木灰、酵素沤肥，除此之外，还注重种子的保存，通过建立种子库，来保育当地特色品种资源。第三是顺其自然，达到有机种养与自然环境的相互适应。有机种植是一种不使用化学合成肥料、农药、生长调节剂、基因工程和离子辐射技术的生产，而是遵循自然规律，采取农作、物理和生物的方法来培肥土壤、防治病虫害，以获得安全的生物及其产物的农业生产体系。其核心是建立和恢复农业生态系统的生物多样性和良性循环，以维持农业的健康持续发展①。生态新农人在有机种养实践中，学会适应自然环境，遵循自然规律，在种养过程中适当运用“无为”的方式，例如家禽自由放养、部分作物病虫害不需要过多关注等，运用这样一种“无为”的方式达到人与自然的和谐统一。

三、何以为业：生态新农人有机种养出路

生态新农人作为新时期先进生产技术、思维活跃、创新理念等方面的优秀代表，在农业发展中起着重要的示范作用，他们引领着广大农民去追求美好、回归田野，实现乡村振兴。只有在大浪淘沙后依然能够坚定前行的生态新农人，才能成为乡村振兴道路上的领头羊。基于此，提出以下建议。

① 丁劲松：《有机种植对气象条件的要求》，载《山西农经》，2015（1）。

（一）稳固生态新农人，鼓励人才实践

习近平总书记强调，要想方设法创造条件，让农村的机会吸引人、让农村的环境留住人，特别是要让一部分年轻人热爱农村农业[①]。加快生态农业现代化建设，迫切需要培养和造就一支懂农、爱农、惜农的“三农”工作队伍，急需鼓励各类人才到农村广阔天地中区大显身手，形成乡村人、地、资、业的聚合良性循环。生态新农人是返乡创业的杰出代表之一，是拥有资金、人脉、技术、知识的新生代农业领军人，将其留在农村对于农村农民的发展毫无疑问是大有益处的。应鼓励更多生态新农人勇于实践，充分发挥主观能动性，施展才干能力，全力以赴投入到生态农业的建设中，充分利用过去的工作经验、资金、人脉、知识、技术作为支撑，大力发展生态农业，解决当前生态新农人有机种养实践不成熟的问题；同时带领传统老农民在家门口也能够实现小康生活。

（二）扩大消费群体，促进市场销售

生态新农人不同于传统农民，生态农业更是不同于传统农业，生态新农人的部分经营内容属于第三行业，要想产生价值就要依托于市场。对于生态新农人而言，其最大、最好的市场就是当地市场，依托周边资源，减少对外运输成本，不断扩大农场的辐射范围，增加服务人群和服务数量，获得当地民众的认可，打造口碑，增加顾客黏性。此外，促进“互联网＋农业”的深度融合，加强农产品的宣传，增加品牌意识，打造优质品牌。提供线上购物机会，让顾客足不出户就可以送货到家。促使顾客真正认可生态新农人的身份，认可生态农业种植的产品，认可生态新农人的服务，最终达到增加市场销售数量的目的。

① 谭明交：《农业农村双创工作的成效机制研究》，载《中国农业资源与区划》，2019（8）。

（三）发挥政府扶持作用，大力扶持生态农业

行业发展，政策先行。没有政府政策支持，产业难以拥有长久的生命力，更是难以做大做强。生态农业作为农业的一个分支，生态新农人作为乡村振兴道路上的实干者，政府应当出台相关扶持政策，加大扶持力度，减少生态新农人农业创业路上的障碍。具体措施包括：第一，推动生态农产品获取有机认可证的发展。提高国家有机产品认证证书的发放数量，鼓励企业申请国家有机产品认证企业，要求全行业提高有机生产标准，并逐步推动国内有机认证的标准向国外权威有机认证水平看齐，提高国内农产品有机认证的认可度，增加生态农产品有机认证的公信力。第二，完善土地流转的相关规定。增加土地流转的方式，鼓励土地流转，完善土地流转的流程，减少有人钻土地流转国家补贴款的空子，降低拿钱不用地这类事情发生的概率。

（四）走现代化道路，建设高水平农场

随着工业化、现代化的发展，生态农场的建设必须融入更多的现代化因素，以迎合现代社会的发展。不断探索生态农场的经营模式，必须走多方面发展的道路，将“吃—住—游—乐”结合在一起，并努力在其中加入生态农场的元素，保证消费者可以吃生态农场的产品，住在生态农场，游玩生态农场，贴近自然，享受自然。将生态农场转化成为多位一体的经济源，获取多层面的收入。同时坚持“互联网 +”的思想，借助农墟等交流平台，运用互联网技术和信息技术对农产品生产决策进行指导；运用互联网技术推进农业生产管理精准化；运用互联网技术完善农产品流通体系[①]。运用现代化的先进知识，建设现代化高水平农场。

① 杨建利、邢娇阳：《“互联网 +”与农业深度融合研究》，载《中国农业资源与区划》，2016（8）。

乡村振兴战略背景下特色产业发展现状与思考

——以广西扶绥县为例

石慧芳　冯雯琦　郭欣　郭乐乐

引　言

实施乡村振兴战略以来，全国的农业农村工作取得长足进步。2020年发布的中央一号文件提出，实施乡村振兴战略，就需要发展乡村产业经济，打造特色农业，形成有竞争力的产业集群，推动一、二、三产业融合发展。目前，广西作为后发展欠发达地区和脱贫攻坚主战场之一，存在着产业结构不合理，产业独具特色但缺乏吸引力和竞争力，基础设施建设和公共服务能力薄弱，农民的收入水平有待进一步提高，人口流失等农业农村相关的突出问题，在乡村规划建设、社会治理、文化传承发展、生态文明建设等方面亟待加强。

扶绥县作为广西乡村振兴示范县，具有丰富的自然生态资源和独特的民族文化底蕴。在新政策施行的大背景下，扶绥县积极落实乡村振兴的各类政策要求，近几年通过特色文化旅游、生态农业种植等地方特色产业，促进经济社会蓬勃发展。但由于基础设施建设不完善、人才流失，以及宣传环节薄弱、文化自信等问题，本地特色产业支撑力不足，导致转型困难、发展缓慢，陷入发展瓶颈。

基于这些问题，团队对扶绥县的特色产业进行了深入调研，梳理扶绥县的特色产业发展现状，对其产业以及乡村建设等面临的困境展开具体的解释说明，并对上述的问题做出思考，由团队提出相应的解决措施，以期对广西以及我国广大民族地区特色产业发展和乡村振兴拓宽实践思路。

一、国内外研究综述

（一）国外研究现状

近几年，部分国外学者对乡村振兴这一领域进行深入的实践和探究，其中美国学者 Rene Braue 和 Mirek Dymitrow 认为乡村地区不仅是人民安居乐业的场所，更是享受幸福美满生活的场地，我们对此要进行两者的统筹兼顾，既要正常生产生活，更要进行高质量生活，不可只抓其一而不顾其二；[①] 而另一学者 Vasily Erokhin，Wim Hei jman 和 Anna Ivolga 则认为，提高村民的幸福感、获得感最主要的途径是增加就业岗位与机会，积极推进乡村第三产业的发展，将乡村振兴与产业发展进行有效融合与衔接；[②] 与此同时，Sleep 等也认为乡村第三产业的的快速发展是乡村的经济发展的内生动力。[③] 另一方面，从国家层面看，对于乡村振兴这一时代课题，20 世纪 60 年代韩国政府的新村运动促进了本国农业经济的飞速发展，解决了当下时代城乡二元结构的现实问题，进一步缩小城乡差距，实现了农业，农村及农民的社会转型，为韩国的乡村振兴奠定了坚实的经济基础；此外，日本政府倡导的“一村一品”运动是对乡村产业发展的针对性举措，挖掘乡村地区特色资源，发展各地优势产业，实现农业生产特色化、专业化、规模化，探索并制定符合本国国情的产业发展路径。[④]

① Rene Braue, Mirek Dymitrow. Quality of Life in Rural Areas: A Topic for the Rural Development Policy. De Gruyter, 2014(10): 25–26.

② Vasily Erokhin Wim Heijman, Anna, Ivolga. Sustainable Rural Development in Russia Through Diversification: The Case of the Stavropol Region De Gruyter, 2014(15): 20–25.

③ Sleep Farrh Snowdon P. The Economic Impact of Alternative Types of Rural Tourism. Joournak of Agriculture Economics, 2010(48).

④ 金光春等:《韩日两国农业第六次产业化发展的比较研究》，载《世界农业》，2015（4）。

综合以上学者及国家的研究观点及研究成效，可看出国外在乡村振兴及产业发展这一领域涉猎范围较广泛，都倡导利用当地旅游业或支柱性产业发展乡村经济，也都把乡村发展放在国家战略发展的制度层面，但真正针对性措施却还稀缺和少见，这一短板在国内则进行了有效的补充。

（二）国内研究现状

在产业发展这一方面，学者郝华勇、张洁都认为，推进农村一二三产业融合发展，实现现代农业的多重效益，是实现乡村产业振兴的必要途径，也是推进乡村产业化发展的有力举措，在新发展理念的指导下，构建一二三产业“配套式”路径融合发展，助力乡村振兴战略进一步实现；① 另一些学者宫同伟、周梅婷则认为实现乡村产业振兴兴旺关键在于因地制宜，这一观点与日本政府倡导“一村一品”运动有着异曲同工之妙，都致力于打造乡村特色品牌，实现乡村产业的专业化发展；② 学者李丽娟、孔陇则认为目前在乡村振兴战略背景下，村民特色产业发展收入差距大、传统乡村产业内生动力不足仍旧是突出问题，是进一步实现乡村振兴战略的一大阻碍；③ 学者库小伟在乡村农产品的区域品牌化这一方面也持赞同意见，实现品牌区域化有利于进一步提升乡村品牌价值，促进乡村品牌经济发展，加快建设现代化农业体系。④

而在乡村振兴这一方面，学者万师认为，推进脱贫攻坚成果与乡村振兴战略的有效衔接在产业振兴这一方面发挥了关键作用，加快乡村地区人才培养，实现农产品的转型升级，提高其衍生品的附加值，多措并举为乡村振兴提供了强大的智力和经济支撑；⑤ 此外学者黎杰松、李键江则认为，民族地区

① 郝华勇：《基于特色产业的乡村产业振兴研究——以中医药产业带动一二三产业融合为例》，载《天津行政学院学报》，2018（6）。张洁：《乡村振兴战略下特色产业引领农村一二三产业融合发展路径探讨》，载《农业与技术》，2021（7）。

② 宫同伟、周梅婷：《乡村产业兴旺　因地制宜是关键》，载《人民论坛》，2019（28）。

③ 李丽娟、孔陇：《乡村振兴战略下农村特色产业发展路径研究——以甘肃临潭县为例》，载《西安航空学院学报》，2021（2）。

④ 库小伟：《乡村振兴战略背景下的农产品区域品牌发展研究》，载《中国管理信息化》，2021（16）。

⑤ 万师：《推进脱贫攻坚成果与乡村振兴战略有效衔接的对策》，载《重庆邮电大学学报》（社会科学版），2022（1）。

的产业发展是实现脱贫攻坚与乡村振兴战略有效衔接的重要地区，这与万师学者的观点相呼应，都提倡在精准扶贫的前提下实现乡村产业的快速发展；[①]学者王丽娟、程涛、于耀晖、吕凌、赵凯也同样强调民族地区脱贫的重要性，从“扶”到“强”是中国真正实现乡村产业振兴和解决地区不平衡的发展的重要转变。[②]

综合以上国内外学者观点我们可以看出，在乡村振兴的领域大部分学者致力于研究三个大方向，一是产业融合发展，二是乡村产业品牌区域化，三是民族地区产业发展，最终共同目的都是为了实现乡村振兴及产业经济的快速发展，并实现乡村品牌区域化发展为学术界所公认，但有关一系列在乡村振兴背景下针对特色产业发展的存在困境及具体举措涉猎较少，因此，本文在总结了现有研究的基础上以广西扶绥县为例，探讨该地特色产业的发展现状及及面临困境，并在时代大背景下提出应对措施，为广西地区的乡村产业振兴提供一定的参考和借鉴。

二、扶绥县特色产业的发展现状

扶绥县位于广西壮族自治区的西南部，辖有渠黎镇、渠旧镇、柳桥镇、东门镇、山圩镇、中东镇、东罗镇、新宁镇、龙头乡、岜盆乡、昌平乡这8个镇和3个乡，是一个以壮族为主体的少数民族地区聚居县，其中有壮族、汉族、瑶族3个世居民族，其他民族24个[③]。这里气候适宜，生物种类繁多，植物资源丰富，扶绥县正是依托众多的优势大力发展当地特色产业，取得了较为突出的成效，走出了一条符合当地实情的致富路。

① 黎杰松、李键江：《乡村振兴视域下民族地区特色产业高质量发展研究》，载《学术交流》，2021（9）。

② 王丽娟、程涛、于耀辉等：《民族地区特色产业发展问题探析》，载《经济管理文摘》，2021（20）。

③ 数据来源：广西崇左扶绥县人民政府网。

（一）扶绥县特色产业发展的有利条件

发展特色产业是扶绥县实现产业振兴、巩固脱贫攻坚成果、助力乡村振兴的优势所在和不二选择，这也是发挥其独特资源禀赋的高效选择，更是践行习近平总书记提出的“绿水青山就是金山银山”这一发展理念的必然选择。在发展特色产业具有的条件上，扶绥县在资源禀赋及外部支持等方面具有显著的优势。

1. 扶绥县特色产业发展的资源禀赋

（1）自然资源

第一，地理条件方面。扶绥县距离南宁很近，水运、公路、铁路、民航基本上集中在扶绥，且其地处南宁“半小时经济圈”、北部湾经济区、西江经济带和桂西资源富集区交汇点，具有面向东盟、毗邻南宁、紧靠机场、通边达海的独特区位优势。

第二，气候条件方面。扶绥县属热带湿润季风区，春天温暖湿润，夏天气温高、光照、雨水充足，秋季干燥雨水少，冬天短促但气温较为湿冷，具有“首府后花园”之称，气候特色造就了扶绥县丰富的特色农产品资源。

第三，人口资源方面。全县总面积 2836 平方公里，辖 11 个乡镇，根据第七次人口普查数据，截至 2020 年 11 月 1 日零时，扶绥县常住人口为 408921 人万[①]，庞大的人口基数为发展县城特色产业经济提供了充足的劳动力条件，为发展当地特色产业提供了全面的保障。

（2）人文资源

扶绥县的民风淳朴，有着浓厚的壮乡文化。在扶绥县这样一个以壮族为主体的少数民族地区聚居县，其民风民俗习惯以壮、汉族的风俗习惯为主，由于受传统的骆越文化影响，经过数千年以来的传承和不断的演变，形成了独特的壮乡的文化。其中影响范围比较广泛的民族风俗有扶绥壮舞、壮乡歌坡会等，一系列的民俗活动都代表扶绥人民的热情好客，也是显现骆越文化以及壮乡文化的重要载体，这在当地群众所从事的生活、生产方式中也有所

① 数据来源：崇左市第七次全国人口普查主要数据公报。

体现。

扶绥县拥有丰富的红色资源和光荣的革命历史。扶绥县红色资源主要由红色遗址、故居以及红色文化组成。例如扶绥县革命烈士纪念塔、张报故居等革命遗址遗迹 37 处。在红色文化方面，则包含吴西、张报等扶绥县名人的事迹，及反映扶绥抗战史的相关书籍、地形图等。现今，扶绥县在红色精神的传承方面独具匠心，《报以一生》音乐剧、《吴西——左江儿女百年革命传奇故事》等文化作品的问世，为扶绥县打造出了一张亮眼的文化名片。

2. 扶绥县特色产业发展的外部支持

党的十八大以来，以习近平同志为核心的党中央对“三农”问题予以极高重视，使得农业农村发展取得了历史性成就，为乡村特色产业的发展提供了难得的发展机遇。且扶绥县致力在发展当地特色产业以助力乡村振兴，制定了相关政策以支持和引导特色产业的发展，这为扶绥县特色产业的发展提供了坚强保障。

（1）历史机遇

第一，我国社会主要矛盾的变化为扶绥县发展特色产业提供了难得的机遇。我国社会主要矛盾转为了人民日益增长的美好生活需要和不平衡不充分的发展之间的矛盾。而人民对于美好生活的期待也越来越强烈，需求也会呈现多方面、多层次的特点，这为扶绥县发展以补血益气为特色龟鳖养殖业、以有养生保健功效的姑辽茶等产业的发展提供了难得的机遇。

第二，生态文明建设促进乡村振兴、产业振兴良性发展。党的十八大以来，以习近平同志为核心的党中央十分注重生态文明建设，并将其提升到中国特色社会主义“五位一体”总体布局的战略高度。环顾世界，许多国家都经历了“先污染后治理”的过程，沉痛的生态环境代价给人们深刻的教训。这警醒着人们，扶绥县也为发展划定了生态底线，为其走绿色发展道路提供了难得的机遇。

（2）政策扶持

各级党委政府高度重视特色产业发展，并相继出台了相关的政策文件给予大力支持与引导。以甘蔗产业、姑辽茶产业、特色养殖业、澳洲坚果产业为例：

第一，甘蔗产业方面。扶绥县各级党委政府高度重视，县政府于 2018 年专门成立了领导小组用于推进扶绥县创建全国甘蔗生产全程机械化示范县，现今扶绥县也成为了全国首个甘蔗生产全程机械化示范县；据扶绥县政府官网现有资料可知，扶绥县农业农村局 2018 年至今每年都会颁布《甘蔗病虫害绿色防控集成示范项目建设实施方案》，并划拨资金用于扶绥县甘蔗种植方面，促进农药减量增效；同时，扶绥县政府发布了《崇左市扶绥县岜盆乡绿泰甘蔗产业示范区工作实施方案》等实施方案，通过创建甘蔗产业示范区加快推进甘蔗产业的发展。

第二，姑辽茶产业方面。长期以来，受限于当地交通、地理等因素限制，姑辽茶一直是“养在深闺人未识”的状态。《扶绥姑辽茶栽培技术规程》团体标准于 2021 年获批发布，标志着传统姑辽茶种植将迎来科学、高效和系统的标准，这有助于推动企业在组织生产、经营、管理方面更加规范，对发挥标准化促进姑辽茶产业转型升级起到支撑作用，促进姑辽茶从“小特产”做成“大产业”。

第三，特色养殖业方面。为顺应新形势的发展要求，推进供给侧结构性改革，助力养殖农民增收实现共同富裕，崇左市出台了《崇左市加快牛羊养殖业发展实施方案》（崇办发〔2016〕26 号），从 2017 年起市、县各级财政将安排了专项资金主要用于牛羊养殖业发展；而扶绥县也关于养殖水域滩涂规划问题做出了一定指示，印发《扶绥县养殖水域滩涂规划（2017—2030 年）》；为了优化畜禽养殖产业布局，控制农业面源污染，扶绥县于 2020 年出台颁布了《扶绥县畜禽养殖禁养区划定方案（2020 年修订版）》，对绿色、文明养殖做出了相关规定。

第四，澳洲坚果产业方面。扶绥县 2019 年通过了《扶绥县关于大力发展澳洲坚果产业的决定》，并成立以县委、县政府主要领导为组长的澳洲坚果产业发展领导小组，推进坚果产业发展；制定了《崇左市扶绥县果满山坡澳洲坚果产业核心示范区建设工作实施方案》《扶绥县澳洲坚果产业发展三年行动计划（2019—2021 年）》等 7 份文件，整合财政、发改、水利、林业等 29 个部门力量，合力推进坚果产业发展；出台了《扶绥县澳洲坚果种植种苗补贴验收方案》等 7 份关于促进澳洲坚果产业发展的政策文件；结合了《扶绥县关于深化人才发展体制机制改革的实施意见》等县级人才政策，助力澳洲坚果产业的技术研究与发展。

（二）扶绥县特色产业发展取得的成效

乡村振兴战略的目标是农业强、农村美、农民富，在此目标的指引下，近年来扶绥县特色产业的发展势头正盛。在进行实地调研以及对比分析相关文献的基础上，本文对甘蔗产业、姑辽茶产业、特色养殖业、澳洲坚果产业四个当地主要的特色产业发展取得的成效进行了研究。

1. 以“四个创新”为支撑，扶绥县创新推进蔗糖产业转型升级

甘蔗产业是扶绥县第一大经济支柱产业，在2021年扶绥县政府工作报告中指出，甘蔗种植面积稳定在100万亩以上，年入厂原料蔗保持在450万吨。甘蔗“双高”基地建设面积从2015年的14.5万亩扩大到2020年的65.9万亩，排全市第一、全区第二，列入全区糖料蔗购销合同订单改革工作试点县。①

扶绥县通过创新采用“政府引导、农民主体、企业推动”的模式，构建新型甘蔗种植经营体系，进一步推进了甘蔗“双高”基地建设，增加了农民经济收入。在甘蔗“双高”基地建设中，扶绥县以市场为导向，以科技为支撑，通过加大财政支持、政策鼓励等强有力措施，充分调动了实施主体的积极性，逐步实现了“双高”基地的“四化”建设，大大降低了糖料蔗的生产成本，增强了糖业市场的竞争力。

2. 谋求发展扶绥县特产姑辽茶，进一步打造其衍生产业

姑辽茶既是广西历史名茶之一，又是国家地理标志保护产品，主要产于扶绥县东门镇六头村的姑辽屯、姑标屯和姑卜屯。产地位于终年云雾缭绕的十万大山余脉，适宜的气候对姑辽茶的生长极其有利，而且其具有止泻、助消化、去火、去除口腔异味等功效，受到大众的喜爱。

姑辽茶种植历史悠久，文化深厚，曾是清代御品。扶绥县紧抓这一优势，发展姑辽茶产业，同时也利用姑辽茶的特色衍生出其他产业。扶绥县以东门镇六头村姑辽、姑卜、姑标三屯为中心，打造出了以姑辽茶为主导产业的东

① 数据来源：广西崇左扶绥县人民政府网。

门镇天仙茶韵姑辽茶产业示范区；2017—2020 年间，示范区每年都邀请技术专家或创新团队首席科学家对口帮扶指导，对农户进行选种、育苗、采茶、制茶等技术培训，种种举措既促进了茶叶品质的提高，也促进了茶叶增产茶民增收，而且示范区产业带动力度很强，牵头成立了六头种养农民专业合作社，有效带动了六头村贫困户脱贫致富的积极性，为扶绥县脱贫攻坚的全面胜利起到了重要的作用。

3. 积极发展特色养殖业——以黑山羊、龟鳖养殖为例

第一，黑山羊养殖产业。扶绥县的黑山羊养殖产业主要是采取多方合作、互利共赢的方式，但不同地方又各有特色。例如，扶绥县那宽村与新宁镇政府和广西扶绥广羊农牧有限公司合作，采取“政府主导，企业代养，农户受益，合作共赢，长期发展”的方式，扶持贫困户发展养羊，探索扶贫新模式。而扶绥广合黑山羊养殖专业合作社主要采取以“公司 + 基地 + 合作社 + 贫困户”“公司 + 村委 + 合作社 + 贫困户”等多种扶贫帮困模式，辐射并一举带动了扶绥等周边地区的黑山羊养殖农户；合作社项目还充分利用公司、高等院校和研究所优势互补，最终形成以公司为龙头带动示范，以家庭农场和合作社为组织，农作物、养殖、果蔬优质产品开发的循环农业经济模式，做出全国的特色。

第二，中东镇龟鳖养殖产业。扶绥县依托该县龟鳖产业协会和龟鳖养殖专业合作社，大力发展龟鳖生态养殖。扶绥县中东镇三哨村龟鳖养殖历史悠久，但历史的演进没有消磨当地人对于龟鳖养殖产业的热爱，至今三哨村龟鳖养殖也已然成为当地的支柱产业，极大的带动了经济的发展，各级领导也为三哨村的龟鳖养殖业所取得的成绩给予高度评价，鼓励大家树立信心，发挥好三哨村良好的产业基础等优势，显著提升龟鳖的品牌影响力和竞争力，做大、做强龟鳖产业，在“中国养龟第一村”品牌效应的带动下，形成龟鳖养殖向大众化、规模化、绿色化、生态化发展，打造三哨特色美丽的、名副其实的“中国养龟第一村”。

4. 因地制宜脱贫攻坚，致力打造澳洲坚果产业

扶绥县倾力打造“一乡一品、一村一特”发展模式，利用独特的气候与地理优势，依托昌平澳洲坚果示范基地，辐射带动全县发展澳洲坚果，使得澳洲坚果产业已经成为扶绥县新兴的扶贫产业。截止 2021 年 6 月，扶绥县

全县坚果种植面积达8.8万亩，进入丰产期1.5万亩，年产值达1.4亿元；累计带动5816户农户发展坚果，年均增收8000元，1072户贫困户5000多名贫困人口实现脱贫；全县森林覆盖率由2015年的39.2%提高到2020年的47.06%，2018年被评为全国绿化模范县。①

同时，扶绥县还积极延伸产业链，提高林业产值。其一，发展坚果林下经济。2020年，全县坚果间套种西瓜10000亩，间套种马铃薯500亩，带动农民实现增收2175万元，有效弥补坚果种植前四年的收益空档期。其二，发展“坚果+旅游”产业。借力广西“生态乡村”建设，发展坚果休闲观光休闲农业，集中力量把果满山坡澳洲坚果产业核心示范区打造成集旅游观光、科研展览、生态养生、田园休闲体验等功能于一体的“休闲旅游、观光农业”示范点。②

三、扶绥县特色产业发展的主要问题

（一）缺乏“主人翁”意识

当地人民群众对现有蔗糖产业的发展存在一定的不信任，认为其生产、营销等手段未能落到实处，导致人民群众的幸福感及获得感较低，进而未能真正实现农户的利益诉求。目前大部分甘蔗以小户种植为主，且分散在边远地区，农村道路崎岖不易行走，而运蔗车通常为大卡车，更加剧了行路艰难，针对此问题农户通常需花大价钱聘请卡车司机，这一举措又在一定程度上减少了蔗农的收入，导致农户生产积极性不高。

此外，当地群众思想观念意识滞后，缺乏“主人翁”精神，是目前影响乡村产业发展的主要障碍，普遍存在着对乡村振兴战略和乡村产业发展概念认识模糊、观念狭隘等问题，与许多发达地区将乡村产业作为重点产业和支

① 数据来源：广西壮族自治区林业局网。
② 数据来源：广西壮族自治区林业局网。

柱产业的现状相比，他们缺少依靠乡村产业发家致富的思想意识和干事创业的热情，增强和激发乡村振兴的内生动力是当下乡镇一级面临的重要考题。

（二）产业发展规模较小，产品集约化程度低产业规模化

在扶绥县现有的特色产业中，产业规模较小是普遍存在的现象，甘蔗产业在此问题上尤其突出。根据资料，扶绥县是我国甘蔗种植面积最多的县域，常年种植面积达 125 万亩以上，全县拥有两家大规模制糖企业，在 2011 年全年制糖业实现产值 49 亿元，同比增长 34.5%；制糖业年总产值占工业总产值 55% 以上，蔗糖产业提供的年财政收入占总值的 44.4%，当地农民收入的 80% 也来自蔗糖业。因此可以说在扶绥县，蔗糖业是农民脱贫致富、农业和农村经济发展、财政收入乃至全县经济建设的支柱产业，产业占比在扶绥县举足轻重。但是在产业集约化、规模化的当前，扶绥甘蔗产业仍然存在着甘蔗产业多以分散户种植为主，规模小、集约化程度低等显著的问题，这严重制约了其与现代农业科学技术手段相结合，导致整体综合生产能力较低，规模效益难以形成。

同时，扶绥县蔗糖产品以原料出售为主，缺乏高附加值、技术含量高的下游产品，进而就缺乏在市场上的竞争力，经营制度与生产产品单一是产业在市场发展上的一大弊端，无法做到“人无我有，人有我优”的营销策略就难以提高产业效益。

（三）忽视生态环境协调，科技因素影响较小

绿色发展是构建高质量现代化经济体系的必然要求，也是解决污染问题的根本之策，而其重点在于调整产业结构和能源结构。一方面甘蔗尾叶及秸秆的焚烧处理在一定程度上影响到了该地的生态环境，生产完毕的甘蔗渣也未能得到及时有效的处理，另一方面机器生产所排放的废气废水废渣同样对自然环境造成了极大的影响，产业转型和绿色生产迫在眉睫，加快实现经济发展与环境保护协调发展。

推进乡村产业发展的又一重要途径则是核心良种的推广与研发。无论是种植业或是畜牧业此项举措都意义非凡。目前扶绥乡镇部分产业都有良种的研发和孕育，但与此同时推广力度仍然较弱，尚未普及至村屯，导致村屯与乡镇不能做到资源与信息共享，进而导致地区间的发展不平衡。另一方面政府相关部门支持力度尚未加强，导致宣传推广力度大为减弱，这也是乡镇产业无法形成规模效应的重要原因之一。

（四）宣传环节薄弱，影响范围狭窄

要实施乡村振兴战略助力乡村地区发展，因地制宜发展具有地域特色与资源优势的特色产业是极其关键的一步。对于扶绥这样一个稍欠发达的地方而言，制定合理的营销策略、加强产品宣传是必不可少的，这不仅能使特色农产品获得更好发展，是产业兴旺发展极为重要的因素。然而，在地方较为突出甘蔗产业、龟鳖养殖产业及姑辽茶等产业中，都存在一个共性——营销渠道单一、产品宣传力度弱、品牌效应不佳。

其中，素有“中国养龟第一村”称号的中东镇三哨村龟鳖养殖历史悠久，龟鳖产业作为三哨村主要的支柱产业，为中东镇经济、社会发展起到了极大的促进作用，但是其宣传力度不够、营销辐射范围不广、宣传渠道较为单一，当今互联网技术的广泛应用给予龟鳖产销很大的平台，但是当地养殖户没能够深入挖掘、灵活运用互联网的优势。

而作为中国国家地理标志产品的姑辽茶，虽然在广西区内享有一定的声誉，但在广西区外却鲜为人知，究其原因主要是宣传力度不足，进而影响市场扩展。因此，建立并打响姑辽茶独有的文化品牌，拓宽销售途径和渠道是当地政府以及企业亟待解决的重要问题之一。

（五）基础设施配套水平低，发展缺乏内生活力

乡村要振兴，基础设施建设是关键。虽然近年来，扶绥县全面加强农村基础设施建设，解决贫困群众用水、用电、住房等生活难题，但是扶绥县相

对于一些城市，仍存在生产性基础设施支撑力脆弱、服务性基础设施执行力减弱、社会性基础设施安全力薄弱、流通性基础设施承载力孱弱等突出问题，严重阻碍了扶绥地区特色产业的进一步发展。

就甘蔗、姑辽茶、澳洲坚果等产品的运输而言，基础设施的不完备，乡间道路的狭小、崎岖，夜间照明设备的匮乏等是极大的问题，交通阻塞和运输时间过长，极大地影响了当地产业的长足发展和产品的销售。以甘蔗产业为例，一是水利设施建设薄弱，扶绥县土壤受到地质情况的影响，较为贫瘠，多处未设有灌溉设施，导致整体种植业平均灌溉面积较低，进而单产低；二是道路设施尚未完善，部分种植户分散于偏远地区，市场成本较高，导致村民参与市场意愿较低。

再者，由于当地条件较为落后等原因，年轻人更多是到大城市打拼，农村老龄化现象显著，乘着全面脱贫的东风，激发农民脱贫致富的内生力量并不容易，现今不少农民年纪偏大，知识水平不足，能力有限，必须“头雁”来领飞。特色产业的发展关键在人才，人兴则产业兴，人强则产业强。然而，人才难留、基层新生力量不足是一个存在于各地乡村的普遍问题。

四、扶绥县特色产业发展的策略

习近平于 2021 年 4 月 25 日至 27 日在广西考察时的讲话中提到，“全面推进乡村振兴，就要立足特色资源，坚持科技兴农，因地制宜发展乡村旅游、休闲农业等新产业新业态，贯通产加销，融合农文旅，推动乡村产业发展壮大，让农民更多分享产业增值收益”。从扶绥县的经济社会发展历程折射出特色产业发展情况对于乡村振兴战略实施效果的根本性作用，以特色产业为本的乡村振兴就是要以提高产业竞争力、可持续发展能力为方向，完善产业、生产和经营体系，强调科技力量在创新引领方面的作用，其成果不仅要体现在居民生活水平的提升，还要表现在居民精神文明世界的获得感和满足感。

基于扶绥县产业发展的实际情况和经济比较优势的分析，针对扶绥的发展问题，本部分首先以乡村振兴的基础理论为基石，认为可以利用政策工具弥补农村居民在思想认知方面的空白，依照产业经济发展的客观逻辑，提出构建规模化、集约化、现代化的产业发展模式，提高产业竞争力，培育兼具产能和绿色的产业形态，并在品牌建设、人才培养等方面建立长期有效可行的机制。

（一）深化思想认知，提高村民参与感、获得感

2021 年 2 月 21 日，《中共中央国务院关于全面推进乡村振兴加快农业农村现代化的意见》中提出，“要坚持把解决好‘三农’问题作为全党工作重中之重，把全面推进乡村振兴作为实现中华民族伟大复兴的一项重大任务，举全党全社会之力加快农业农村现代化，让广大农民过上更加美好的生活”。对于扶绥县当地居民来说，提高对于乡村振兴战略的认识，从根本上了解党和国家对于农业农村农民的帮助，树立起正确的世界观、人生观、价值观，正确、理性地看待问题，才能理解国家政策方针对于“三农”问题的重视并切实投身到具体政策实施当中，才能增强自身的获得感。而且对于群众自身而言，理解国家政策后可以更加合理利用家乡宝贵资源，寻求适宜的生产生活方式，促进家乡产业经济发展。譬如，可选择与相关企业合作，签署长期合作条约，用企业宽阔的销售渠道等资源对家乡特色产品进行推销，既可以让自己拥有更好地生活，也可以带动家乡人民就业等，如此可以共同投身于为家乡的建设的行列中，共享这一份幸福。

在乡村振兴战略的实施进程中，农村基层党组织作为党在农村的战斗堡垒，是实施乡村振兴战略最为重要的内源力量之一，基层党组织建设的质量问题直接关乎乡村振兴战略能否有效实施，因此，加强基层党组织建设，对于引领和助力乡村振兴意义重大。同时，这也要求人民群众对基层党组织工作者树立信任，坚定信心，相信在他们的带领与帮助下，家乡的建设会越来越好。

基于研究结果发现，扶绥县有不少群众对当地甘蔗产业的发展存在一定的疑虑，认为在某些地方甘蔗产业的发展工作并未落到实处。因此，扶绥县

政府在发展甘蔗产业时，应多倾听群众的意见，切实落实农户的利益诉求。相应的，政府除了在这一件事上要做到听民意、解民忧，对待其他事情，也应做到以人民为中心，结合本区实际情况和发展目标制定出正确的工作程序，把心扎在基层里，把情系在群众中，把利谋在民生上，凝聚民心，不断增强群众对政府的信任感，将扶绥县特色产业做大做强，以巨大的福利回馈人民，增强群众生活的幸福感。

（二）深化产业链，实现集约化、现代化生产经营

产业是经济发展的关键所在，而一个产业是否具有生命力、竞争力和高效益，其链的延伸尤为重要。以甘蔗产业发展为例，甘蔗是制糖的主要原料，制糖企业除用甘蔗制糖之外，还应深入推进精深加工和延长产业链，以提高产品与产业附加值，进一步巩固和提升扶绥县作为全国产糖大县的重要地位。除此之外，针对制糖企业可延展业务，政府制定相关策略，吸引其他更多的企业落户于制糖加工厂周围，形成产业园区，着力构建甘蔗尾叶饲料化、蔗渣造纸、糖蜜制酒精、糖蜜制酵母、滤泥生产生物有机肥等循环经济体系，以此可以促进资源的循环利用、高效配置。且在这种产业链模式下，扶绥县也可延伸出更多的支柱产业，比如火龙果产业、龟鳖产业等，这样不仅改善了靠单一的糖料生产拉动扶绥经济的问题，还促进了本地产业的多样化发展。

习近平总书记指出："解决好'三农'问题，根本在于深化改革，走中国特色现代化农业道路。"农业生产采取适度的规模化经营是实现农业现代化必要要求。目前，扶绥县的农业发展形式还处于初级阶段，扶绥甘蔗产业发展相关问题也较为突出。扶绥政府应当牢牢把握乡村振兴战略的契机，根据中央一号文件出台适应本地产业发展优惠政策，积极鼓励专业户和种植大户集中连片承包开发，通过规模化、集约化的经营方式提高种蔗效益，推动蔗糖生产的发展。此外，政府可以推广雷达现代农业合作社联合社的"制糖企业 + 农机生产企业 + 合作社 + 农民 + 基地"的合作模式，采用甘蔗高产高效栽培和生产全程机械化技术建设优质高产高糖糖料蔗基地，为扶绥县提供综合农事社会化服务，以此来促使扶绥县的发展走上集约化、现代化的生产经营道路，这样既维

护了农民的利益，又确保了企业的收入，还有利于促进当地产业的稳定发展。

此外，笔者还认为，政府部门可积极探索党建引领乡村产业发展新模式，紧紧围绕乡村振兴开展政府工作，促进乡村特色产业的持续发展。如借鉴辽宁省黑山县“党支部＋基地＋合作社＋农户”的运行模式，将党组织建立在扶绥县农产品种植的产业链上，把党的组织优势融入产业发展中，把党员嵌在“链条”里，发挥合作社党组织和党员群众的先锋模范作用，积极培育农民专业合作社、家庭农场等新型农业经营主体，发展特色农业种植，促进扶绥当地澳洲坚果、姑辽茶、板包香糯、东门鸡、城厢草莓等的发展，有效促进农业增效和农民增收，推进村落特色产业的进步发展，助力乡村振兴。

（三）加强良种研发和推广，做好生态环保建设

良种的研发及推广无论是对种植业还是对畜牧业都意义非凡。对种植业来说，良种能大幅度提高单位面积产量，改善和提高农产品品质，减轻和避免自然灾害的损失，扩大作物栽培地区和种植面积，提高农业生产经济效益，有利于机械化生产和提高劳动生产率，所以加大良种研发对农民来说是一件利于千秋万代的大事。对畜牧业来说，良种培育更是急需解决的事情。胡春华指出，畜禽良种既是畜牧业现代化的基础，也是我国畜牧业发展中亟待加强的薄弱环节。因此，对扶绥龟鳖、黑三羊等畜牧业的未来发展离不了品种的改良。扶绥县农业与畜牧业的发展应依托于现有的科研机构，各大企业、生产合作社等团体应积极吸纳和利用国内外的科研力量和技术优势，加强种质资源的引进创新，尽可能做到引进相关领域的专业性人才，致力新品种选育，确保产品的质量。同时，企业应打造责任企业文化，带头担起良种推广责任，在当地大力推广良种繁育，提高产品单产，使产品的产量、质量与销量都得到一定的保证，造福一方。

“正确处理经济发展和生态环境保护的关系，坚决摒弃损害甚至破坏生态环境的发展模式，坚决摒弃以牺牲生态环境换取一时一地经济增长的做法”是坚持绿色生态发展的要求，也是坚持乡村振兴可持续发展的要求。相关企业在进行生产时应始终贯穿绿色发展理念，大力发展循环经济，着力打造绿

色产业、绿色制造、循环经济、清洁能源、低碳经济，积极进行绿色技术创新，全方位推动产业转型升级，做到经济效益、社会效益、生态效益同步提升。由此，扶绥县在甘蔗尾叶的处理问题上，可采用“碎叶还田”措施，把甘蔗尾叶粉碎在这个土壤之中，连续3—5年，土壤的有机质含量就会得到提高，土壤的保水性、松软度也都会明显的增强；还可采用企业回收甘蔗尾叶进行饲料化利用，这既解决了牛羊养殖饲料的本地化问题，又降低了牛羊养殖的饲养成本，有利于推动本地牲畜养殖的规模化、产业化发展。

（四）实现特色产品管理信息化，打造特色产业品牌

加快数字化发展和全面推进乡村振兴是“十四五”规划的两个重大战略。大数据应用在乡村地区的推广，为乡村地方特色产品提供了通畅的宣传与销售渠道，使得产品信息不再区域化、地方化。生产者和经营者对各大平台农产品销售数据的收集、处理和分析，能够产品在生产、管理、营销上更具科学性，而且生产过程与大数据的有效结合，会让我们的产品宣传更具说服力，利用大数据技术、信息处理等相关技术，对特色产品的需求信息进行捕捉、分析与判断，在平台将相关的产品有目的性的进行推送，达到宣传效果。由此就需要地方特色产业经营企业强化信息化管理能力，加强数字化建设，对产品的生产过程进行数据化转换，实现生产过程的可见性，力争提供高品质、有保障、让消费者放心的产品。此外，政府应当完善扶绥县政府关于地方特色产品的网页信息，企业也因做好自身产品宣发工作，让消费者在进行网页搜索时，对于产品有一个清晰完整的印象，便于对各地的特色农产品进行综合性的对比选择。

扶绥县特色产业应充分发挥地缘优势，做好宣发工作，突出产业和产品独特的地方特色，打响姑辽茶、“中国养龟第一村”龟鳖产业、澳洲坚果等产业的品牌知名度，吸引顾客。其中，商品的包装设计是宣传工作中尤其重要的部分。商品的包装被称为“无言的推销员”，是品牌视觉形象设计的一个重要部分，能够达到吸引人眼球的目的，良好的包装不仅可以起到保护产品的作用，而且能美化和宣传产品。因此，扶绥县特色产业要想打响品牌知名度，

必须重视产品的包装设计的地方和产品特点，以区别其他同类产品。此外还要注重产业链的延伸，打造品牌连锁效应，整体提高产品知名度。

笔者认为，为提升扶绥县特色产业产品宣传力度，企业相关部门可依托政府、学校、社会团体等，通过召开博览会、专项领域研讨会等线下方式，社交软件等线上渠道，积极打造全方位、多渠道、宽领域的“线下＋线上”宣传模式，使产品品牌的知名度更上一层楼。

（五）改造提升农村基础设施，多措并举实现人才回流

要实现乡村振兴，就要对农村人居环境进行综合整治，弥补农村基础设施建设滞后的缺陷，为农业产业发展提供物质基础。俗话说，“要想富，先修路”。交通便利是致富的一个必要条件，不仅可以实现内外交通信息的通畅，而且能带动相关行业的兴盛，带动该地区系列产业的发展。扶绥县南部和北部是高山土岭，峰丛谷地，中部为低丘台地，间有孤峰，地势崎岖，且乡镇之间较远，往来多有不便，加之扶绥县乡村的基础设施与城镇相比仍不够完善，与人民期待的美好生活形成较大落差，不仅阻碍了乡村特色产业的发展，还导致大部分农村劳动力对本地区产生不信任，纷纷流向外地。因此，为保障乡村特色产业的发展以及增强农村劳动力对乡村地区产业经济发展的信心，扶绥政府应着力于完善基础设施，改善群众的生活环境，提升村民的幸福感、获得感、安全感，增强群众对政府工作和本地经济发展的信心。

乡村振兴关键在人才，希望在青年。随着工业化、城镇化的快速推进，大量农村青壮年劳动力流向城市，农村“空心化”“老年化”日益问题严重，支柱产业缺乏动力支撑，逐渐丧失吸引人才、资金等的能力，导致产业后续发展动力不足，乡村特色产业发展举步维艰，乡村人才流失与吸引问题亟解决。笔者以为，当地政府部门应创新工作举措，调整人才培养和吸引计划，以优厚的待遇、奖励等方式来吸引更多的青年人才回乡发展，带动扶绥县特色产业发展，不仅要做到“留得下”，还要做到“留得住”“用得好”。当地政府不仅要招揽全国各地的青年人才加入当地的乡村建设中，还应着力于培养本土人才，从根本中培养人才、留住人才，让青年人才在乡村建设发展中

收获信心、焕发光彩，助力乡村振兴。

乡村振兴是个系统工程，不仅需要政府的支持，更需要企业的积极参与。乡村振兴项目是政府倡导的方向，企业在乡村振兴中起到一定作用，尤其是投资企业，投资可通过引入市场机制促进第一、二、三产业在农村的融合发展，还可为农村发展提供资本、人才、知识以及组织供给，帮助农民发挥在乡村振兴中的主体作用，推动当地产业的发展。因此在乡村振兴的过程中，政府部门要引导社会多方主体参与，拓宽融资渠道，利用农户、合作社等直接与社会公司直接联结的模式，构建分工明确、资源合理分配的利益共同体。

乡村振兴战略背景下民族地区农业示范园区发展问题及对策研究

——以巴马瑶族自治县为例

龙丽娜　刘欢欢　农玉娴　李兴鹏　李佳雯　罗月莹
周小芸　梁诗意　覃小丹　谭裔茗　黎树基

一、研究背景

在1982—1986年，2004—2021年期间，中共中央分别连续五年、十八年发布以“三农”（农业、农村、农民）为主题的中央一号文件，对农村改革和农业发展作出具体部署，强调了“三农”问题在中国社会主义现代化时期的重要地位。

在近五年的中央一号文件中，分别以“深入推进农业供给侧结构性改革”（2017年）、“关于实施乡村振兴战略的意见”（2018年）、“关于坚持农业农村优先发展做好‘三农’工作的若干意见”（2019年）、“关于抓好‘三农’领域重点工作确保如期实现全面小康的意见”（2020年）、“关于全面推进乡村振兴加快农业农村现代化的意见，实现巩固拓展脱贫攻坚成果同乡村振兴有效衔接”（2021年）等为主题，对“三农”的改革和发展做出了具体的部署。

党的十九大提出实施乡村振兴战略，编制了《乡村振兴战略规划（2018—2022年）》，该文件以习近平总书记关于“三农”工作的重要论述为指导，按照产业兴旺、生态宜居、乡风文明、治理有效、生活富裕的总要求，对实施乡村振兴战略作出了阶段性谋划。文件指出：乡村振兴，产业兴旺是重点；生态宜居是关键；乡风文明是保障；治理有效是基础；生活富裕是根本。

习近平总书记指出，就业是巩固脱贫攻坚成果的基本措施。要积极发展乡村产业，方便群众在家门口就业，让群众既有收入，又能兼顾家庭，把孩子教育培养好。要发展壮大扶贫产业，拓展销售渠道，加强对易地搬迁群众的后续扶持。要推动城乡融合发展，推动乡村产业、人才、文化、生态、组织等全面振兴。要完善政策体系、工作体系、制度体系，以更有力的举措、汇聚更强大的力量，加快农业农村现代化步伐，促进农业高质高效、乡村宜居宜业、农民富裕富足。要完善东西部结对帮扶关系，拓展帮扶领域，健全帮扶机制，优化帮扶方式，加强产业合作、资源互补、劳务对接、人才交流，动员全社会参与，形成区域协调发展、协同发展、共同发展的良好局面。

党的十九届五中全会提出，要优先发展农业农村，全面推进乡村振兴。坚持把解决好“三农”问题作为全党工作重中之重，走中国特色社会主义乡村振兴道路，全面实施乡村振兴战略，强化以工补农、以城带乡，推动形成工农互促、城乡互补、协调发展、共同繁荣的新型工农城乡关系，加快农业农村现代化。

二、研究设计

广西壮族自治区河池市巴马瑶族自治县位于广西西北部，全县的总面积大约为 1976.4 平方千米，县城建成区的总面积 8 平方千米。县内主要聚居着瑶、壮等 12 个少数民族，2010 年末全县常住人口 26.98 万，其中常年从事农业劳动的总人口 24.41 万，人口自然增长率 9.34%。但是由于 2020 年后出现了人口快速流失的严重现象，巴马瑶族自治县常住人口逐渐减少至不足 24 万人。巴马地势西北高，东南低，县内山地多而土地少，是典型的大石山区，石山地大约占 30%，土山地占到 69%，水面仅占有 1%，素有“八山一水一分田”之称，如此一来，土地也就显得非常珍贵。

外部环境的局限使得巴马瑶族自治县成为我国脱贫攻坚战路上“一块难

啃的骨头”。但是在决胜脱贫攻坚、全面建成小康社会的2020年，面对新冠肺炎疫情带来的冲击和前所未有的挑战，巴马县紧紧围绕“广西巴马长寿养生国际旅游胜地”“广西大健康产业龙头基地”“深圳巴马大健康合作特别试验区”三大定位，不断提高其发展的核心竞争力，实现了全县经济总体平稳增长的良好态势。初步核算，2020年全县地区生产总值82.99亿元，按可比价格计算，同比增长8.5%。其中，第一产业增加值14.23亿元，增长7.0%；第二产业增加值27.09亿元，增长10.1%；第三产业增加值41.67亿元，增长7.9%；到了2021年，上半年的生产总值达到了428615万元，在河池市的区县排名位于第四，其中第一产业的GDP为44046万元，增速达到了12.3%。

特殊的地理位置以及作为我国的少数民族地区，巴马瑶族自治县有着本地特有的产业发展以及民族特色。2020年用东西部协作资金在西山林览村建设的“巴马香猪扶贫产业繁有保种场”“巴马香猪生态扶贫养殖示范基地”项目，以及在2017年1月为发展巴马扶贫产业而成立的A公司便是其中之一。目前巴马的农业示范园重点分布在燕洞镇，主要是农业以及畜牧业方面，即养猪、养羊、养牛还有种植业；种植业又主要是以纳兰湾农业示范区为主，并在2020年被评为示范园。示范园的建成带动了20%的巴马贫困户在十三五规划期间实现了脱贫，其成效覆盖十个乡镇五十七个贫困村，带动了村集体经济的发展，在巴马农业示范园区起了一个很大的作用。例如巴马B公司通过核心示范区连串的方式，在巴马贫困乡建立了14个养殖区，产业延伸到隔壁县，实现了联合养殖，并带动了巴马西乡山十四个贫困村集体经济的发展，使贫困户年收入达到五万元目标。A公司带动了东三乡、那社乡、所略乡以及巴马镇的产业发展和贫困户实现增收并在全县建设了26个小谷鸡养殖基地，以孵化基地为核心，辐射带动全县的养殖基地，覆盖全部的乡镇。

示范园建设对巴马在2019年实现摘帽起了很大的作用，同时也对巴马县乃至河池市经济发展起到了重要的促进作用。本研究将以巴马瑶族自治县为例，结合乡村振兴的背景，主要采用文献研究和企业访谈两种方式，对少数民族地区示范园进行调研，从理论到实际中寻找多个角度对示范园所面临的问题进行深究并提出解决方案，来带动农村地区的农业发展和农业现代化，巩固农村地区脱贫攻坚的成果。

三、民族地区农业示范园区发展面临的困境

（一）人才不足，技术难以创新

人才资源是当今社会发展的第一资源。现代经济社会发展历史证明，人才是科学技术发展的引领者，是经济社会发展的推动者，是先进生产力中起着主导作用的因素。科技发展与社会进步既促进了国家的强盛和民族的富裕，同时也强化了国家与国家之间的竞争，而无论是国力竞争还是国家之间的科技竞争，在本质上归根到底还是人才的竞争，由此要获得竞争优势唯有重视人才资源。就我国社会实际而言，少数民族居住的地区相对比较偏远，在物质方面相对欠缺因而人才流失问题相对比较严重。同时，科技人才在技术创新中起到至关重要的作用。建设一支高素质的少数民族人才队伍是促进民族地区农业示范园区发展的必然要求。以巴马瑶族自治县为例，分析人才流失以及技术难以创新等问题对民族地区农业示范园区的发展有着重要意义。

1. 巴马瑶族自治县人才的现状及特点

人才结构分布不合理。从学历分布来看，有 37.12% 的高学历人才分布在党政、教育、医卫等领域；仅有 0.66% 的高学历人才分布在经济、工程技术等紧缺专业技术人才的领域。全县大学专科及以下学历的人才占人才总量的 63.98%；研究生仅占 0.98%；高级职称的人才也只占到 2.01%。

吸引人才的竞争力不足。巴马瑶族自治县地理位置偏僻、基础设施建设不够完善、待遇偏低，社会公共资源也难以与其他城市相比，人才特别是高层次人才的引进显得十分困难。此外，干部与群众的视野不够开阔，缺乏预见性的战略思维，科学文化素质偏低，难以吸收和消化现代的生产方式和技术。虽然当地政府在薪资、住房等方面已经制定了许多优惠政策，但由于种种因素，在同等甚至是更优惠的条件下，巴马的人才竞争仍处于弱势地位。

人才环境发展不够充分。全县用人观念相对保守，未能形成吸引人才、

引进人才、留住人才、盘活人才的良好环境，难以为人才提供成长和发展的平台。存在过于注重引进而轻视培养和发挥人才作用的现象，使得许多出身本地的大学毕业生因回乡择业无门、发展无望而投奔他乡。

2. 巴马瑶族自治县龙头企业受人才与技术的限制

以广西巴马A公司和广西巴马B公司两家龙头企业为例。A公司的主要技术人员从外地招聘，本地目前没有精通养殖技术的人员，核心技术人才均采用外聘，人力资本较高，同时，公司在本地招聘一般的负责项目基地的技术员，通过公司的培训，会培养一批人作为公司的技术人才储备。巴马香猪养殖不仅仅是需要饲养技术，还有屠宰技术，以及将化粪池转化灌溉农田等一系列技术支持，但是巴马原种香猪是地方产业，饲养猪的种类与别的地方不同，效益比大品牌的要差上许多。技术人才制约着巴马香猪产业的发展，像提高种猪交配成功率、母猪产仔存活率、均衡猪肉营养含量等方面的技术创新还需要更多的技术人才来进行研究。

（二）前期资金投入过大、缺少稳定的资金来源

影响民族地区农业示范园发展的资金因素主要有以下两个方面：

1. 民族地区农村的发展资金来源渠道单一，缺少稳定资金来源

当前民族地区农村的发展资金来源渠道非常地单一，主要依靠国家的各类涉及农业方面的财政资金以及农民自己的资金投入，几乎没有其他的社会类资金投入到民族地区的农村农业运作中来。不仅资金来源的渠道稀少，而且资金来源金额较低，以至于缺少可持续的资金来源渠道，影响民族地区农业示范园的进一步发展。目前农村投入最大的就是政府的各类涉农资金，但是这些资金中并不是全部用于民族地区农业示范园的发展，还将应用于农村基础设施建设，例如农村水利工程、农村饮水工程和农村道路建设等。

进一步推进民族地区的农业示范园发展建设，需要建立稳定的资金投入机制。建设稳定的资金投入机制，政府必须起到“领头羊”的作用，实际操作即是，加大政府支持农资金的投入，政府支农资金不但是“三农”投资的主要来源之一，更为重要的是可以有效吸引社会资本进入，政府的大力支持

会提高社会企业家们的投资信心。

2. 前期资金的投入过大

资金投入得多，在原则上是可以促进农业的快速发展。但是前期资金投入过大的同时也伴随着相应的风险问题，资金投入越大，风险就越大。如果在前期投入的资金过大，加快农业示范园的建设发展，一旦后期资金链断裂，资金投入不足，将会出现许多问题，比如：没有资金购买原材料，没有资金支付工人的工资，没有资金来运行出货。最严重的后果将会面临着停工停产的局面。而且拖欠工人工款，工人一旦罢工游行维权，将对企业的品牌口碑造成毁灭性的打击，口碑的下滑，也会导致社会资本对企业失去投资的信心，从而进一步导致恶性循环。要想推进民族地区的农业示范园的发展，就要解决前期资金投入过大的问题。

（三）市场波动影响项目运行

1. 市场需求决定农业生产的类型和规模

作为商品，农产品的价格变化主要受到供求关系的影响。从经济学的角度分析，农产品价格的供给弹性越大，需求弹性越小。农业示范园区对一些贫困民族地区来说，承担着一部分脱贫攻坚的责任，可以通过发挥先进农业技术成果的作用，促进农业增产、农民增收，这也是现如今实现乡村振兴战略的重要推手。但农业产业应对市场的风险以及抗灾能力十分低下。比如近几年农业产业受疫情及市场影响，产品滞销严重。如小谷鸡、肉兔养殖项目，无论是农户建栏自养还是村集体基地养殖，由于产品回收难，出现较大滞销。还有之前突发的非洲瘟疫，整个广西的养殖业，特别是养猪业，包括小巴猪，都受到了很大的冲击。甚至在巴马部分地区存在脱贫户返贫的风险。

例如巴马 B 公司，在发生非洲猪瘟之前，公司保持订单不断的状态，四川、湖南等地都会从公司引进种猪饲养，相关产品会销往北京、上海、青岛、广州等地，并且与当地的超市都有合作，南宁也有公司的旗舰店及分店。原本在广州也有旗舰店，但由于非洲猪瘟和冷链运输的成本较高，为了减少损失而撤下。合作社也受到了影响，损失比较大，为防止公司基地的猪也被感染，所以公司停止回收合作社，这不管是对公司项目还是对农户来说都造成了很大的影响。

2. 市场波动增加了农业生产成本

在巴马的农业龙头公司大多实行的是保价回收，但不断上涨的农业生产资料和农产品的剧烈波动，导致出现农民增产但收入却不增加的情况，农户的种养积极性受到打击，未来的收入预期下降，种养意愿减弱，使得农业生产发展缺乏后劲，最终造成与农业公司合作的农户减产。同时，农业成产成本的增加，也意味着要加大对农业示范园区资金投入，回报减少，不利于农业龙头公司扩大市场。

四、关于研究民族地区农业示范园现状的SWOT分析

（一）优势分析

巴马瑶族自治县是世界著名长寿之乡，位于广西西北部，是一个传统农业县，当地具有良好的生态环境，气候宜人。为了响应乡村振兴战略，推动巴马县瑶族自治县的农业发展，当地政府因地制宜，利用当地的气候环境并合理利用劳动力，在政策支持下建立了具有当地特色的农业产业园。以下对巴马瑶族自治县的具体情况进行优势分析。

1. 良好的生态环境

广西巴马县位于广西西北部，平均气温接近人类生活舒适温度，降水均匀，雨水丰富，湿度和太阳辐射适中，为当地农产品的种植和养殖打造了一个天然的良好的生长环境，有利于提升农产品的产量和质量。可根据当地良好的生态环境建立具有当地特色的民族地区农业示范园。巴马县地理特征为山多水好，目前小巴猪和小谷鸡的养殖多为散养，好山好水对香猪、小谷鸡的养殖具有一定的增益，提升香猪和小谷鸡的口感，从而使其在市场上增加话语权，好的质量是扩大市场的前提。

2. 特色优势鲜明

巴马县以农业、畜牧业发展为主，示范园主要包括生猪、养羊、养牛以及种植业，种植业主要在纳兰湾农业示范区，在2020年被评为示范园。结合巴马“长寿之乡”的称号，打造当地特色品牌，对巴马县经济发展起到一定的导向作用。农业农村局针对实际情况指导企业做好产业的发展规划，对产品规划和品牌打造给予相应的指导。同时，农业农村局还为巴马B公司制定了申报示范区的建设规划；A公司备选了要申报的自治区现代特色农业示范区，农业农村局也为此做好了相应的规划。此外，农业农村局对两家公司落实了商品认证和品牌认证工作，保障两家龙头企业带动当地经济发展。产业特色要往品牌方向发展，要发挥世界长寿之乡的优势，把巴马特色产业产品做大做强。

3. 国家政策支持推动产业园的建立和发展

实施“四行资金”政策，重点扶持巴马县农业企业发展。由巴马县乡村振兴局提供的相关资料，笔者了解到，从“十三五”到“十四五”规划期间，乡村振兴局给予B公司资金上的支持、政策上的鼓励，引导村集体经济入股到企业之中，同时让企业带动脱贫户，制定“以奖代补”的政策。为了扶持龙头企业的发展，巴马采用自上而下的方式，通过项目申报和发展农业示范区来实现对企业的支持。对企业发放贷款，并采用贴息的补贴政策。对于遇到困难的企业，政府采用一事一议原则，从资金上为企业解决难题，对于企业在生产过程中可能会出现的困难，做好预案，做好保障服务。在产品促销方面，根据前国家扶贫办出台的《消费产品触动脱贫攻坚》文件，小巴猪申报了消费扶贫产品系列，被列为全国消费扶贫产品，同时小谷鸡也列入了国家消费扶贫产品。B公司和A公司两家龙头企业已成为巴马县促进农业发展、带动农民增收、保障农产品供给、维护市场稳定的重要支柱力量，助力乡村振兴成效显著。

4. 结合当地特色环境，合理利用劳动力

广西巴马瑶族自治县农业产业示范园的建立，带动了当地农业产业的发展，为当地农户增收提供有利渠道。根据《广西自治区党委农村工作（乡村振兴）领导小组关于印发乡村振兴重点帮扶县名单的通知》，巴马瑶族自治县是国家乡村振兴的重点帮扶对象之一。农业示范园的建成，对于巴马经济的发展起了重要的作用。同时，也让巴马的贫困户在家门口务工，给农户带来就业机会，同时保证了农户的稳定的增收。

综上所述，优良的生态环境为巴马县当地的养殖业发展奠定了物质基础，国家政策的支持是发展巴马县农业企业的有力保障，当地的品牌特色更有利于将产业进行推广，扩宽市场，同时合理利用劳动力也极大程度地推动了扶贫工作的进行。四个优势相辅相成，有效结合，促使形成了一条具有巴马瑶族自治县特色的产业链，为当地的乡村振兴战略工作添砖加瓦。

（二）劣势分析

农业示范园为推动巴马瑶族自治县的农业发展、脱贫攻坚和促进当地农民持续收入增长作出了积极贡献，但就整体发展情况来看，依旧存在着环境、市场、科技等方面的劣势，制约了当地农业园经济的进一步发展。

1. 环境制约

据资料显示，巴马县的土地面积为 1976 平方公里，林业用地面积 233 万亩，占全县土地总面积的 78.61%，发展林业生产的条件本应较为优越，但巴马县山区较多，林业用地的利用率受到地形因素的影响，散养多，形成规模养殖少，没有符合要求的养殖小区，导致农业产业规模不大，规模化程度低，主要停留在家庭经济层面。当前，根据巴马县养殖环境条件，农业示范园主要分布在燕洞镇，以生猪、牛羊养殖业为主。同时，因养殖的环境设施大多为简易结构，难以经受各种自然灾害的打击，较为严重的自然灾害往往会给农户和养殖户造成比较大的经济损失。类似小谷鸡养殖，鸡舍受水、电、路、塌方、土地纠纷等问题影响，导致 26 个基地的 417 个小谷鸡鸡舍实际投入使用的仅 23 个，使用率 5.5%；空栏 394 个，空栏率达 94.5%。

2. 市场制约

巴马县地处山区，没有专门的农产品冷链加工项目，且农产品增加值低，初级产品多，深加工的产品少，一系列原因导致产品回收、加工、包装、储存等成本过高，产业难以做大。又因新冠肺炎疫情影响，市场受波动导致产品滞销严重。如小谷鸡、肉兔养殖项目，无论是农户建栏自养还是村集体基地养殖，由于产品回收难出现较大滞销，使得脱贫户返贫风险增加。再者农业产业应对市场的风险能力低下，如小巴猪养殖，受到非洲猪瘟疫情影响，为减少损失不得不暂停产品向外地供应，同时暂停回收养户的产品，关闭部分线下门店。

巴马县旅游产业虽然名声在外，但目前没有精品旅游、旅游休闲的精品产业，全区域的旅游、“旅游+”项目都还处于一个初级阶段，靠旅游业带动经济发展的作用比较小，加上目前当地当地农业产业规模化程度低，产品多但是产量小，小打小闹的企业群经济缺少品牌带动的效应，产品在市场上竞争力不高，旅游业对于特色养殖加工产品的销售影响不大

3. 科技制约

养殖应注重与生态环境相协调，以生态环境为基础，以效益为目标。不仅仅是要提高产量规模，同时在养殖过程中产生的废料废水同样需要科技进行转化，重新有效利用。但近年来，由于各种因素的影响，一部分的农业从业者或者技术人员很难做到专精于为农业项目服务。例如巴马香猪养殖不仅仅是需要饲养技术，还有屠宰技术，以及将化粪池转化灌溉农田等一系列技术支持，但是由于技术人才方面的欠缺，小巴猪产业存在效益较低的问题。

综上，巴马瑶族自治县虽在农业示范园方面取得了一定的成绩，但劣势依然明显。若想取得进一步发展，当地必须突破因地形影响导致的养殖种植劣势，因产品附加值较低产品竞争力小，因技术人才方面的缺失导致经济效益低等限制性因素，以实现民族地区农业示范园区的高质量可持续发展。

（三）机遇分析

机遇分析是一种评估改变或增强潜力以增加收入的策略。乡村振兴战略背景下民族地区的农业示范园的发展，离不开国家政策的扶持、良好的运行模式以及科学技术的发展。巴马农业示范园区紧紧抓住机遇，为提升整个自治县的示范园区规范化发展提供了强大的支持，同时也推动了乡村振兴的发展朝更好的方向发展。

1. 政府大力的扶持以及推动示范园的建设

民族地区农业示范园政府往往会给予大力的扶持，就以巴马县为例，巴马县政府主要从政策、资金给予龙头企业大力的扶持以及推动示范园的建设。资金方面以“四行资金”政策为例，从十三五到十四五规划期间，乡村振兴局都给予了B公司资金上的支持、政策上的鼓励，引导村集体经济入股到这些企业之中，同时让企业带动脱贫户，制定了“以奖代补”的政策；农业农村局通过转贷的形式，帮助A公司拿到了2700万的市场的贷款等。另外农业农村局作为巴马农业的主管部门，不仅提供线上扶持，在日常的工作中，也有实地业务指导。比如，项目建设中的技术服务，派出特派员到企业中视察，并参与企业的一些活动，在活动中专注于发现企业发展和产业发展中出现的问题和难题，如果能现场解决就现场解决，如果不能，就采用企业“一带一”的帮扶模式，专门成立领导班子来解决企业和项目面临的问题等。

2. 民族地区农业示范园具有产业模式优势

巴马的农业示范园拥有针对性的农业示范园的经营模式，以巴马小谷鸡养殖有限公司为例，在“公司 + 基地 + 合作社 + 贫困户”模式下，合作社与巴马A公司签订合作协议，公司负责统一管理、统一技术、统一销售，积极推进产业扶贫“以奖代补”形式，贫困户过入股的方式认购一定数量的小谷鸡，成鸡销售后按比例分红给合作社，再由合作社以商品鸡每市斤3元的利润给贫困户分红，确保贫困户获得稳定纯收入。B公司采取的是“公司 + 基地 + 农户”的方式来带动农户生产，一是配合政府政策，免费发放香猪种猪给农户进行养殖；二是公司在贫困村建设养殖示范区，引导当地农民饲养巴马猪以摆脱贫困；三是公司免费提供养殖技术、饲料疫苗等，保价回收仔猪。他们通过基地搭建与贫困户之间的交流平台、农户与公司之间合作的中转站，使当地农户、公司、合作社等联合成提供一个国家利益关系共同体，在生产与经营方面统一管理，使得合作得以长期顺利地进行。

3. 产学研合作支持体系进一步发展

北京农业大学、广西民族大学等高校的研究团队深入巴马开展调研，此外，“深圳巴马卫生合作特别试验区”（简称“深巴试验区”）的部分内容已对外公布，加快“深巴试验区”建设，积极融入粤港澳大湾区建设，吸引更多国内外优秀企业入驻“深巴试验区”。为巴马带来更多的就业岗位，防止人才流失，推动巴马高质量发展，同时，也促进了科技成果的转化能力的提升。

（四）挑战分析

由于巴马县的地形地貌特殊、基础建设设施和医疗设施也较为落后，再加上当地生产资料价格偏高、农产品受外界因素影响大，因此民族地区农业示范园面临着资金、动物疫病防治、抗风险等挑战。如何有效地应对风险与挑战，解决农业示范园发展所面临的问题，是促进乡村振兴发展过程中的一大重要环节。

1. 民族地区农业示范园发展存在资金挑战

由于如今生产要素价格过高和农产品市场价格不景气，即使拥有巴马政府的资助，巴马县农业示范园区的建设和发展仍存在着缺乏资金和资金有效利用率低下的问题。据巴马政府产业扶贫项目汇报，2020 年使用东西部协作资金在巴马西山林览村建设的“巴马县香猪扶贫产业繁有保种场”和“巴马县香猪生态扶贫养殖示范基地”两大扶贫项目，现在工程已经基本完成，但是资金缺口约八百多万元，导致工程至今仍未验收投入运营。根据人大调研组 3 月份的调研，涉及投入扶贫资金项目之一的 26 个基地 417 个小谷鸡鸡舍，目前 417 个鸡舍的实际使用数量仅为 23 个，使用率仅为 5.5%；394 个鸡舍空置，空置率高达 94.5%。空栏鸡舍中因水、电、路、塌方、土地纠纷等问题不可使用鸡舍达 51 个，因此民族地区农业示范园发展中的资金问题依旧是一个巨大的挑战。

2. 民族地区农业示范园发展存在动物疫病防治挑战

民族地区因其地理位置、地形地貌、基础设施和医疗卫生环境等影响因素，在农业示范园区的发展过程中，动物疫病仍是一大障碍。以巴马为例，当前，根据巴马县养殖环境，其养殖情况是分散养殖多，形成规模养殖少，没有达到要求的养殖园区，在基地、公司或农户饲养的过程中，如遇上气候变化，豢养管理不恰当、安全管理不规范、卫生消毒不充分的情况，猪和鸡极易出现呼吸道和消化道疾病，尤其是在细菌性疾病的高发时期。

3. 民族地区农业示范园的抗风险能力较弱

虽然民族地区的农业园区发展速度较为可观，但是依旧存在着许多不确定的因素，有的产业受自然灾害及市场影响，产品严重滞销。比如非洲瘟疫突袭，整个广西的养殖业，都受到了巨大的冲击，特别是养猪行业，包括小巴猪。小谷鸡养殖和肉兔养殖项目无论是农户自养还是村集体基地养殖，由于产品回收难出现较大滞销。在发生非洲猪瘟之前，B 公司保持订单不断的状态，但由于非洲猪瘟和冷链运输的高昂成本，为了减少损失而撤下。为防止公司基地的猪也被感染，公司停止回收合作社的猪，因此和农户有了一些矛盾，最后得益于村长出面协商，才调解了双方的矛盾。此外，在新冠疫情爆发期间，由于饲料的价格暴增，A 公司面临着严重的饲料缺乏问题，进而导致 A 公司损失较大。种种表现来看农业产业应对市场的风险以及抗灾能力十分低下，依旧是一个巨大的挑战。

五、关于农业示范园在乡村振兴战略中的建议

（一）加强产业合作，深入推进“深巴试验区”建设

1. 推进试验区建设，吸引优秀企业与人才

加快“深圳巴马大健康合作特别试验区”（简称“深巴试验区”）发展，积极融入粤港澳大湾区建设，加大宣传金融、税收、土地、人才等多项优惠政策的力度，吸引国内外更多优秀企业加入到“深巴试验区”创业，为巴马带来更多的就业岗位，防止人才流失，推动巴马高质量发展，力争将“深巴试验区”建成为国内一流、国际影响力强的大健康产业发展先行示范区。

在人才引进方面，以“深巴试验区”为载体，建设一个规范的创新创业人才的孵化基地和科技园区，通过利用宣传政策优势，采用灵活的引才方式，可依托互联网开展云指导等模式进行人才引流。同时可以开展人才返乡活动通过宽领域、多形式的活动，引导扶持，吸引高层次人才到当地进行创新创

业，带动农业示范园的发展。

2. 加强产业合作，打破技术限制

深入贯彻广西壮族自治区发展和改革委员会、河池市人民政府制定的《深圳巴马大健康合作特别试验区建设实施方案》，创建粤港澳大湾区巴马大健康产业孵化中心。聚焦健康食品、生物医养、健康认知、智能体育等领域，依托深圳资本、人才、科技、管理的优势，在深圳创建粤港澳大湾区巴马大健康产业孵化中心，研发一系列大健康系统及产品，孵化一批在大健康行业处于国际领先水平的项目和技术，培育一批具有行业标杆性的龙头企业及公司，实现大健康产业在深圳孵化在巴马落地，建设成为东西部扶贫协作产业创新、社会影响力投资产业示范基地。拓宽粤桂扶贫协作领域，支持河池加强与深圳的产业合作，做实共建项目，共建产业园区，布局和发展康养旅游、健康医养、健康食品等产业，打造若干个地域特色突出、发展优势明显、集聚能力强的拓展园区或协作园区，培育县域健康产业特色品牌，与巴马核心区建设形成合力，实现协调发展、协同发展、共同发展。

（二）吸引投资，创新资金保障机制

资金，是企业进行生产经营的基础，拥有足够的资金才能保障企业的发展。而当前民族地区的资金非常单一，所以加大招商引资的力度是必要的。

1. 吸引投资，扩大资金来源渠道

巴马县政府及农业农村局应加大招商引资力度，创新招商思路和方式，整合招商引资资源，增强招商项目策划能力，积极对引进的企业提供相应的政策补助，确保企业及时地享受优惠政策。对于投资额较大的企业，可享受总部经济优惠政策，减少或减免土地或其他自然资源的租赁费用，确保企业进得来，坐得住，发展有信心。招商的过程对于巴马政府及农业农村局来讲是一个收集信息、寻找机遇、寻求合作伙伴的过程。在招商过程中必须有针对性地了解和搜集各招商企业地背景资料、招商需求和投资意向。

例如，政府可以针对小谷鸡以及巴马香猪，结合招商目的和发展优势，将小谷鸡以及巴马香猪的上下游产业链作为招商目标，通过优惠政策，吸引更多的相关项目来到巴马投资建设，完善小谷鸡以及巴马香猪的上下游产业链，扩大这些产业在附近地区的影响力。还可以建立健全巴马香猪、小谷鸡的项目评选、策划、执行等工作体系，加强项目动态管理，选择投资可能性较大的企业合作。

同时也可以鼓励农民进行出资入股，共同建设农业示范园区，让农民享受到农业示范园区在发展过程中所带来的红利，从而促进当地经济的增长，将乡村振兴战略落实到位。

2. 创新资金保障机制、帮助企业度过成长期

为推进农业示范园的高质量发展，需要各种工作制度的规范和支持，其中，农业示范园的正常运转离不开稳定的资金保障。其中，一方面是要完善政府或其他社会组织的资金投入政策，另一方面也要积极推进农村金融服务体系的发展，完善信贷政策，解决企业常遇到的资金紧张的问题，加大对农产业的扶持力度，助推企业发展。例如，设立农业示范园区项目发展专项资金，确保项目实施有基础的资金保障，同时也要保证资金的合理使用；对遭遇重大灾难的企业给予产业补贴，更好地鼓励和激励企业重建。

同时，农业示范园区在创业期需要的投资巨大，研发、土地、人员等，再加上农业园区可抵押的资产较少，自身回血周期长，所以很难从银行贷款。对于这样的情况，政府需要对本地区规模大、市场广、带动能力强的农业示范园区，在地租、基础设施建设、前期种植、养殖的研发上等方面给予资金支持，帮助农业示范园区度过成长期。

3. 发掘投资多元化

吸引社会资本进入农产业市场，同时又把市场作为主要的资金来源，将进一步推进民族地区农业示范园的发展与建设，政府的大力支持会提高社会企业家们的投资信心。民族地区农产业在发展过程中遇到过许多问题，有的因为其地理位置特殊而不能够开展规模种植或者养殖，农业产业链条短，产品附加值低等问题严重制约农业发展。巴马瑶族自治县自然风景宜人，更有“长寿之乡”之称，待开发的旅游资源丰富，旅游行业却跟不上经济发展，因此，可以通过“农业＋旅游”的方式促进产业融合，带动经济增长。合理地探寻发展的新路径新方法，推动农业产业链延长和农产品附加值的提升，“农

业+”的方式不仅仅局限在旅游这一方面，农产业通过与其他产业的结合，能够创造出更多的发展途径，将更好地扩大产业范围，增加合作新模式，培育多元化的合作主体从而扩大投资多元化。

（三）创新销售渠道，做好品牌建设，提高抗风险能力

政府及农业示范园鼓励支持示范园进行创新，开展“线上+线下”融合发展模式，可以利用电子商务平台等网络平台，拓宽销售渠道，同时，抓住当地示范园的特色，特别是民族地区的示范园，更要打造特有品牌，推动产业化发展，提高抵御市场风险的能力。

1. 搭建专业系统的乡村电子商务平台，推动线上销售

自2020年以来，受到新冠疫情的影响，我国很多农业示范园区产品都无法运出及销售，最终导致滞销，给农业示范园及当地农户带来了重大的损失，这更迫切地需要扩张示范园区的产品销售渠道，以抵御市场风险的影响。就我国目前的互联网状况来看，我国现有网民规模庞大，且大多数消费者都乐意进行网上购物。但是因为很多产品由于功能类似、彼此可以相互替代，且产品的差异化程度不高，也就更难以形成优异的产业模式，因此要促进民族特色产业园的发展，必须坚持发展产业特色，保证产品精细程度。为使得电子商务能更好地发挥其作用，把它的优势在乡村振兴、脱贫致富中更好地展示出来，搭建专业系统的乡村电子商务平台，通过打造特色农产品开展供需信息匹配、县长直播或当地名人达人直播、线上产品推广等形式拓宽线上销售渠道就显得更为必要。

2. 打造特有品牌，助力线下销售

拥有一个支柱性的支柱产品、打造自主品牌，是提高抵御市场风险的关键。农业示范园区需要通过自身管理，提高产品质量降低成本，大力培育民族特色产品，深挖产业特色。同时，积极打造农产品线下产销对接，农产品标准化服务，建立扩大销售网络体系，打通线上线下销售市场，增强龙头企业及示范园发展后劲，做到线上线下两手抓，让产品能最大限度地占有市场，扩大市场占有份额，进一步加强产业示范园的品牌建设，提升自主特有品牌

的影响力。

3. 认真做好项目包装，加强项目宣传

当然，酒好也怕巷子深，在抓好质量的同时，也要抓好线上宣传这一条线，进行品牌塑造。政府可以对于农业龙头产业项目进行包装、推介，把项目的闪光点、利润点、可塑性、发展前景展示给合作企业，发挥合作企业的中介作用。利用企业在社会中占据的资源优势，通过线上、线下宣传来增加巴马香猪、小谷鸡的知名度，增加其销量，从而达到两全其美、互利共赢的目的。对于现有的农产品，不仅要注重提升质量，在品牌建设方面还要注意打造属于自己的产品理念，要积极地参加各种对外宣传活动或者产品推介会。广西农产品交易会、广西南宁农博会就是一些很好的宣传窗口。来自全球多个国家和地区的参展企业汇聚农博会，互相分享交流，这将会给推广巴马香猪和小谷鸡产品、进一步开拓农产品市场带来绝佳机会，不断扩大推广的辐射范围，打响品牌建设口号，争取让广西农产品早日实现“走出去”的战略目标。

参考文献

[1] 贺纛，等. 开展农村生猪养殖示范　探索乡村振兴路子——以晴隆县光照镇新益村为例. 贵州畜牧兽医，2021（3）.

[2] 张玥. 乡村振兴战略背景下的乡村特色产业发展研究. 特区经济，2021（4）.

[3] 钟晟，胡菁. 乡村振兴背景下饲料业推动乡村经济发展策略研究. 中国饲料，2021（4）.

[4] 鲍洪杰，王亦龙，崔许锋. 乡村振兴背景下农业经营组织雇佣的减贫效应. 浙江农业学报，2021（8）.

[5] 惠新春，吴俊杰. 建湖县城北现代农业示范园区现状调查和分析. 农业开发与装备，2021（6）.

[6] 曹丙凤. 乡村振兴战略下农业技术推广的强化措施研究. 新农业，2021（14）.

[7] 唐雄兴. 打好“文化牌”为乡村注入新活力——四川文投集团的实

践与思考．乡村振兴，2021（7）．

［8］张兆忠，李明轩．新时代民族地区特色农业高质量发展研究．北方民族大学学报，2021（4）．

［9］李海琪．乡村振兴战略下现代农业产业园经营模式．安徽农学通报，2021（13）．

［10］王湘萍．乡村振兴与培育和壮大农业龙头企业发展——以金昌市为例．现代企业，2021（7）．

［11］林晓燕．乡村振兴背景下农业经济发展机遇和对策．世界热带农业信息，2021（7）．

［12］王晋省．乡村振兴视域下生态农业发展策略研究．农业工程技术，2021（27）．

［13］彭建强．产业振兴是乡村振兴的重中之重．农家致富顾问，2021（20）．

［14］崔双保，原亚峰．再造畜牧业高质量发展新优势助力乡村全面振兴．中国畜牧业，2021（11）．

［15］席佳颖，鲍洪霖．乡村振兴战略背景下的特色小镇产业经济创新发展研究．商讯，2021（17）．

［16］杨博文，牟欣欣．新时代农村集体经济发展和乡村振兴研究：理论机制、现实困境与突破路径．农业经济与管理，2020（6）．

［17］何军林．小小“柚子树”激活乡村振兴路．科学种养，2020（11）．

［18］张倩．关于农业科技示范园区建设的调查与思考．新西部，2020（Z7）．

［19］蒋和平，郭超然，蒋黎．乡村振兴背景下我国农业产业的发展思路与政策建议．农业经济与管理，2020（1）．

［20］曾浩．落实发展战略　抓好重点工程　加快建设现代农业产业示范园区．中国农垦，2020（4）．

［21］姜杰议，文婷．少数民族地区现代农业园规划设计策略研究——以汶川县黑土现代农业示范园规划为例．四川农业科技，2020（2）．

［22］胡豹，谢小梅．高质量推进乡村振兴的浙江典型模式与路径创新．浙

江农业学报，2019（3）.

[23] 张发梅 . 对乐都区发展现代农业示范园区的调查与思考 . 农业科技通讯，2018（10）.

[24] 汪恭礼 . 乡村振兴战略背景下的农村产业融合发展建议 . 中国财政，2018（6）.

[25] 张士杰，张家榕 . 乡村振兴战略视角下的农村产业融合发展对策研究 . 粮食科技与经济，2018（5）.

[26] 周立 . 乡村振兴战略与中国的百年乡村振兴实践 . 人民论坛·学术前沿，2018（3）.

[27] 王祖力，辛翔飞，王济民 . 少与人争粮、不与粮争地的林下养殖业发展——以广西肉鸡林下养殖业为例 . 生态经济，2011（11）.

乡村振兴背景下特色小镇电子商务发展研究

——以广西崇左市新和镇为例

莫樊宇倩 郑宇豪

引 言

乡村振兴战略是习近平总书记在党的十九大报告中提出的重要战略，报告指出：农业、农村、农民问题是关系国计民生的根本性问题，必须始终把解决好“三农”问题作为全党工作的重中之重，实施乡村振兴战略。[①] 而互联网平台作为社会经济发展的产物，有助于实现农业的数字化转型升级，并对乡村社会、经济、文化等各方面均具有显著的积极影响，是实现乡村振兴战略的重要路径和手段。2018 年，《中共中央、国务院关于深入推进农业供给侧结构性改革加快培育农业农村发展新动能的若干意见》文件提到发展数字化农村电商，而在同年出台的《中共中央国务院关于实施乡村振兴战略的意见（2018—2022 年）》再次强调数字化农村电商。2019 年 5 月，国务院办公厅正式印发《数字乡村发展战略纲要》，并要求到 21 世纪中叶，全面实现数字乡村，实现农业强、农村美、农民富的目标。[②] 随着互联网的高速发展，其所涉及的产业方向也越来越广阔，依托于互联网的电子商务平台也在快速发

① 檀学文、李静：《习近平精准扶贫思想的实践深化研究》，载《中国农村经济》，2017（9）。
② 李萌：《2021 年全国县域数字农业农村电子商务发展报告》，http://www.gov.cn/xinwen/2021-09/11/content_5636759.htm，2021-09-11。

展，逐渐形成一个完整的体系。通过电子商务平台的网购，更是有着高效便捷、省钱实惠、品类众多、价格透明等优点。近年来，我国电子商务保持高速发展态势，其规模稳步提升，从东向西、从城市到乡村，在助推消费升级、增加就业、助力脱贫、推动乡村振兴等方面的作用日益显著。农村电子商务是农村生产、流通和消费与现代互联网信息技术结合而产生的一种新兴业态，在促进农业转型、农村发展、农民增收方面发挥着重要作用。我国政府自“十二五”时期，就开始大力推动“互联网+”农业，在国家政策和地方政府的大力支持下，电子商务进村工程建设和电子商务扶贫工作，目前已经取得了一定的成效。在农村电商发展中，无论是“无中生有模式”还是“产业再造模式”，均激活了当地的农业活力，使原本已经不具备竞争优势的地区重新获得活力，同时催生了诸多关联产业，当地农村地区收入大幅增长。在“互联网+”时代大背景下，结合电子商务建设特色小镇有利于推动新型城镇化发展，促进经济转型升级，推进美好乡村建设。自乡村振兴政策推出之后，国家越发重视农村地区的发展，电商兴农是促进乡村经济发展的重要途径之一。

电商兴农直接打通了供需双方，有利于降低交易成本，提高交易效率，推动农业供给侧结构性改革，助力中国农村实现农业现代化进程。互联网与农产品的结合可以吸引更多小农户和新型农业主体运用信息技术，让更多的农产品和生产要素实现更精准的产销对接，通过新技术和新型销售方式参与电商兴农，助力农户增收。电子商务与农产品的结合有利于农村实现“造血式”脱贫，推动农村地区当地经济的发展，增强人民群众的幸福感，促进乡村振兴。此外，电商兴农还可以通过市场机制和价格手段倒逼农业进行转型升级，有利于发挥以产销对接倒逼农业产业链、供应链的转型升级。电商下沉一方面带动了工业品的下行，一定程度上满足了农村地区消费升级的需求，另一方面还带动了农村地区农产品的出区，推动了当地农产品的上行。随着电商兴农的推广，偏远地区的农民思想得到开阔，使其能更好地与数字化、信息化的时代接轨，抓住互联网所带来的机遇，促进当地乡村振兴的发展，推动国家经济高质量飞速发展。除此之外，随着越来越多的人看到电子商务良好的发展前景，数字化转型的发展模式推动着当地农村地区产业转型升级，返乡驱动力增加，人才返乡就业趋势逐渐上升，促进了人才的回流。

有学者关注到了互联网对于实现农业多功能价值产生的深刻影响。周大鸣认为，互联网推进了农业的转型升级，如果仅仅从生活方式上看，可能以后很难分出城乡。[①]他在对某淘宝村的调研中发现，村民借助互联网平台，不断拓展当地农产品的交易空间，提升了当地经济的发展。[②]在某些地区，农村电商的产业集群甚至改变了乡村的空间结构，淘宝村的实践代表着“互联网+”对传统行业发展的意义。[③]另有研究表明，电子商务正在成为数字红利向农村地区和农业领域扩散的实现路径和重要形态。[④]在特定的情境下，农村电商还可以促进农民身份的转型[⑤]，保住人才不外流。以上的研究多偏向于淘宝村的实践结果分析，认为村民借助互联网平台可以加速当地乡村的发展，推动城乡融合的进程，而对特色小镇的产业发展未能给予充分的重视。就目前的特色小镇产业发展来看，虽然其成为部分区域新的经济增长点，取得了一定的成绩，但是仍旧存在一定的缺陷和不足，很多小镇缺乏主导特色产业，没有建立完善的产业体系，缺乏高端要素的集聚和产业链的延伸，这些都制约了特色小镇的高质量发展。因此，本文着重于特色小镇的电子商务发展前景，填补有关特色小镇产业振兴的研究空白。

为此，本研究以广西崇左市江州区新和镇特色小镇为研究对象，自2021年7月15—24日，进行了为期十天的田野调查，通过网络了解法、对新和镇政府以及各村庄村委的会议调查法、对当地农户的访谈调查法和当地红糖厂及农产品种植园的实地考察法、信息整理分析法，深入了解当地特色农产品的种植规模、种植方式、种植习性及产销方式等相关情况。同时，深入当地政府、村委、农产品种植园等地，挖掘当地农业发展痛点问题、特色农产品销售困难等问题，根据当地农产品的种植与产销模式等，分析农产品种植发

① 周大鸣：《互联网、快速交通与人类学研究转变》，载《西北民族研究》，2019（2）。

② 周大鸣、向璐：《社会空间视角下“淘宝村”的生计模式转型研究》，载《吉首大学学报》（社会科学版），2018（5）。

③ 楼健、胡大平：《淘宝村、实时城市化和新型城镇化实践》，载《学术研究》，2018（5）。

④ 曾亿武、郭红东、金松青：《电子商务有益于农民增收吗？——来自江苏沭阳的证据》，载《中国农村经济》，2018（2）。

⑤ Linliang Qian. The “Inferior” Talk Back: Suzhi (Human Quality), Social Mobility, and Economy in China. Journal of Contemporary China, 2018(114).

展对策，将其与电子商务平台进行有机结合，提出高效的电商兴农发展倡议，为当地农产品拓宽销售渠道，建立合理有效的产销模式，提升当地农产品影响力，打造农产品品牌，促进当地农业可持续发展，助力当地农户致富增收，为各地区特色小镇通过电商兴农解决“三农”问题提供可资借鉴的经验，从而助力乡村振兴。

一、新和镇发展概况

广西崇左市江州区的新和镇作为“甜蜜小镇”，位于崇左市江州区西北面，东北面与大新县接壤，西南与龙州县交界，距市区 28 公里，辖区内有美丽的黑水河穿镇而过，享有独特的地理优势，拥有着“一根甘蔗一条河，万亩花山玫瑰齐放”的资源优势和产业，是一个宜工宜商、宜居宜游的特色“甜蜜小镇”。

新和镇全镇甘蔗种植面积常年稳定在 110 万亩以上，多年来，该区人均产蔗、产糖居全国首位，有“中国第一甜镇”的美誉。[①] 除了蔗糖主导产业之外，该镇利用位于左江花山岩画文化景观范围区的优势，建设新和如意岛婚庆项目、万亩花山玫瑰旅游项目、大华山水牧场、新和颐养城项目等旅游产业。江州区为新和镇引进项目 37 个，产值达 122.3 亿元[②]，该镇初步构建了以蔗糖循环经济产业为主，现代农业、文化旅游等产业支撑的体系。

2017 年 8 月 22 日，住房城乡建设部公布了第二批全国特色小镇名单，其中新和镇榜上有名，成为全国唯一以蔗糖产业为特色的“甜蜜小镇”，也是崇左市唯一获此殊荣的乡镇。[③] 新和镇在列入全国和广西特色小镇建设名录以来，紧紧抓住中央和自治区深入实施乡村振兴倡议的机遇，解放思想、改革创新、勇挑重担，大力整合项目建设和产业发展资金，全力推进城乡融合发

① 潘东梅、王小芬:《关于特色小镇建设的制约因素及发展策略研究——以崇左市江州区新和镇为例》，载《新西部》，2019（26）。

② 姜璠:《崇左市新和镇》，载《广西城镇建设》，2019（2）。

③ 姜璠:《崇左市新和镇》，载《广西城镇建设》，2019（2）。

展、配套设施建设等重点工作，取得了阶段性成效。新和镇完成固定资产投资 180 亿元，其中，社会投资 135.5 亿元，占投资总额 75.3%，特色产业投资 65.8 亿元，占投资总额 36.5%，核心区面积约 3 平方公里，每平方公里投资强度达 60 亿元。[①]

（一）农业资源丰富

新和镇地势平缓，海拔 1073.7 米，主要水源为黑水河，土地肥沃，泥土深，适合种植多种作物，全年光照充足，且光、水同季。新和镇全年夏长冬短，作物一年三熟，林木四季可长，发展亚热带经济作物具有得天独厚的自然条件，其农作物以甘蔗种植为主，辅以西瓜、柑橘、火龙果等新发展的特色农产品。

随着市场发展的变幻，蔗糖市场趋于饱和，传统单一的甘蔗种植产业已难以满足现代农业发展需求，从而推动了新和镇当地进行农产品的转型升级。其中，新和镇庆合村的甘蔗套种西瓜，利用季节差提高土地利用率，培育黄美人、绿美人等西瓜，使收益得到了增值；岜岩村利用当地得天独厚的气候，探索坚果的种植等一系列做法均取得了一定的成效；卜花村有老板承包种植基地进行火龙果的培育繁殖，并在网上进行销售。

除此之外，新和镇当地积极探索黄皮、柚子、荔枝、龙眼、沃柑、香蕉等特色水果产业的发展道路，不断推进，从单一的农产品种植发展到了多元农产品的并存，逐渐实现当地农业的转型升级。在此过程中，新和镇在农业种植上形成了“八大特色农业品牌”，其中甘蔗种植业是全镇的经济支柱产业，这推动了新和镇当地对现代化农业生产体系的构建和完善，促进当地品牌意识的提升，从而扩大农产品的市场影响力。

（二）初步具备品牌意识

新和镇作为中国最大的“糖都”，种蔗历史悠久，技术方面趋近成熟，拥

① 李思怡、覃玲、胡凡等：《边境民族地区特色小镇产业发展现状及对策分析——以崇左市新和镇为例》，载《营销界》，2021（31）。

有着传统的古法红糖制作秘方。在特色产业（如蔗糖产业、乡村旅游业）建设方面，新和镇由 2017 年的产业产值 75 亿元到 2019 年的 102 亿元，增长了 36.2%。[①] 新和镇大力推动蔗糖循环产业项目建设，培育了一批高知名度的产业技术发展品牌，建成了年产值 20 亿元的湘桂糖厂和世界最大的酵母厂。

新和镇某红糖厂依托于电商平台，通过物流运输的方式将古法红糖销往外地，已初步具备一定的电商规模。古法红糖的半机械化生产相对于普通散户制作而言，具备产量大、效率高、品牌化等特点。古法红糖制作工厂靠近原材料产地，原料供应充足，生产成本低，可获得丰厚利润。依托于当地甘蔗产量优势，古法红糖、保健红糖等衍生产品数量和质量均得到了一定的增长。新和镇通过打响古法红糖的品牌名声，利用互联网平台进行宣传，产生了一定的品牌效应。

（三）电商规模不断扩大

中央电视台《我的美丽乡村》节目曾在新和镇卜花村进行录制，向全国观众展现了新和镇卜花村自然景色和特色文化。运用互联网技术宣传新和镇特色旅游文化，将互联网技术与当地的特色农产品销售相结合，带动经济发展。同时，新和镇政府、村委及农户对电商平台、直播带货等模式都有过一定的了解，但缺乏尝试，无法很好地使用电商平台推广当地的特色农产品。加之新和镇基础设施缺乏、物流网络效率低、电商人才短缺、政府缺少相关的政策引导、农产品缺乏标准体系和产业规模等因素，阻碍了新和镇实现“电商兴农”的发展道路。

随着乡村振兴倡议的提出，国家愈发重视乡村农业的振兴发展，推出电商兴农的号召。新和镇拥有着得天独厚的自然条件，地广人稀、人均耕地多、特色农产品种类繁多，具备土地流转、规模化经营的基本条件，具有良好的电商发展前景。2020 年，庆和村通过网络平台进行柑橘的销售，促使柑橘销量大增，农户收成大幅上涨。同时，卜花村整合土地资源，承包给专

① 李思怡、覃玲、胡凡等：《边境民族地区特色小镇产业发展现状及对策分析——以崇左市新和镇为例》，载《营销界》，2021（31）。

业农产品生产公司，公司利用电商平台直播带货的优势，开拓农产品新兴市场，从而实现公司与农户互利共赢。卜花村的发展模式顺应了当今农业转型升级的发展潮流，对促进乡村振兴具有颠覆性的影响，值得新和镇其他村落进行借鉴。

二、新和镇进一步实施电商兴农的困局

新和镇作为广西壮族自治区崇左市江州区著名的全国特色小镇之一，同时也是全国唯一以蔗糖产业为特色的“甜蜜小镇”，其发展现状颇受江州区政府和人民的关注。然而，近年来，新和镇由于产业结构固化、劳动力流失、新冠肺炎疫情等因素，导致经济发展受阻，陷入瓶颈期，诸多问题亟待解决，阻碍了新和镇进一步实施电商兴农倡议的脚步。

（一）经济结构单一，产业发展固化

甘蔗（糖蔗）是新和镇传统的农产品，也是最主要的经济来源之一。根据调研发现，新和镇百分之九十的农田皆是用于种植甘蔗。当地农户大多依靠种植甘蔗为生，他们通过个体种植与管理、糖厂统一收购等方式获得经济收入。除了种植甘蔗，一些农户还会在农闲时去到鸡场、鸭场等地打散工以增加经济来源。然而，甘蔗种植依旧是农户们最稳定的经济来源。政府对当地的甘蔗产业给予大力的扶持与帮助，无论市场如何，甘蔗的收购都会有保价兜底。因此，甘蔗产业在新和镇的经济结构中占据举足轻重的地位，同时，它也是新和镇农户们最大的经济保障。

但是，随着时间的推移，甘蔗种植的管理成本和人工成本在不断上升，农户们获得的利润随之减少。一些农户设想通过机械化收割来降低人工成本，但由于新和镇的地势不平坦，机械化收割见效甚微，农户们仍继续保持原本的人力收割方式。不仅如此，新和镇的农产品大部分是小规模生产，不仅增加了物

流运输成本，而且不能获得高额的利润。目前，农产品的分布在区域位置上不集中，生产规模普遍较小，无法形成独特的影响力。加上农产品大多是初级产品，没有经过深加工，缺乏农产品质量认证，生产标准不一，专业化水平尚待提高。长此以往，新和镇的经济发展速度缓慢，甚至趋于停滞。

（二）居民对当地建设参与感不强，人才资源缺失严重

对于崇左市来说，围绕以特色产业的优势吸引高层次人才相对困难。崇左市建市时间短，经济发展后劲势头较为不足，特色小镇的建设在此基础上发展缺乏齐全的基础配套设施、优质的医疗和教育资源、配套的产业设施以及便捷的交通设施，导致公共服务能力提升较慢。高层次人才和创业人才要求发展平台具有一定的高度，因此要引进并留住高层次人才较为困难。同时，新和镇当地专业人才类型单一化，特色小镇产业的发展是一个完整齐全的产业流程和产业链，需要生产、营销、策划、设计、售后等各类专业人才[①]，但新和镇在引、育、留人才这方面，缺乏科学的人才需求规划统筹，因此人才引进问题显得十分严峻。

不仅如此，由于新和镇经济基础薄弱，产业环境落后，人才发挥空间有限，导致其对电商人才缺乏足够的吸引力。电商专业人才的短缺，直接影响到当地电商业务的发展和拓展。据相关兴农政策，大型糖厂入驻新和镇，居民以出租土地给企业来收取相应的租金，企业招聘少数当地的居民做护埋员工，但这难以满足当地居民对岗位的需求，居民仍需外出打工谋生，导致居民对当地建设不理解，参与感不强。同时，崇左市地理位置特殊，处于中越边境地区，对比其他地区的特色小镇，崇左市是劳动力输出大市，外出务工人员数量大，出多进少也是人力资源流失的一个隐患。

（三）电商体系不完善，农产品缺乏销路

除甘蔗之外，柑橘作为新和镇另一种重要的农产品，对新和镇农业经济

① 王欣光:《特色小镇产业规划策略研究》，载《工程技术研究》，2022（7）。

发展产生的影响同样深远。在往年，柑橘的畅销给新和镇果农带来了相当可观的经济收益，许多果农纷纷效仿种植，此后，规模不断扩大，柑橘逐渐成为新和镇经济的另一支柱。然而，受到电商崛起的冲击，新和镇柑橘线下直销的传统销售方式市场竞争力逐渐变小，对外输出的渠道和路径也越来越少。随着互联网的发展，新和镇当地电商的发展水平虽然有了显著提升，但基础设施仍然比较落后，农村网络通讯技术难以全面覆盖，加之农民自身的文化程度偏低，在电子商务应用方面存在明显缺陷，缺乏电商平台运营的相关知识和技术人才，导致当地电商平台的运营水平难以有效提升。加之新和镇电商运营平台的产业链条较为分散，各产业集群之间的空间距离相对较远，农户之间缺乏沟通交流，使其对网络环境下的市场动态和供求信息不敏感，处于被动的地位，难以有效预测市场未来的发展趋势，由于信息的不对称促使了农产品电商的盈利能力严重受阻。

目前，新和镇柑橘的销售对象主要是外地来的大老板，他们以批发价收购果农手里的大量柑橘，再通过二次包装以更高的价格销往外地，相比之下，果农们所获得的利润显然较少。再者，新冠疫情的爆发导致新和镇柑橘出售价格大幅下降，许多果农不但无法盈利，反而亏损了不少。面对不景气的柑橘市场，有些果农依然不愿放弃种植柑橘，因为柑橘的价格波动性较大，说不定亏本的第二年便能重新盈利。然而，在互联网时代，购物渠道广泛，农产品品牌众多，市场竞争力大，虽有国家政策扶持，但新和镇因交通、通信等基础设施落后，电商体系不完善，难以形成“互联网 + 特色农产品”的新型发展模式。新和镇目前柑橘的对外销售渠道和路径狭窄，依旧是新和镇农业经济发展路上不可避免的一大难题。

三、对新和镇发展电商兴农的建议

对于新和镇来说，利用电子商务平台推销农产品，能达到事半功倍的效果。在质量保证的前提下，利用互联网快速传播的优势，可以让更多的人通过电子商务平台了解到当地的优质农产品，刺激消费者的购买欲望，激发乡村的生产活力，助推农业产业化和规模化的发展。从新和镇电商兴农实施过程中遭遇的困境可见，要促进更多高水平的人才和顶级的技术向当地靠拢，打造高质量的电商平台和更完善的机制，需要各方力量的努力，从而利用电商发展综合特色小镇，助力农户增收。

（一）完善相关政策，优化金融融资服务

首先，政府部门要在融资路径与方法上进行创新，发展资金以围绕着“政府主导、企业投入、市场配置、社会参与”创新做优新和镇当地建设的融资机制，结合实际发展情况，根据“谁优先投资谁就获益”的原则，增强市本级与国家住建部、广西壮族自治区住建厅沟通，提高投融资机构的积极性和兴趣，争取专款支持特色小镇建设，增强与崇左市有关部门相互沟通协调的力度，极力争取国家债券。

其次，利用政府购买服务模式、PPP 模式等形式去吸引各类社会资本，多路径筹集特色小镇的特色农产品建设资金，拓宽投融资渠道，整合资源，让政府、各类金融机构和民间资金共同参与融资，吸引更多的社会资本进入，做优新和镇特色农产品品牌建设项目融资工作。同时，政府要督促金融机构根据农村电子商务这一新业态的具体情况，推出相契合的金融产品，积极响应国家号召，更好地服务农村电商行业。最后，政府要加强信用制度的建设，建设和完善失信人员的惩治措施和制度，保证信息的公开透明，从而降低金融机构放贷的成本，反向增强金融机构的积极性。

（二）引进高级人才，促进产业转型升级

人才是决定农村电子商务发展成功与否的关键，因此必须想方设法培养人才、留住人才。首先，制定适宜的政策吸引人才，鼓励本地的大学生返乡参与城镇建设工作。尽可能引入中、小、微企业，为当地提供更多的就业岗位，满足人们对物质的需求，吸引更多的人在此定居。新和镇的建设离不开

技术的支撑、人才的支持，引进技术人才并以互联网技术为依托，打造当地特色农产品品牌，促进当地的经济发展。

其次，加快产业转型升级，发展循环产业链条，实现多种产业协调发展。新和镇资源丰富，适合发展多种产业，已形成了以甘蔗良种研发、种植设备器材生产及管理、制糖及糖品深加工、酵母、纸浆及环保包装等为主导的糖业循环产业集群。[①]从而，进一步发展养殖、种植业之间的循环利用经济，如养殖基地临近种植的果园区域，便可将养殖的动物产生的废料排入种植基地的土壤，实现废物利用，多种产业协调发展。形成产业链后，有利于实现一体化高效经营，从而节约交易成本，保持价格稳定，保证产品质量。除此之外，产业链的实现还可以与当地旅游业进行有机结合，扩大市场，实现新和镇当地经济的快速发展，从而带动广西各个特色小镇电商的发展，推进全广西经济现代化的建设步伐。

（三）增加农产品附加值，打造自主品牌

随着社会的进步和经济的发展，人民生活水平逐步提高，对产品品质有了更高的需求，农产品市场竞争激烈，因此，需打造知名品牌，提高市场影响力。首先，政府积极开展知识产权申请、商标注册等专业知识的培训及相关讲座，从而强化人们的专利意识，扩充专业知识。其次，从产品独特性上下工夫，一方面可以通过深加工的方式提高特色农产品的附加值，打造独特的农产品；另一方面，可创新产品的种类，将农业与旅游业相结合，发展农村体验式经济，从而扩大地区影响力，并形成独特的名片。新和镇政府发挥带头作用，倡导农户们建立农民合作社，鼓励更多农户加入合作社，让农户们通过合作社加强彼此之间的联系与沟通，从而聚集大量甘蔗资源和资金，引进先进技术与完备工艺链，提升红糖品质，推动甘蔗向养生红糖等高端产品转型，增加农产品的附加值。

同时，立足当地发展困局，凝聚农户们的力量，利用新和镇“甜蜜小镇”

① 徐璐、蒋群歆、苏炫嘉等:《新和镇糖产业的综合性研究及前景规划》，载《山西建筑》，2015（32）。

的旅游资源，积极鼓舞农民充分挖掘本地农产品的优势，效仿卜花贝侬等古法红糖，以独特的口感吸引游客购买，拓展客源，提升合作社红糖的知名度，精准定位品牌，打造属于农户自己的红糖品牌。再次，充分利用互联网平台，加大广告投入，加强当地古法红糖的宣传力度，扩大影响力。最后，完善电子商务平台，加大对平台系统的优化、页面设置、页面装饰以及运营管理等方面投入，操作更方便、更快捷，让顾客更容易产生购买意向。通过电商平台将古法红糖销往全国各地，形成优势产业，辐射全镇，因地制宜推动当地电商兴农的进程，推动新和镇农业经济的复苏，焕发活力。

（四）构建电商新模式，打造综合特色小镇

运用“互联网＋政府＋农户”加创客，“3+1”的电商新模式，制定当地特色农产品营销策略，打造农产品品牌，提高当地特色农牧产品的知名度，帮助解决农业发展痛点问题，推动完整产业架构的形成，将互联网、政府、农户有机结合，构建一个集生产、销售、引领为一体的产业模式。该模式全方位、多层次地满足客户需求，带领农民增收致富，与此同时，该模式后期将会吸引更多的经销商投标，有益于将新和镇打造成集观光、度假、休闲、康养等多位一体的综合特色小镇。

此外，第三方物流也要不断的改善，在国家和政府的大力发展和鼓励下，保障第三方物流健康有序开发，适应现代要求，健全物流系统。除此之外，采用“特色农产品＋沉浸体验”的方式，激励游客参与其中，提高其对壮文化的认同感和获得感，完善新和镇的特色产业。凭借丰富的游览、娱乐、文化等项目极大提高旅游的附加值，宣传当地特色农产品，建立有效的营销渠道，帮助当地农户销售优质农产品，建立良好的品牌口碑，并通过电商平台推广销售当地特色农产品，实现当地农业的长期发展。将成功的电商新模式整合成模板后，因地制宜地应用于各个乡镇政府的发展之中，从而辐射至周边各个乡镇，带动周边经济共同发展，以点带面，实现乡村振兴。

四、结语

乡村振兴战略为电子商务的发展打下了坚实的基础，而电子商务又推动了乡村振兴的发展。我国农村农业经济的发展离不开乡村振兴战略支撑，将电子商务融入乡村振兴战略当中，有助于破解“三农”难题，并解决农产品上行不利问题。电子商务作为推动我国乡村振兴的重要引擎，在带动农村经济发展、构建生态宜居的社会主义新农村以及促进乡风建设等方面发挥着积极意义。

在乡村振兴的背景下，新和镇呈现出积极的发展态势。通过对广西壮族自治区崇左市江州区新和镇电商兴农发展的分析，本文明确了“互联网 +”对农村经济的发展，以及新农村建设步伐的推进具有非常重要的意义。电子商务为新和镇实现乡村振兴提供了一个新的发展通道，结合“互联网 + 政府 + 农户”加创客，“3+1”的电商新模式，打破困境，有效把握新和镇电子商务发展机遇，促进当地特色农产品的销售，带动新和镇特色产业发展，形成一个多样的可持续发展模式，提高当地经济水平，推动乡村经济的发展，助力农户增收，实现乡村振兴。

在开展该工作的过程中，相关部门要结合时代发展需求以及新和镇的实际情况，对各种措施进行深入研究，以此为基础，不断加强新和镇当地电商队伍的建设力度，对特色农产品电商模式进行积极的创新和优化，使电子商务能够在新和镇经济发展中发挥更大的作用，从而通过大力发展电商兴农让新和镇真正走上富强的道路。新和镇在电商兴农展过程中有很多独特的优势，相信未来在电子商务模式不断创新和优化的基础上，新和镇当地特色农产品的发展势必会迎来全新发展局面。

乡村振兴背景下乔利乡的发展之路

阿尔曼·阿不力米提　刘昱辰　莫永亮　许亿豪　麻雪冬　黄倩倩
韦灼真　杨海琴　李金丹　冼美莲　韦龙强　吴文洲　潘豪

一、研究背景

习近平总书记对实施乡村振兴战略做出重要指示："实施乡村振兴战略，是党的十九大作出的重大决策部署，是新时代做好三农工作的总抓手。"三农，即农业、农村和农民。当前，虽然城镇化进程不断加快，但农村人口仍占全部人口三分之一以上，因而如果农村经济不发展，就没有乡村振兴可言，国家的现代化也就不可能完成。乡村振兴战略的提出，是把乡村放在了与城市平等的地位，立足于乡村的产业、生态、文化等资源，注重发挥乡村的主动性，来激发乡村发展活力，建立更加可持续的内生增长机制。实施乡村振兴战略为全国乡村地区的发展带来了巨大的生机，而乡村产业振兴是实现乡村振兴和中华民族伟大复兴的关键，新时代如何促进农村农业发展是我们面临的新问题。

"三农"工作是全面建设社会主义现代化国家的重中之重。目前，国务院印发《"十四五"推进农业农村现代化规划》，对"十四五"时期推进农业农村现代化的战略导向、主要目标、重点任务和政策措施等作出全面安排，增强农业农村对经济社会发展的支撑保障能力和"压舱石"的稳定作用，持续提高农民生活水平。《"十四五"推进农业农村现代化规划》指出，推进中国特色农业农村现代化必须坚持十个战略导向，要立足国内基本解决我国人民吃饭问题，巩固和完善农村基本经营制度，引导小农户进入现代农业发展轨道，强化农业科技和装备支撑，推进农业全产业链开发，有序推进乡村建设，加强和创新乡村治理，推动城乡融合发展，促进农业农村可持续发展，促进农民农村共同富裕。同时明确，到2025年，农业基础更加稳固，乡村振兴战略全面推进，农业农村现代化取得重要进展。梯次推进有条件的地区率先基本实现农业农村现代化，脱贫地区实现巩固拓展脱贫攻坚成果同乡村振兴有效衔接。展望2035年，乡村全面振兴取得决定性进展，农业农村现代化基本实现。

就目前的农村现状，存在一些需要解决的问题。农村经济发展不平衡，因为我国的国土面积辽阔，涵盖了平原、丘陵、山地、高原等具体地貌，使得农村经济发展受到了各种地形的影响。各个乡村的自然资源与地质条件存在很大差别，某些偏远的地方村庄的潜力还没有得到充分挖掘，国家的政策方针还无法深入这些乡村。国家出台关于农村农业农民发展的政策方针是针对全国的，各个地区需要根据当地具体情况制定更加详细的政策，以便更好推动当地农村发展，而国家的投资也会因此而有所不同，这是导致农村经济发展相对于城市较为落后的影响因素。尤其是在东西部农村地区发展中，东部沿海农村地区往往因为东部地区经济发达而受到国家的重视，比较容易获得发展的机会，拥有的社会资源也会比西部偏远农村更多。由于我国农村经济发展之间存在很大差距，不同区域之间的发展差距更加明显，所以乡村经济发展的不均衡导致乡村振兴战略的实施受到约束，进一步影响到农村经济的整体发展。

农村经济发展水平低下，从我国农村目前整体的发展态势来看，农民收入水平还比较低，只能通过出售当地农产品或者其他农业产品维持生活来源，但近些年受到经济全球化的影响，国外农产品的冲击严重影响了农产品的销售，使得国内农产品价格有所降低，导致农民经济收益减少。对于仅依靠出售农产品作为主要收入的农民来说，一旦农产品销售价格下降，农村的经济收入就会降低，产生一系列的不良影响，这也是大部分农村群众选择进入城市打工的主要原因，放弃了农业生产这一支持国家经济发展的根基，对乡村振兴战略的实施产生了一定的影响。当前，我国大部分中青年农民在外出打工的同时，会将土地闲置或者进行粗放式管理，忽略了农村土地或者农业生产所带来的收入，随着时间推移，农业生产会进入一个恶性循环状态，经济水平无法有效提高，严重影响农村生态环境的建设。此外，当前在乡村振兴的大背景下，农业农村投资短板还比较突出，包括高标准农田建设、农村人居环境整治、基础设施建设管护，这些都存在很大的资金缺口，迫切需要通过增加资金投入拉动各方面投资，更多聚焦农业农村，以解决好农业农村的投资问题。

作为一个传统的农业大国，我国从事农业生产的农村人口不在少数，加上我国国土面积十分辽阔，城市面积相对有限，农村地区面积广，村镇多，一些偏远农村地区很难获得社会的大力扶持，严重制约了农村经济的发展。为全面建成小康社会，需要农村经济可持续平稳发展，推动农民共同富裕，农村共同繁荣。实施乡村振兴战略，促进农业生产全面升级和进步，提高农民的整体素质，提高农业生产水平，可以缓解甚至解决相应的社会矛盾。发展农村经济是当务之急，也是农村工作的重点内容。

这些普遍存在的农村问题，在马山县乔利乡同样存在。乔利社区、北良村、东良村为“十三五”整村推进贫困村。粮食作物主要是水稻、玉米、木薯，经济作物主要是甘蔗。特色产业以种植业为主，目前已初具规模。近年来，乔利乡积极探索“企业＋基地＋农户”的扶贫产业开发模式，引进了马山县盛世生态种养专业合作社等本地、外地企业，在兴科、三乐、北良等行政村共种植百香果 4600 亩，在乔利社区种植沃柑 250 亩、火龙果 500 亩、四季金银花 100 亩、桑果 50 亩、葛根 500 亩、葡萄 30 亩。全乡 700 多户贫困户通过公司分红、基地劳动收入等方式，人均年收入增加 900 元以上。马山县力争把乔利乡打造成为资源集约利用，农业、旅游业融合发展的现代特色农业强乡。乔利乡积极深入挖掘明代思恩府文化底蕴，通过一个个“农旅融合”示范区的打造，加快实现农业和旅游业深度融合发展。近年来，随着种植规模的扩大、产量不断提高，农业产业的发展面临了许多困难，严重影响了乔利乡农业产业的健康发展。乔利乡农业生产主要存在以下问题：品种单一，结构不合理；管理不精细，单产低；生产技术水平低；信息交流闭塞；协同物流系统不健全；贮藏和加工能力相对不足。

本文针对这些乔利乡发展的现状问题和不足之处，采用实地考察的方法，深入基层、深入群众，精准考察其贫困原因，指出乔利乡在农业发展以及乡村建设中存在的问题，并提出相应的建议和解决措施，为其他乡村地区更好实施乡村振兴提供帮助。

二、乔利乡的特色产业发展情况

乔利乡地处于马山县中西部，与白山镇、周鹿镇、林圩镇、大化县接壤，乡人民政府驻乔利街，距离马山县城 12 千米。全乡共辖 11 个行政村，111 个自然屯，290 个村民小组，辖区总面积 172.75 平方公里。[①]

农业为乔利乡经济的主要动力。乔利乡因地制宜发展特色农业，种植一定规模的应季、反季节蔬菜，是马山县优质蔬菜的供应主力军。乔利乡现已有多个村屯进行专业的蔬菜种植，所生产的蔬菜不仅供应距离较近的乡镇和附近市县，部分耐于运输的蔬菜还销售到邻近省份。乔利乡深刻理解产业是乡村发展的重要支撑保障，结合自身推动当地特色农业产业，实施《乔利乡农业产业三年发展规划 2018—2020》[②]，不断提高自身农业现代化水平，并且善于综合利用各种要素来促进乔利乡农业产业的发展，现如今乔利乡已经拥有沃柑、糖料蔗、蔬菜、水稻、玉米等万亩级产业，种养一体化、循环经济产业逐渐成型，仅用 3 年时间，便扶持起 2 家自治区级产业核心示范区，让群众不用外出务工就能在当地实现脱贫致富。同时乔利乡引进优良品质，扩大传统养殖业，在传统的养鸡、鸭、猪的传统家畜下，加入养殖肉鸽、黑山羊等产业，通过多举措强化服务，扶持乔利乡原有的养殖户养殖，促进原有的养殖户转型，同时吸引其他农民加入养殖的行列，巩固脱贫成果，全面推进乡村振兴。

① 赵海浪：《乔利乡特色农业产业发展现状及对策研究》，南宁，广西大学，2018。

② 王颖：《产业兴旺助力乡村振兴建设美丽新农村——抚宁区乡村振兴发展情况调研报告》，2021（5）。

产业化经营体系完善。乔利乡产销经营组织化，现已培育共3家当地农副产品生产的企业、6个特色农业合作社和3个家庭经营性农场，打造了生产加工销售一体化的生产经营模式；乔利乡销售渠道进一步拓宽，目前已有部分当地特产的果类农产品实现预订量单销售，在运输中容易损坏且保质期较短的农产品则实现园区内自主采摘和零售；特色农业产业链得到有效加深和延长，葛根、桑葚等延伸出来的深加工农产品，如葛根粉、桑葚汁等已进入市场流通；以种植业为基础，逐渐延伸到到种植技术更新培训、中老年生态养生、游客体验与传统农耕等产业模式。

农产品竞争力较强。乔利乡近几年持续发挥自身原有的农业自然优势，进一步提升竞争实力，乔利乡素有“无公害蔬菜种植第一大乡”“特色养殖第一大乡”“全市产业扶贫示范乡”之称，是南宁市十二个无公害蔬菜生产基地之一，是产业脱贫示范乡，近几年，乔利乡政府通过积极培育，逐步形成了一些生态农副产品品牌，增强了当地农产品的竞争力。

乔利乡基础设施完善。道路交通条件的好坏影响着当地的经济发展，目前，乔利乡已将通往各村团的道路铺设为水泥路，村中通往居民户的小巷硬化率达到70%以上，2016年以来，全乡实施的扶贫道路达40条，总里程35.8公里，总投入1049.37万元，受益约3700多户2万余人；厨房改造、厕所改造的工作也正在火热地进行中，目前乔利乡申请厨房改造的对象已有900多居民户，完工300多居民户；水利设施建设水利工程的建设影响着当地的农业种植的开展，2018年以来，投入资金550.93万元，实施农田水利项目7项，这些水利项目的投入建成很大程度上改善了当地干旱时期农业用水困难的局面，也改善暴雨时节农田排水不畅的情况；近年来随着通信建设的资金投入不断增加，运营商已经主动开展乔利乡的通信建设，满足民众对网络通信方面不断增长的需求，截至2021年，乔利乡下属的村落、社区已全部实现通宽带互联网，能够保障家家有网看电视的需求。

社会保障逐步完善。近几年，国家出台一系列的农村社会保障体系政策，推动乔利乡社会保障事业的发展，乔利乡从处理好农民群众最需要的利益问题入手，更好地满足群众多样化公共服务需求，不断推动城乡基本公共服务均等化，具体内容包括以下几方面。一是做好乡村居民的社保缴纳工作，全面推进乡村居民参保工作。乔利乡2017年城乡居民养老保险参保人数15153人，参保率96.8%[①]，60周岁以上参保老年人都已享受养老待遇；二是完善民政保障服务，防止乡村低保制度与脱贫攻坚政策无效连接。只要是达到了救助标准的贫困户或是非贫困户，都已享受到政府提供的最低生活保障，做到了尽力保障每个人的最低生活水平，提升村民的幸福感，使得村民在乡村振兴中普遍受益。随着农村的不断发展，农业生产规模扩大、农业生产经营化、农业集成化、土地流转等不断提升，村民的生活条件得到了提高。经问卷调查得出，有87%的村民认为实施乡村振兴战略使农民的收入有明显增加；有67%的村民觉得乡村公共设施增加；有47%的村民认为村民精神面貌积极向上；有47%的村民认为居住环境得到了改善。以上数据反映出大部分农民能真切感受到振兴战略给村民带来的利好，不仅增加了收入，改善了生活环境，农民的幸福指数也得到了提升。

三、乔利乡农业产业发展存在的问题

实施乡村振兴战略深刻促进了全面建成小康社会的发展，乔利乡农业和农村经济有着良好的发展机遇，但随着产业结构的调整升级和转型优化，仍然存在一些问题，村民对生活条件改善仍然有着较高的期望度，据调查结果显示，有高达87%的村民期望能提高农民的生活水平；60%的村民期望能够缩小城乡差距；60%的村民希望能够提高政务的透明度；53%的村民期望能够在大力建设乡村的同时保护乡村文化。[②]从村民的期望中既看出了他们对美好生活的向往，也看出可在社会发展进程中村民素质的全面提升。但是，马山县乔利乡作为广西贫困县乡村的一个缩影，其发展状况以及存在的问题是大多乡村地区所共有的，如基础设施不完善、人才流失、政府宣传力度弱以

① 邵继东：《加快土地流转，促进土地规模化经营——关于绥滨县农村土地流转土地规模经营工作的调查》，载《现代农业研究》，2017（6）。

② 王舫、保虎：《文化自信与民族地区乡村产业振兴——以曼西布朗族茶叶复兴实践为例》，载《广西民族大学学报》，2020（3）。

及对群众政策认同不高等问题，导致出现乡村的特色产业薄弱、发展结构不合理、发展速度缓慢等问题。

第一，政策落实不到位。具体分为以下几个方面：一是乡村投入资金不足。政府的政策扶持力度跟不上当地农业发展速度，财政投入结构仍需优化，乡村要发展，要活起来，就必须在人才引进、人才培训、乡村基础设施等方面投入大量的资金，但由于农村发展较为落后缓慢、收益周期较长，以及乡村本身拥有的底蕴不足，在缺乏政府资金扶持的情况下乡村产业发展十分困难。虽然近年来国家财政不断加大对农村农业资金投入，但是与农村目前的发展状况和需求相比，国家投入资金的总量还是比较有限的，仍存在较大的资金缺口，且在政府扶持方面，政府更倾向于优先投入较多的资金给经济条件更优于乔利乡的其他乡镇，以求快速获得回报。此外，由于乔利乡集体经济的薄弱，难以仅依靠乡村自身的经济收入支撑大规模农业发展中的日常支出，更加无力依靠自身改善农民的生活条件以及生活生产中的基础设施。二是乡村企业、合作社融资难融资贵。随着农业发展规模不断扩大，乡村企业就有融资的需求，但是由于自身条件弱小的限制，往往很难从金融机构尤其是国有银行获得足够的资金借贷，只能依据自身的实际情况进行少量融资，这很大程度上制约了乡村企业的发展。三是政策协调配合不够。政府虽利用“传统＋现代媒体”的方式开展对乡村振兴战略的宣传，但调研得出，仅有59%的村民对此了解较为深刻；而85%的村民仅仅听说过乡村振兴战略但是对此战略所应做的事情并不了解；更有15%的村民表示未听说过乡村振兴战略。[①]同时村级对产业发展的相关配套政策不清楚，对政策存在理解偏差，对要求的标准认识不到位，相关政府部门之间对政策的沟通不畅。四是缺乏激励机制。很多村民对农村的发展建设的主人翁意识不强甚至是缺乏主人翁意识，认为这是政府应该做的事，而不是自己的事，村民等待政府拨款、依靠政府援助、要求政府做事的思想严重，且村两委没有充分发挥引导作用，村民自主做事的积极性不高，政府与乡村之间缺乏有效的激励机制和保障机制来激励村民、村干部进行乡村建设。

① 方清云：《经济人类学视野下的民族特色产业规模化发展的反思——来自浙江景宁县的畲族特色茶产业的调查与分析》，载《云南民族大学学报》，2019（5）。

第二，农业产业发展规划滞后。具体分为以下几个方面：一是产业规划没有前瞻性。由于目前村民与村干部大多文化程度有限，因此应对市场的专业素质不高，缺乏产业发展的长远战略眼光，且企业只考虑到追逐利益，再加上产业发展外部环境和生产要素存在类似，为了迎合消费者需求和追求利益化，在产业发展制定上呈现出相似性，没有做到真正意义上的因地制宜、科学规划。同时农村组织经营模式的落后，让农民在市场经济中失去了稳定农产品价格的权利，农产品的增产增收，有时却导致谷贱伤农。市场开拓力度不足，农产品缺乏深加工，农业产业销售链未形成，农业以生产初级产品以及产品的初加工为主，缺少初次加工处理后深加工甚至是再加工，缺乏起到带领作用的领头羊企业，也没有形成专业化合作经济组织，组织化程度也不高，产业的多元化发展滞后。同时产品以自产自销为主，产品销售方式局限于传统途经，运用“互联网 +”的电商模式的合作社，只有 6 家，占乔利乡合作社总数的 8%，且应对市场风险防控能力较弱，对市场农产品销售价格波动缺乏敏锐的认识。二是土地流转行为不规范。由于乔利乡在土地流转中相关意识不强且关于土地流转的保障不足，导致其种植基地规模普遍较小，产业发展中群众的积极性未充分调动起来，没有大片相连的土地作为种植基地，导致产业布局不够集中，产业项目零乱，小而散，从而未形成支柱产业和规模经济效应。三是生产管理方式粗糙。企业主及种养大户获取农业生产科技信息的渠道有限，新品种推广及种养覆盖率低，种养新技术推广面小，基础设施条件极差，标准化生产普及率低，生产管理粗糙，产品档次不高。农业科技推广不够，农村信息化建设滞后，新型经营性服务组织实力弱、服务供给不足，招商引资比较困难。同时对机械化的运用不足，如今种地的农民趋于老龄化，而老龄化的农民对于机械化运作的方面的知识十分有限，灌溉及机械化方面操作非常不方便，加上机械化成本高和种植规模小，使得使用机械化导致农业效益更加低下，农民也不乐意自掏腰包发展机械化农业，因此机械化应用得不到普及。

第三，乡土人才缺乏。具体分为以下几个方面：一是青年人才的缺乏。问卷调查显示，有 80% 的村民认为乡村建设中有着严重的人才缺乏问题；有 60% 的村民认为乡村交通不便；80% 的村民认为政策和资金扶持不够，乡村建设开展困难；53% 的村民认为剩余劳动力趋于老龄化，青年劳动力缺乏。[①]早些年，由于青壮年大量外出务工，不少田地得不到耕种便撂荒了，这使得原本靠农业种植发展的乔利乡出现严重的发展阻碍，而看到农村的落后，在外务工的青壮年在有了一定积累后并不选择回到家乡，而是继续在大城市工作创业，这使得乔利乡青年人才更加缺乏。二是专业技术不够全面。乔利乡人才吸引力不强，新型职业农民发展缓慢，造成农村技术能手较少，找到技术熟练的种养能手就更难了，比如种养殖方面，动植物潜在的疾病没能及时发现并处理，等发现后病菌的感染已经是大面积受害，病菌对农业的损失往往是毁灭性的打击。三是教育资源稀缺。目前乔利乡的年轻教师也基本为本地人，多为在广西境内就读师范类院校毕业的大学生回乡教书，但也存在一些问题，虽是年轻教师但是教师更换频繁，教师在乡村任教的原因主要是本身资历达不到在县城的学校教书条件而选择暂时在乡村学校教学，当过了两三年教学资历积攒足够后便会选择离开乡村前往县城，就导致乡村教师更换频率过快。外地乡村教师很少选择在乔利乡学校任教也是由于乔利乡的教学条件落后，薪资待遇方面比较低，对外地教师的吸引力度不足。优质的教学资源缺失，让农村学子丧失了与其他同龄人的竞争力，且如今教育行业的大改革也让农村越来越难出人才。

第四，基础设施存在薄弱区域。具体分为以下几个方面：一是基础设施建设滞后。部分养殖户的基地都建在离村边山脚落，产业运输道路又狭窄，大车运料不方便，造成养殖成本高，加上大多数合作社社员资金不充足，修建的厂房不够标准，不能防蚊虫，夏天闷热冬天寒冷，对牲畜的生长极为不利。尽管近年来马山县对农业的投入有较大增加，但在产业快速发展的情况下，经费投入的总量仍有待增加，扶持的力度偏弱，荒山荒地荒坡还未得到充分利用，影响了产业体系基础设施建设、高产高效示范基地的建设、科技创新及成果转化。二是生态治理投入不足。村民们在乡村产业发展中由于受到利益和知识水平的影响，对生态环境保护意识和水平较弱，工业生产过程中产生的废气、废水、废料和农业灌溉污水等环境污染扩散问题依然十分突

① 方世川、陈潇潇：《民族地区破解“深度贫困”产业融合路经研究——以广西南丹县为例》，载《广西民族大学学报》，2018（5）。

出，而小部分的合作社不愿将自身收益投入其中，而是希望政府解决基地内的排水沟、排洪渠道、园区道路等项目施工。

四、乔利乡实现农业特色发展的对策

针对乔利乡农业产业规划滞后、基础设施薄弱、经营组织化弱、人才缺乏、农业科技水平低、农产品结构单一、市场竞争力和抗风险能力弱小等突出短板问题，乔利乡应该清醒地认识到，在中国新时代背景下，要解决“三农”问题，要实现农村生态宜居、乡风文明、治理有效、生活富裕的前提和关键就是大力发展农业产业，为推动乔利乡实现特色发展，提出了如下对策。

第一，完善乡村发展的基础。具体分为以下几个方面：一是因地制宜、因户施策，充分挖掘和利用自身的天然优势。乔利乡可以发展农特产品和生态旅游之路，如积极培育生态葡萄、沃柑、火龙果、百香果等特色种植产业，同时推广土地流转集约化经营、积极培育农业发展行列的领头羊和农民专业合作社，带动特色产业发展壮大，促进脱贫农户增收。二是推进各类实用技能培训。开展农业农村职业技能培训，使有劳动力的脱贫户通过扶持、引导和培训，增强其就业和创业能力，促进农村富余劳动力实现转移就业和稳定就业。三是开展生态保护开发。完善现行有助于保护生态、惠民便民的健康发展模式，加大推广力度，积极引入外来资本和企业，加大与外资的合作，践行“绿水青山就是金山银山”的发展原则，保护生态环境、拓宽农民增收渠道，稳定农民收入，巩固脱贫成果。四是完善医疗保障体系。建立健全脱贫对象医疗保障体系，严格落实脱贫对象医疗保障政策，将脱贫人口全部纳入重特大疾病救助范围，使脱贫人口不会因病再返贫。加强脱贫村卫生室建设，加大配套投入力度，推动脱贫村医疗服务队伍建设，通过返聘、招聘和培训等方式，实现村村有医师。建立引导医疗卫生人员到脱贫乡村工作的机制，对脱贫村村卫生室实施定点帮扶工作。五是健全社会保障体系。建立健全社会保障体系，扩大农村低保范围，对已丧失劳动能力、在政府推行的产业扶持下仍不能实现脱贫的，给予更多的政策性扶持，保障其基本的生活，如对农村五保、低保对象和残疾人员等参加新农的个人缴费给予部分补贴，确保脱贫村新农合的参合率稳定在95%以上。进一步扩大社会保险覆盖面，将脱贫村城乡居民纳入基本养老险、基本医疗保险，实现人人有社保，提高社会保障标准。

第二，构建现代特色农业产业发展规划，建设综合性产业园。具体分为以下几个方面：一是优化产业布局，扩大区域规模。坚持因地制宜、分类指导的农业产业发展原则，借助农业产业与合作社蓬勃发展的有利时机，以扎实的农业为基础，以优质的生态环境为依托，按照区域化、专业化和规模化的要求，实现种养与发展农家乐、现代生态农业旅游相结合，打造立体化、多样化的特色农业示范点，配备休闲活动场所，促进农业与信息产业的完美融合，发展多种现代化农业。二是打造特色产业种植基地。将当地火龙果、沃柑、百香果、葛根等特色种植业列入产业园发展内，打造产业园内果蔬观光和采摘区，通过种植特色产业，改造传统的农业种植方式，借助种植基地来实现统一的农业种植管理。同时，利用特色产业种植基地，发展特色农产品采摘业，借此提高乔利乡对游客吸引力，吸引更多游客前往乔利乡体验休闲乡村旅游，达到“旅游+农业”的发展模式。三是延长产业链。拓展相关产业链的发展，如利用肉猪养殖，在乔利乡本地引进如香肠或其他肉类加工产业，通过发展上游产业链，为乔利乡村民提供更多的就业岗位。四是打造乡村旅游片区。围绕马山县争创“广西特色旅游名县”契机，通过产业园内的特色种植和养殖业结合乔利乡原有的旅游设施和建筑，对本地的旅游产业进行重新拆分和整合，投资发展农家乐、住宿、水上娱乐为一体的休闲观光点，助推乡村旅游转型提质，借助地理优势，吸引游客前来采摘、游玩，促进农旅结合。

第三，健全现代农业科技创新发展机制。具体分为以下几个方面：一是建立乔利乡农业信息动态数据库。加强对于农业种植科技化智能化推进，在田间地头设立采样点，定点观测农业种植相关数据，同时联合气象监测建立乔利乡农业信息动态数据库，借助气象灾害监测、农业虫害等先进技术，为乔利乡农业种植提供及时、科学的监测数据，帮助农民提高防虫防灾的意识和能力。同时建立重大灾害案例数据库，通过对以往灾害应对方案的数据整理分析，在面对突发灾害时可以快速整理出应急方案，提高风险管控的力度，为乡村农业振兴兜底。二是实施重大病虫害绿色防控工程。推进有机生产基地建设，开展病虫害防控关键技术联合攻关，改造完善乔利乡种植作物重大病虫害预警预报监测点，配套技术研发，进一步调整充实病虫害防治应急组织和专业队伍。三是将数字融入到现代农业中。大力推广农业可持续健康发展的生产方式，提高农村在农业方面的信息化水平，生产绿色、无污染的特色农食品，打造特色农业品牌，统筹发展数字乡村农业，加强信息资源整合共享和利用。

第四，加强对乡村人才的培养。“强化人才振兴，才能确保乡村建设的良性循环。”乔利乡在今后的人才培育、人才引进方面应该紧紧围绕着现代农业、乡村发展规划、乡村文化传承发展、乡村卫生与教育等各个方面的人才需求，努力促使乔利乡在外人才的回归。积极引导高校优秀毕业生、大学生和优秀的城市人才前往农村开展创业，并且提供相应的保障措施，减少优秀人才对创业风险承担的压力，同时鼓励大学生村官扎根基层为农村发展提供人才保障，弥补乡村干部知识水平方面的不足。另需加大培育新型农业经营人才、高素质农民的培育力度，引导各类人才在乡村建设中起到积极作用，为乡村贡献力量，并且不断优化乡村的人才环境，为乡村建设提供坚实的人才基础。

五、结论

乡村振兴战略是党中央根据我国实际提出的针对农村发展的政策方针，不单单是一个政策，还是广大农村群众的梦想。乡村振兴战略的实施，需要广大人民群众共同参与，离不开社会方方面面的努力。而要想真正实现乡村振兴，农民素质提升、农业产业结构完善、农村经济发展三者缺一不可，其中关键在于发展农村经济，只有农村经济持续发展，农民富裕，农业生产才能实现现代化，才能全面建成小康社会。

马山县乔利乡同样需要这样的关键点，我们想要大力实施乡村振兴战略，科学合理地制定发展规划，那么就需要改革创新来促进乡村发展。这无疑是一个非常复杂的系统工程。在我们国家实施乡村振兴战略过程当中，毫无疑问会面临各种各样的挑战和麻烦。因此，在我们推进乡村振兴，满足广大群众的需求时，必须结合农村实际的发展状况和实施乡村振兴战略的相关文件要求，在农业产业经济发展中，要有针对性地解决问题，积极探索符合科学的对策。要想真正实现科技振兴以及推动农村地区的经济效益的提升，那么给予科技创新工作以及人才培养工作足够的重视，具有很高的必要性。从农业科技创新的角度进行分析，重点针对技术人员进行创新能力的培训工作，可以整体提升示范基地以及农业高新技术示范区域的建设效果。

不仅仅是马山县的乔利乡，我国很多农村的现阶段农业发展工作都正处于关键的阶段，但是通过调查发现，使用传统的模式进行管理则发展的效率无法得到明显的提升，甚至会逐渐退步。其主要原因是现阶段我国科技创新人才十分匮乏，与此同时，农业相关科研人员还存在非常严重的人才流失问题，这对于我国农业科技发展而言，无疑是雪上加霜。针对这一情况，相关管理部门要给予科技人员的培养足够的重视，培养具有较强综合素质能力的专业技术人才。为了让不同地区的产业机构获得较大的经济利益，希望管理部门可以通过聘请当地有名的农业技术专家进行专业指导，并让地方政府人员改变传统的认知观念，跟随时代的步伐，加强对农民的培训，根据不同地区的生产活动发展情况，设计出符合本地区的农业地域特色化生产培训活动。

根据上面我们分析的乡村振兴战略下促进农村经济发展的几种有效措施，结合马山县乔利乡农业发展优势的梳理和存在问题进行讨论，我们发现，即使各方面的条件还是相对有利的（产业化经营体系完善、产品竞争力强、基础设施相对完善），但是乔利乡要想实现全面乡村振兴，依然任重而道远，需要社会各界联合起来，大到政府企业，小到村民个人，多策并举，统一发力。同时在建设新农村的大背景下，也需要通过多项举措推动农村生产经营机制的建设，转变农民思想，增加农民收益，加强新技术的推广。当然，重视人才的培养、信息化建设以及相关资源的投入也是重中之重，在这一过程中各地政府也需要及时发现农村经济经营管理中存在的问题，不断优化策略，这样才能达到乡村振兴战略目标，推动农村经济可持续发展，实现农村与城市协同发展。

参考文献

[1] 李少惠，赵军义．民族文化产业“富饶型贫困”的生成及其突破——基于定性比较分析的解释．广西民族大学学报，2019（5）．

[2] 陈磊．探究乡村振兴背景下加强农村经济经营管理的思考．全国流通经济，2021（7）．

[3] 徐桥．乡村振兴背景下强化农村经济经营管理的问题研究．科教导刊－电子版（上旬），2019（8）．

[4] 隋明，张阳，荣加超，等．乡村振兴战略背景下农村集体经济发展路径思考．现代农村科技，2019（4）．

乡村振兴背景下推进都安瑶族自治县牛羊产业发展的对策建议

蓝一烨　覃泉淏　黄嫽嫽　韦春平　韦任锋　覃艳婷　罗求福
张文慧　苏法航　庞正武　韦宏标　韦洪浪

引　言

党的二十大报告要求："发展乡村特色产业，拓宽农民增收致富渠道。"2020年9月14日国务院办公厅印发《国务院办公厅关于促进畜牧业高质量发展的意见》指出，以实施乡村振兴战略为引领，加快构建现代养殖体系，加快牛羊品种选育、提高核心种源自给率、规范牛羊屠宰、推行粮改饲，转型发展形成牛羊产业高质量发展新格局。我国的畜牧业发展有几千年的历史，但我国畜牧业发展方式仍然落后，小规模低水平的散养方式占相当大的比重。近几十年来，我国牛羊产业面临着生产效率不高、饲料资源紧缺、生态环境制约等问题。畜牧业仅靠北方是不行的，我国南方草地资源较多，有着巨大的畜牧业的发展潜力，农业部于2014年发起了"南方现代草地畜牧业推进行动"（简称"推进行动"），大力推进南方草地畜牧业发展。2017年开始，广西都安瑶族自治县县委、政府响应国家脱贫致富的要求，结合当地牛羊产业发展的现状，探索出一条"贷牛（羊）还牛（羊）"的产业扶贫新道路。

都安瑶族自治县（以下简称都安县）肉牛羊养殖历史源远流长，有着较好的良种繁育基础，农村地区群众习惯养牛羊，有一定的养殖基础。都安县肉牛的饲养量、产品加工量与销售量等在整个广西位于靠前位置，大体形成具备都安县区域特征的集饲养、屠宰、交易与加工销售等于一体的肉牛产业机制，加上“贷牛（羊）还牛（羊）”政策刺激带动着当地牛羊产业的发展，变成都安县畜牧业的代表性产业。但是当地完整牛羊产业链建立初始未趋成熟，加之缺乏对当地养殖实例的具体研究分析，总体上还有着较大的发展空间。本次调研以都安县牛羊产业发展现状为基础，着眼于其发展过程存在的问题进行调研分析，为巩固当前都安牛羊产业成果，进一步做大牛羊产业“蛋糕”提供理论依据。

本文的研究主要有两个方向，第一个是基于理论价值层面，第二个是基于现实方面。基于理论价值层面，在目前学术界有关牛羊养殖扶贫产业方面的课题、论文等的成果不少，针对都安县牛羊产业发展过程问题作出了相应的对策建议。但是对于当地养殖实例的研究较少，缺乏一定的实例数据的获取研究，提出的对策建议仍有进一步提升的空间。本文走访调研都安县各养殖地积累原始研究素材，丰富了关于进一步发展都安县牛羊产业的理论研究，对于都安其他畜牧养殖业的发展具有促进和丰富作用。在基于现实方面，本文就目前都安县牛羊产业的发展，分析研究“贷牛（羊）还牛（羊）”扶贫项目优势，还实地走访都安县大都华牛生态养殖科技示范园、都安县安宁村盛兴生态养殖专业合作社、个体养殖户以及澳寒羊养殖基地，充分了解当地牛羊产业发展过程中的问题，从而提出针对性的对策建议，希望对于当地牛羊产业走向标准化、规模化经营以最大程度发挥其产业链优势提供帮助。对于当地政府作出新一轮“乡村振兴”政策也有一定的参考意义。

一、数据来源与研究方法

本文研究数据主要来源于都安县农业农村局、国家统计局、本调研团队进行实地调研和300份样品的调查问卷所获的资料。实地调研地点为都安县具有代表性的三个乡镇——地苏镇、东庙乡和澄江镇八仙社区。调研重点对象为养殖牛羊个体户和养殖牛羊的合作社、养殖牛羊示范基地、当地农业村局、龙头企业。调查指标包括：牛羊品种、牛羊养殖环境、牛羊产量、农户获得的利益、运输冷链、主要营销市场及渠道、市场前景。

通过实地调研广西都安县牛羊产业发展现状，结合牛羊品种、牛羊养殖环境、牛羊产量、农户获得的利益、运输冷链、主要营销市场及渠道、市场前景，与都安农业农村局和国家统计局统计的数据以及相关文献查阅和调查问卷的结果，对都安县牛羊产业发展现状进行分析和评价，结合当前情况存在的问题，探究并提出针对性的建议。

二、都安瑶族自治县牛羊产业发展情况及其分析

都安县是广西扶贫的重中之重，贫困程度居全国前列。县委、县政府把握时机，科学决策，创造性地提出“贷牛（羊）还牛（羊）”扶贫项目，将发展特色瑶山肉牛肉羊品牌作为重点，促进扶贫产业和畜牧业的发展升级，示范带动贫困人口持续增长收入，精准脱贫，促进区域经济快速发展。牛羊扶贫产业是目前都安县委、县政府在全县所有贫困村推广的有针对性的扶贫产业。

表 1　2016—2021 年都安瑶族自治县牛产量数据

年份	牛出栏量（万头）	牛存栏量（万头）	牛饲养量（万头）	牛产值（万元）
2016	2.49	6.78	9.27	
2017	1.51	5.18	6.69	
2018	2.01	6.34	8.35	
2019	4.037	9.3903	13.4273	64685
2020	3.3249	9.8358	13.1607	72434.9
2021	3.663	10.6229	14.2859	84758.3

表 2 2016—2021 年都安瑶族自治县羊产值数据

年份	羊出栏量（万头）	羊存栏量（万头）	羊饲养量（万头）	羊产值（万元）
2016	31.36	38.06	69.42	
2017	20.32	29.89	50.21	
2018	20.1	30.8	50.9	
2019	28.0584	36.1798	64.3282	37634
2020	25.364	34.9131	60.2771	39229
2021	28.5566	38.4669	67.0235	29992.9

（一）都安县实施“贷牛（羊）还牛（羊）”扶贫政策以来牛羊产业发展情况

都安县探索“贷牛（羊）还牛（羊）”产业扶贫模式以来，牛羊产业从无到有，由弱变强。2021 年以来，该县先后投入 3.2 亿元乡村振兴衔接资金，在 19 个乡镇建设牛羊规模养殖场，并落实牛羊产业奖补政策，不断提高大都华牛场、古良牛场、百旺牛场等 3 个万头种牛基地繁育技术，不断增加母牛养殖规模；利用村集体经济发展资金，投入乡镇牛、羊中心示范养殖场及养殖大户，进一步加大牛羊产业覆盖面；对 3900 多户规模养殖的农户进行奖补，同时，提高脱贫户自主发展牛羊养殖的积极性。截至目前，全县 19 个乡镇均建有中心羊场（养殖规模 5000 只以上），形成了“县有大基地、乡有牛（羊）场、村有牛（羊）社、户有牛羊”的养殖格局。

2017 年以来都安县累计发放牛犊 38226 头，发放种羊 132866 只，带动 46923 户贫困户参与发展，共计投入资金 36618.42 万元，全县牛养殖从 9.27 万头发展到 15 万头，羊发展到 80 万只。特别是 2018 年全县农村居民人均可支配收入达 8105 元，增长 12%，增幅为近年来最高，而且增速排全区第一。2019 年 1 月 26 日，广西壮族自治区人民政府将都安县“贷牛（羊）还牛（羊）”模式写入《政府工作报告》，在全区范围内进行推广。都安优质肉牛肉羊产业园成为 2019 年广西唯一一个获批创建国家现代农业产业园，都安牛羊产业已经成为河池市和广西产业扶贫的一面旗帜。

截至2021年，都安县肉牛出栏3.67万头，存栏10.62万头，牛场饲养规模100—499头有9个，牛场饲养规模500—999头有2个，牛场饲养规模1000头以上的有4个；肉羊出栏28.6万头，存栏38.47万头，羊场饲养规模200—999头有10个，羊场饲养规模1000—9999头有15个，羊场饲养规模10000头以上有4个。

贷牛（羊）还牛（羊）政策和产业园的发展也带动了都安养牛规模的提升，全县肉牛养殖规模从9.27万头发展到超过15万头。同时，产业园瞄准大湾区日益增长的牛肉消费市场，打造都安本地肉牛品牌。

（二）都安县“贷牛（羊）还牛（羊）”扶贫项目概述

都安政府根据都安的自然环境条件和当地养殖牛羊的历史经验，结合中央及各地方的政策，打造了“贷牛（羊）还牛（羊）”模式。此模式是政府引进龙头企业，龙头企业把牛犊免费贷给贫困户，当牛可以出栏时再保底收购，扣除牛犊支出的费用。这期间政府提供保险、金融和技术支持，从而形成“政府扶持、企业牵头、贷牛还牛、还牛再贷、滚动发展”的模式。

农户参加“贷牛（羊）还牛（羊）”模式的具体途径有自养自营和联养联营两种方式。其中，自养自营是主要方式。农户在建有标准牛羊舍、具备充足饲草料等养殖条件的前提下，政府通过小额扶贫贷款、奖补资金等扶持贫困户养殖牛羊，贫困户“免费”从养殖龙头企业“贷牛（羊）”，牛羊养大后企业按不低于市场价回购，贫困户还牛（羊）后再贷。联养联营是次要方式，分两种类别。一是政府奖补资金直接给贫困户，贫困户以此作为发展本金购买牛犊或羊羔，由贫困户以合作社、集中养殖场等方式联合发展，联建牛（羊）舍，饲草料、防疫等费用由农户自行筹资解决。两户及以上就可以自发联合起来建设牛（羊）栏、共同养殖，再由专人负责或轮流看护来统一饲养和管理，成品牛（羊）出栏后的利润由贫困户分成。这是一种农户之间责任共担、利益共享的生产方式。二是贫困户以奖补资金作为发展本金购买牛犊，以乡镇为单位租用中心示范场或县级养殖基地养殖，由贫困户轮流管养或由专业人员承包经营。贫困户轮流管养的饲料由贫困户自行筹资采购，水、电、场地、防疫等养殖成本在成品牛羊出栏后，按标准支付给中心牛（羊）场或养殖基地管理者，利润则由贫困户分成。如果是由专业人员或企业承包经营的，贫困户要与承包人签订相关协议，养殖饲料、水、电、场地、防疫等养殖成本均由承包人负责，养殖周期满后，不论重量大小，承包人按既定标准（比如每头牛 1500 元）将承包费支付给贫困户，承包经营期限到期后再如数退还贫困户的发展本金。

（三）都安县代表性牛羊生产基地实地调研

1. 大都华牛生态养殖科技示范园

大都华牛生态养殖科技示范园是都安县瑶山牛改良品种繁育养殖基地。示范园以种牛繁育基地为依托，采用“公司 + 基地 + 农户”的运行模式，聚焦脱贫攻坚，带动群众脱贫致富，全力打造中国南方“牛都”。该园占地面积 350 亩，养殖规模 10000 头，主要养殖品种有从澳洲引进的安格斯纯种牛、红安格斯牛、西门塔尔牛、德国黄牛、鲁西黄牛、夏洛莱牛以及与都安当地母牛杂交繁殖的黑安格斯牛。黑安格斯牛因其适应本地环境，生长快，肉量多，快使其成为养殖户主要养殖品种。另外，公司还通过秸秆青贮技术加工，揉丝技术处理的方式制成秸秆饲料，对牛进行投喂，同时公司把牛粪无害化处理，生产肥料种植玉米、水稻、甘蔗等农作物，实现秸秆、饲料、肥料，秸秆循环利用。公司拥有三个养牛基地，两个青贮饲料加工生产线，一个有机肥生产线。三个堆场，两个牧草种植区，同时配备相应的秸秆饲料化作业机械两套，年利用各类秸秆 6 万吨以上生产有机肥 5 万吨，产值 25 万元，生产秸秆饲料 9.0 万元。规划建设牛舍 72 栋 12.25 万平方米，隔离场 5000 平方米；饲料加工厂 1.5 万平方米。

2. 安宁村

都安盛兴生态养殖专业合作社于 2016 年 12 月成立，合作社共有固定社员 34 户（其中贫困户 26 户），帮助 145 户贫困户互助共养牛犊 147 头，现已发展至 85 户，合作社现有 22 名工作人员。目前合作社内主要养殖的品种有西门塔尔牛和黑安格斯牛。合作社新建养殖场约有 100 头牛，旧养殖场现有 30 头肉牛，共约有 130 头牛。笔者了解到，安宁村的村民可以通过土地入股、资金入股、劳力入股、牛犊入股等形式成为合作社社员。全体社员在基地建设以劳动力成本折算为股份入股合作社，牛场建成后又在牧草收割、饲料加工、饲养管理、防疫管护等日常事务中投工投劳，同时将牛犊委托给合作社共养的贫困户还可以种植并提供牧草。目前合作社于肉牛销量很好，肉牛主要销往南宁、玉林以及广东等地，会出现供不应求的状态。但是随着合作社社员的不断增加，加上合作社有限的土地资源，养殖规模过小使得社员收益分红逐年减少，扩大养殖规模就成了合作社的当务之急。据了解目前合作社正在规划取得土地，扩大养殖规模，努力实现收益最大化。

3. 个体户

村里的走访过程中，笔者随机和安宁村里的一位大哥进行交流。他和笔者说在前几年政府进行“贷牛（羊）还牛（羊）”政策的时候，政府给了他 3 头牛还进行了有关的技术培训，通过这 3 头牛他现在的养殖规模已经达到了 16 头。他通过政府给的种牛和当地的牛进行杂交，之后进行繁殖，自己的养殖规模也在变大。他特别兴奋地和笔者说，他还和村里承包了十亩地来进行牧草种植，因为养牛大大改善了家里的经济收入。当笔者问到为什么不加入村里的合作社的时候，他笑着说：“觉得自己单干比较好，所有的东西都掌握在自己手中，也可以赚更多的钱，虽然别人也让我加入他们，但是我不乐意，我觉得自己单干发展比较好。”

4. 拉棠澳寒羊场

截至 2022 年 3 月，全县已建成广西现代特色农业核心示范区（四星级）1 个，“万户万羊”示范园区 5 个，养殖规模 5000 只以上养殖基地 19 个，全县澳寒羊存栏 30 万只，受益群众达到 2.23 万户 8.86 万人。澳寒羊产业已成为都安优势特色产业和群众致富、地方增收的一项主导产业。

5. 都安 A 实业有限公司

该公司是都安瑶族自治县“贷牛（羊）还牛（羊）”扶贫产业重点龙头企业，公司依托肉牛肉羊屠宰深加工和现代冷链仓储物流，打造一系列公共区域知名牛肉品牌，是河池市现代农业示范企业和产业扶贫标杆企业。2017 年，河池市委、市政府把都安瑶族自治县扶贫产业“贷牛（羊）还牛（羊）”列入河池市“十大百万”重点扶贫产业。公司建设广西都安百旺养牛科研繁育基地、大都华牛生态养殖科技示范园和深圳—都安小康中心牛场3个大型养殖基地，打造广西首个万头良种牛养殖繁育基地。现公司养殖基地存栏澳洲纯种安格斯牛、西门塔尔牛、夏洛莱牛等改良种牛1.8万头，育肥肉牛0.8万头，自繁牛犊1.2万头，每年可为都安县“贷牛（羊）还牛（羊）”扶贫产业提供改良品种牛犊1.4万头。2017—2020年，公司需给贫困户发放牛犊5万头，截至目前已发放牛犊3.4万头，带动2.5万户贫困户脱贫致富。现都安全县存栏肉牛15万头，至2021年，可实现全县存栏肉牛20万头，肉羊100万只。为“贷牛（羊）还牛（羊）”扶贫产业提供持续发展保障，做大做强扶贫产业链，建设广西都安西南冷链仓储物流中心。该中心是河池、都安“贷牛（羊）还牛（羊）”扶贫产业全产业链的“终点站”，也是架接从土地到市场产品到餐桌的中转枢纽和便捷通道。

（四）都安县目前肉牛肉羊发展情况

都安县成立肉牛肉羊品牌建设和推广工作组，推进“都安肉牛”“都安山羊”和“澳寒羊”的“两品一标”认证工作，积极开展肉牛肉羊产品绿色、有机、地理标志农产品认证工作，取得显著成效。其中，A公司生产的牛肉、牛肉丸、牛筋丸等产品获得有机认证；都安山羊获得国家农产品地理标志登记保护；大都华牛肉、桂合泉牛肉等2个产品获得绿色食品认证；A公司4个牛肉产品获得“圳品”认证。都安县充分利用东西部协作、中央定点帮扶政策，到广州、北京等地举办都安优质肉牛肉羊品牌推介会、产销对接会，将都安优质牛肉羊肉推向粤港澳大湾区。都安羊肉条获得中国旅游协会、中国旅游饭店业协会授予“首届中国金牌旅游小吃”荣誉称号。据了解，“十三五”期间，广西牛羊产业发展增速高于全国平均水平；进入“十四五”，广西牛羊产业仍保持强劲发展势头，2021年广西牛羊养殖量创历史新高，其中肉牛266万头、奶牛6.5万头、肉羊504.8万只，全市肉牛出栏20.1万头，占全区14.96%，肉羊出栏81.46万只，占全区33.15%，今年一季度，肉牛出栏39.7万头、肉羊出栏72.4万只，同比分别增长12.2%和25.6%。“贷牛还牛”“贷羊还羊”“公司＋合作社＋农户”“联建联养”等养殖模式成为全区产业扶贫典型示范，都安现代农业产业园（肉牛肉羊）成果入选2019年国家现代农业产业园创建名单。

（五）都安县牛羊产业发展创新模式

1. 引领型融合治理

脱贫攻坚期间，都安县秉承着创新性发展理念谋划了“贷牛（羊）还牛（羊）”的产业发展模式。“贷牛（羊）还牛（羊）”是一种通过扶贫产业发展的体制机制创新来促进农民脱贫的产业发展模式，本质上是引领型融合治理在经济领域的一种典型实践模式。这种产业发展模式并非只是针对特定的牛产业，对于羊产业来说，在相同的模式下也可以获得稳定并且快速的高质量发展。从都安县受益于“贷牛（羊）还牛（羊）”的当地居民口中得知，“贷牛（羊）还牛（羊）”总而言之就是将“小牛贷出去、大牛还回来”。笔者还了解到，贷“牛”（羊）还“牛”（羊）是由地方党委和政府主导的产业发展模式。其具体运营过程如下，贫困户与政府、企业签订三方协议，每户贫困户可以从企业“贷”得一头牛犊或十只羊羔，养殖十至十二个月出栏后将牛或羊“还”给企业，企业扣除成本后收益归贫困户。牛羊达到出栏标准后，由企业按市场价回购。如市场价牛低于10元/斤（羊低于15元/斤），企业按保底牛10元/斤（羊15元/斤）收购，政府财政再提供差价补贴。贫困户“还”完出栏的牛羊之后，可再从企业“贷”新的牛犊或羊羔继续养殖。养殖户劳动力充足的可以自养，没有劳动力的可以请合作社或能人代养，劳动力不足的可以互助共养、联建联养，方式灵活多样。贫困户“还”牛后再贷牛这种产业发展模式，通过自身的滚动发展，实现经济的可持续增加，从而达到帮助大量贫困户脱贫致富的效果。①

① 符平：《缔造引领型融合治理：脱贫攻坚的治理创新》，载《学术月刊》，2021（7）。

2. 以奖代补——粮改饲

自2017年起，都安县启动了“粮改饲”工程。该工程是都安县实施“贷牛（羊）还牛（羊）”模式的一个基础产业。由于都安县的天然气候以及地理环境的优势，县内牧草易于管理和种植。基于以上条件，居民便可利用机械一体化产品进行耕种和收割，不仅省时省力，获得的经济效益也明显增高。所以都安县确定并且很好地实施了“以养定种、种养结合、草畜配套、草企结合”的发展战略，以市场需求为导向，合理确定“粮改饲”种植面积，协调推进适度规模种养，同步提升饲草料品种和种养效益，采取“以奖代补”的方式鼓励农户种植玉米当饲料卖，一年收三季卖给养殖企业或养殖户。“粮改饲”既绿化了旱地荒坡、保护了生态环境，又促进了农民增收，不仅实现了环境的可持续发展，还实现了贫困户的种养双赢，使经济也得到可持续发展。

3. 闭环产业链

都安县政府搭建平台，专门成立牛羊产业的服务中心，提供跟踪服务，同时引进企业建设种牛繁育养殖基地，保价回购。不仅如此，还引入保险企业为牛犊上保，共担风险。在此帮扶机制中，帮扶干部担任联络员，穿针引线，使农户科学养殖，实现增收。以此形成协作帮扶长效机制，让养殖户在养殖全过程中有保障。为补齐养殖技术短板，都安县聘请广西高校的专家作为养殖基地的长期技术指导员，引进“微生物+”等先进技术、理念和管理方法，搞生态养殖繁育，在养殖过程中，企业协助畜牧部门为养殖户随时提供日常技术指导及防病治病服务。养殖户的微薄之力不足以将自身经济发展壮大，需要政府协调推进、企业参与，同时，政府加大农村生产基建设投入、特别是加大力度解决肉牛（羊）养殖基地水、电、路建设问题，为企业发展带动全县养牛（羊）产业亮绿灯。还通过“以奖代补”的方式启动“粮改饲”工程，农户把种植的青贮玉米、牧草卖给企业加工成饲料，既能增加群众收入，又解决发展肉牛（羊）养殖青饲料不足的问题。通过“贷牛（羊）还牛（羊）”项目推动全县农业供给侧结构性改革，推进产业结构调整，实现种养殖业、冷链加工业、物流销售配送业的一二三产业深度融合发展，逐步实现乡村振兴。利用东西部扶贫协作和深圳市宝安区对口帮扶都安机遇，主动开发深圳市宝安区肉牛（羊）销售市场，通过都安西南冷链仓储物流中心将深圳市场和都安的肉牛（羊）养殖基地无缝对接，确保牛羊肉销路顺畅。形成了农户、企业和政府可循环、可持续性闭环产业链。

三、都安牛羊产业发展面临的问题

（一）养殖农户大幅度减少

据笔者了解，几年前都安瑶族自治县有约 80% 的农民饲养牛，而目前只有约 30% 的农民坚持饲养牛。该现象的产生与现代农业机械化的发展有关，如今各种先进的生产技术不断渗透到农业发展中。耕牛在农业生产中的比例越来越小，养牛户的数量也在逐年减少。同时，因为肉牛产业的投入资金高，收益时间长，并且这些启动资金对于大部分农民来说已是一笔巨款，所以养殖户已经大面积减少。笔者在安宁村中采访到的一位养殖户说，目前的养殖户数量没有之前的养殖户数量多，因为近几年市场波动大，有可能会出现低收益甚至负收益的情况，所以大多数人选择外出打工这些受益时效高的工作。因此我们得出结论，养殖户减少的数量与市场的经济波动有关，也与政策的支持有关。

（二）环境风险

1. 环境污染风险

经笔者走访调查发现，牛羊养殖每天都会产生大量的排泄物，若雨水冲刷后的排泄物不能得到及时的处理，那么排泄物经过长时间的发酵渗透到地下，不仅会对地表环境产生影响，还会对地下水等自然资源产生一定的影响。又由于都安县各牛羊养殖场采用集中养殖的方式，对养殖周边环境影响较大，故存在粪便污染、植被破坏、水土流失等环境污染问题。据笔者了解，每 5

万吨牛粪分解时会释放出1吨有害气体，对养殖基地造成大气污染。同时，牛羊养殖场每天需要大量的草饲料，如果在开展种草养畜工作的同时不加强对植被的保护，就会影响到草地的性能，出现植被破坏、水土流失的情况。当今社会中的环境污染问题不容小觑，所以我们要防患于未然，在发展的同时保护环境，将该风险最小化。

2. 自然环境风险

都安瑶族自治县土地总面积达40.88万公顷，其中山地（含石山、土山、丘陵）面积37.32万公顷，占全县土地总面积的91.13%（石山占86.58%，土山占2.51%、丘陵2.04%），又因都安瑶族自治县地处喀斯特地形地貌中心，极易发生洪灾、旱灾，喀斯特地貌还存在水土流失、生态环境脆弱、土壤石漠化、巨石滚落等问题。自然灾害问题一旦发生，将会对养殖场造成毁灭性的打击，造成项目损失甚至失败。其山地面积占地过大就导致了当地房屋建筑大多是依山而建，虽能减少山体滑坡造成的伤害，但是由于山势较高，自然灾害的风险不可忽视。经调查，笔者了解到，都安瑶族自治县常年有发生山体滑坡、巨石滚落等自然灾害事件，自然灾害风险持续存在，对于人民健康及财产安全都形成不可忽视的风险。

3. 屠宰加工及成品运输的风险

目前，都安农村地区肉牛和牛肉制品的运输仍依赖于原有的运输方式，基本上是简单的农用车或皮卡车。牛肉的销售和运输时间长，现有的保鲜和储存技术不足，技术含量很低。据了解，农村地区肉牛的污染一般发生在运输环节。客观地说，这是因为牛肉的运输只使用相对简单的运输设备，没有建立密封的制冷设备。落后的配套设施不仅会直接影响牛肉的口感，还会造成牛肉的二次污染。如果不及时处理，可能会导致食品安全和质量问题。牛肉通常在农村地区的露天农贸市场出售。环境复杂，无法保证卫生条件。特别是在炎热的夏天，很容易遇到蚊子和苍蝇等各种污染问题。在销售牛肉的过程中，贸易商通常不采取任何消毒措施。这些因素共同影响牛肉的质量。

（三）劳动力文化水平较低

肉牛养殖业是一个需要消耗大量人力、物力以及财力的产业，资金投入大，效益慢。发展肉牛育种，需要重视科技创新，提高育种技术水平，不断完善和优化肉类的品种，实行比例合理的改良，加强监测和防疫工作。而对于都安瑶族自治县来说，当地的农村地区是肉牛养殖产业的主要基地。据笔者了解到，都安瑶族自治县当地肉牛养殖户的文化水平普遍较低，在该县农村地区的养殖户中，有大部分的人只接受过初中及以下的教育或从未受过正规教育，只有少部分人接受过高中及以上的教育。接受过高等教育的人走出大山，而留下受教育程度较低的人则在当地务农，故当地的农民的教育水平较低。

（四）肉牛产品加工业发展程度低

如今，都安瑶族自治县还在深化牛羊肉产业发展，但总体的工业化水平仍然较低。该县的整个市场依旧是以个体经营为主，产业化规模较小。虽然该产业今后会向着深化加工的方向发展，但目前整体发展相对缓慢，难以在较短的时间内有效地提高当地生产力。从目前牛羊肉加工水平的分析来看，牛羊肉的总体加工水平仍处于较低水平。目前，牛羊肉的生产加工普遍存在资金不足、科技含量低等问题，导致工业发展受阻。尽管该县的牛羊肉有许多种品牌，但真正无公害的绿色品牌却屈指可数。许多村庄仍然实行老旧式的屠宰，缺乏加工牛羊肉的技术。现有的加工企业产品较为单一，知名品牌很少。种种现象表明了该县的牛羊肉加工环节仍存在许多问题，总体加工水平较低，目前还处于初步发展阶段。

（五）养殖成本高、产品价格起伏不定、生产方式滞后

经过调查，笔者了解到，如果一名农民打算养殖 3 只肥牛，他需要将约 2

万元的资金投入到该模式中引进肥牛、改造养育肥牛的围栏以及种植喂养肥牛的干草。养殖期间，3只奶牛生产出的3头小牛还需要持续喂养3个月才能出售，这段时间他们需要继续投入6千元左右，同时还有风险存在。这些投资对一名普通农民来说已是一笔巨款，更何况是对于这些贫困户农民。如果这些养殖户还想要扩大养殖规模，则需要投入更多的钱。相比之下，这些贫困户农民外出兼职打工赚来的钱会更直接、更容易。所以，贫困农民负担不起养殖费用、富裕农民缺乏养殖能源，这些问严重制约了都安瑶族自治县肉牛产业的发展。

与此同时，产业发展缓慢、规模小、整体发展水平低、推广难度大也是该县肉牛产业发展存在的普遍现象。如今，贫困户农民几乎没有任何科技投入，设备水平、生产条件和科技水平均较低。现有农村地区仍以自由放养为主，难以形成规模化发展，依然沿用传统的生产模式。农民之间沟通合作少，没有建立组织服务体系，环节不紧密，不利于形成连锁生产模式。从目前的发展状况来看，想要在未来实现科学化、规模化养殖，还需要解决许多问题，完成改良工作还需很长时间。

（六）相关政策措施不健全，难落实

都安县作为广西壮族自治区重要的农牧业基地，一直以来都得到相关部门的大力支持，总体大环境有利于其发展。特别是近年来，结合产业政策，都安县大力发展“贷牛（羊）还牛（羊）”扶贫产业造福都安县内的贫困户，政府重视畜牧业，积极推行扶持政策，但收效甚微。例如，目前大公司和非居民投资者之间存在着严重的矛盾，他们往往处于被动地位。再举一个例子，高管激励和补贴政策主要针对现有规模的现有行业，但都安县当地基础薄弱，畜牧业普遍规模较小，成熟完整的产业链发展尚未建立。这与难以实施的鼓励和补贴政策背道而驰。尽管都安县政府已经看到这些问题，并已着手制定一系列措施，但由于该行业仍处于初级发展阶段，整个行业的发展相对较小，并没有形成一个全面的生产供应体系。总的来说，产业各个环节都缺乏有效的联系来刺激产业发展。

四、乡村振兴背景下牛羊产业的推进及对策建议

（一）加强政府扶持力度

从都安县牛羊产业的发展现状来看，由于产业发展尚处于初期阶段，未形成高精尖的养殖技术，加之产业的特殊性，即存在滞后性、风险性高、易受周期性影响等特点，因此更需要政府落实细化政策措施、保障养殖户，强化制度保障和政策引导以及社会资本支持。政府应发挥财政资金导向作用，扶持龙头企业建设大规模、高质量的牛羊场，开发好牛羊场培育繁殖生长速度快、适应性强和产肉性能好的新品系；针对母牛养殖周期长、农户不愿饲养的问题，出台相应的饲养能繁母牛的扶持政策，采取补贴、保护措施发展能繁母牛，扩大能繁母牛；出台相关鼓励政策，鼓励贫困群众发展养殖产业和企业回收成品，激发群众发展产业内生动力和热情；大力对外招商引资，引进外地大企业落地都安，提高牛羊养殖集约化水平。

（二）加强基础设施建设

对于牛羊场的基础设施设备必须充分了解牛（羊）的生物学特征，充分运用动物行为学、营养学和生态学管理。在设计上坚持“从简设计”的原则，既要牛（羊）场在使用时简单，也要牛（羊）场人员操作时简便。养殖场的建设地址可在地势高、排水好的地方，利于通风散热，屋顶使用隔热材料，减轻夏季高温对牛羊带来的不利影响；加强粪便处理的坑道转运、牛（羊）饮用水管道的设置、牛（羊）喂养及地面的合理化应用；结合当地实际，立足区域特色、产业基础和养殖传统，按照“肉羊肉牛良种化、养殖栏舍设施化、生产基地规范化、防病防疫制度化、粪污处理无害化、监督管理常态化”的要求，引导扶持各行业投入牛（羊）养殖行业，发展公司、基地、协会、合作社、农户

多种形式的生产合作组织，充分利用相关项目资金，补贴农户或养殖场推行栏舍标准化建设，推行牛（羊）舍饲圈养或半舍饲圈养的养殖模式。

（三）加强牛羊场环境治理

坚持可持续发展观是养殖牛羊产业中不可忽视的重要观点，在“钱袋子”鼓起来的同时也要时刻注意到对于环境的保护。相关部门应定期对养殖场进行环境要求监测，指定该地牛羊规模化养殖场环境质量要求，其中包括布局要求、饮用水质量要求、温热环境质量要求、空气环境质量要求、废弃物无害化处理要求、消毒与防疫等要求，使得养殖场规模化建设管理高质量进行。为了更好地治理环境污染问题，相关工作人员要加强重视，科学分析，改善牛羊场周围环境，推动人与牛（羊）养殖环境友好共存。要着重于建立健全法律制度，加强立法工作，为养殖者提供一个科学、严格的规范体系，促进牛羊养殖的标准化、规范化、科学化[①]；要着重于强化牛（羊）排泄物的管理，建立相应的排泄物及污水等收集处理池，注意远离牛（羊）群，避免细菌滋生影响牛（羊）正常活动，定期无害化处理池内排泄物、污水等[②]。

（四）加强业务指导

目前牛羊养殖还存在安全生产、粪便污染和养殖不规范等问题，需要对牛羊养殖进行业务技术指导工作，加强科技培训，规范养殖场生产行为，推动牛羊养殖高质量发展。具体可加强对农户的培训和指导，实施科技入户工程，发挥科技示范户的带头作用；组织中级以上的畜牧兽医人员，形成技术团队，定期深入村屯为养牛（羊）户传授科学养牛（羊）新技术，包括品种改良、牛（羊）的人工授精、秸秆微贮、短期育肥、疫病防治及牛羊肉安全生产等技术；适时外请畜牧兽医专家为养牛（羊）户授课，对养牛（羊）新技术形成小册子，发放到养牛（羊）户手中，让农户掌握牛羊科学良种繁育、

① 杜向鹏：《牛羊养殖的环境污染及防控措施》，载《畜牧兽医科技信息》，2019（9）。

② 董明秀：《牛羊养殖的环境污染及其防控措施》，载《甘肃畜牧兽医》，2016（7）。

常见病预防控制以及青贮的制作保存等方面技术，合理处理牛羊排泄物，规范养殖过程。另外，政府应继续保持优秀的养殖户或合作社同高等院校的对接交流，以引进优秀人才技术，为更好地办好养殖场出谋划策。

（五）推广生态养殖、打造“瑶山牛”品牌

为更好地符合时代变革，响应时代号召，建立标准、规范、生态养殖场，全面落实可持续发展观，建成集繁殖、养殖、加工、技术开发、试验示范、技术培训等功能于一体的标准化规模化智能化全产业链养殖基地，推进良种化、区域“无疫化”，以此打造本土“瑶山牛”品牌。以特色“瑶山牛”为品牌，逐步扩大养殖生产规模，建立健全完整成熟的全产业链，推进产业标准体系建设，助推农业转型升级。另外，还要因地制宜，大力推广人工种草技术，推进人工牧草品种良种化，确保养殖有草源，为进一步发展规模化养牛、羊打好坚实的饲草基础。① 同时，建立秸秆收储运体系，因地制宜推动秸秆饲料化发展，积极推广农作物秸秆的氨化、青贮技术，引导养牛、羊场（户）综合利用农作物秸秆，将农作物秸秆及农产品加工剩余物等农副资源进行饲料化、肥料化、基料化、燃料化等综合开发，变废为宝。

参考文献

[1] 熊学振，杨春.2020 年牛羊产业发展状况、未来趋势及对策建议.产业透视，2021，57（4）.

[2] 尹如琴，庞东霞，廖庆凌.一头牛“贷”出的产业链——都安发展扶贫产业项目观察.农产品市场周刊，2018（36）.

[3] 马君峰.发展牛羊产业与乡村振兴战略有效融合的几点思考.畜牧生产科学，2022，41（3）.

[4] 王舫，保虎.文化自信与民族地区乡村产业振兴——以曼夕布朗族茶业复兴实践为例.广西民族大学学报（哲学与社会科学版），2020，42（3）.

① 严小东：《防城港市肉牛产业发展现状及对策》，载《现代农业科技》，2013（14）。

脱贫村乡村振兴中的企业角色及其创新发展研究

——以广西融水县龙口村罗汉果产业为例

梁权

一、问题的提出

2020年，我国脱贫攻坚取得全面胜利，站在新的历史节点，实现脱贫攻坚与乡村振兴两大战略有效衔接，是巩固脱贫攻坚成果的需要，是解决“三农”问题的需要，是实现“两个一百年”奋斗目标、实现全体人民共同富裕的需要。建立健全巩固拓展脱贫攻坚成果长效机制是新时代乡村振兴背景下脱贫村发展的关键，而发展乡村产业就是其中的关键一环。《中共中央国务院关于实现巩固拓展脱贫攻坚成果同乡村振兴有效衔接的意见》指出：“支持脱贫地区发展壮大乡村特色产业，强化以企业合作为载体的帮扶协作，继续实施‘万企帮万村’行动，安排有能力企业承担更多社会责任。”这一意见，说明了国家对于发展乡村产业的重视程度以及企业参与乡村振兴实践的更多期待。企业是产业扶贫的重要参与者，其在精准脱贫阶段对脱贫村进行的有效帮扶，改变了贫困村的面貌，使村落产业和相关企业都有了较好的发展。进入乡村振兴阶段后，如何实现产业基础高级化和产业链现代化，相关企业如何进行角色转换和创新发展，都是脱贫村将要面临的挑战。

学界关于企业参与扶贫的研究，主要从以下三个方面展开：一是企业参与扶贫的动机。国有企业自身承担的社会责任，会促使其通过扶贫来回报社会，但有些企业参与扶贫工作并不是出于责任或是自愿，而是出于经济动机或政治动机，作为追求利益最大化的市场主体，企业通过扶贫来获得更多的信贷支持和政府补贴，从而缓解其融资约束。扶贫成效影响着政府的功绩，企业精准扶贫行为将为其维护良好政商关系提供途径。二是企业扶贫的影响因素。外谢建、方亚俊等研究发现基层党组织建设能显著提高民营企业精准扶贫的意愿和投入金额；黄珺、李云等考察了媒体关注对企业精准扶贫行为的影响，发现参与精准扶贫的企业在高媒体关注时，会加大扶贫资金投入；任长秋、王钊实证分析了影响企业参与精准扶贫的要素，其中重污染或与消费者相关度高的行业、领导者年龄较大、公司业务更为多元时，企业更加倾向于开展扶贫活动；修宗峰、冯鹏蒴等证明了纪委参与国有企业董事会和监事会治理中所发挥的积极监督作用，有利于提升国有企业参与脱贫攻坚的相应力度。三是企业参与扶贫中的角色及作用。国有企业由于自身的性质决定其作为精准扶贫中最可信赖的依靠力量，具有主体、靶向和带动作用，不仅限于国有企业，近些年民营企业也已经成为党委领导下的多元协同治理主体中的一员，特别是在精准扶贫、防灾救灾当中，发挥了重要的作用。随着脱贫攻坚与乡村振兴两大战略的衔接不断推进，企业在精准扶贫中曾发挥过的作用，在新时期被赋予了更高的期待，如何处理与政府、社会、村落的关系成为企业参与扶贫的重点。已有研究为我们了解企业参与扶贫的动机、影响因素方面提供了基础，肯定了企业在脱贫攻坚中的价值和作用，但仍有拓展空间：一是多着眼于整体层面的研究，缺少脱贫村实践的个案观照；二是多关注企业在精准脱贫中发挥的重要作用，但缺乏对脱贫攻坚向乡村振兴转化情景下企业扶贫角色及功能的探讨。那么，如何以企业为龙头构建巩固拓展脱贫攻坚成果长效机制？如何对于企业在乡村振兴时期的角色进行创新？

为了回答以上问题，笔者于 2021 年 10 月、2022 年 4 月两次对融水县安陲乡龙口村 A 公司进行调研，通过文献研究法、访谈法等方法探究企业在该村脱贫攻坚中的作用，结合后脱贫时代村落的具体需求，提出企业角色创新的方式，并引发对于企业参与乡村振兴的思考及后续举措建议。本文的研究对象为广西融水县龙口村罗汉果产业，其隶属 A 公司。广西融水苗族自治县是国家扶贫开发工作重点县，贫困发生率超过 20%，是柳州市“十三五”期间脱贫攻坚的主战场。自 2015 年起，广西水利厅开始牵头定点帮扶融水县脱贫攻坚工作，取得了卓越的成效，截止 2021 年，已完成现行标准下 15.7 万名建档立卡贫困人口全部脱贫，115 个贫困村全部出列。所属案例融水县龙口村，位于融水县安陲乡西南部偏远山区，村落产业发展单一，村民主要经济来源依靠种植八角、杉木等林木，产值很低。2018 年广西水利厅派驻龙口村工作队深入调研并分析形势，以村民入股方式成立融水县安陲乡龙口村 A 公司，带动村民种植罗汉果，开发乡村产业。这个生于斯长于斯的企业，在实现龙口村的脱贫摘帽中发挥了重要作用，并在乡村振兴过程中不断转换着身份角色，推动着全方位的振兴，可作为企业参与扶贫研究的典型样本。

二、脱贫攻坚中的企业角色及其产业扶贫实践

龙口村罗汉果产业以本村 A 公司作为依托，在广西壮族自治区水利厅的帮扶下，拓展资源，开发附加产业，为脱贫攻坚奠定了基础，在其中，它担当了村落利益的联结者和脱贫的推动者两种角色。

（一）龙口村的贫困与 A 公司罗汉果产业开发

龙口村位于广西壮族自治区柳州市融水苗族自治县安陲乡，村委驻地和睦坪屯，西与香粉乡新平村接壤，东临三柳高速，距安陲乡政府所在地约 12 公里，距融水县城约 65 公里，下辖 9 个自然屯，全村共有 253 户 947 人，其中建档立卡贫困户 70 户 262 人，经过精准帮扶阶段，截止 2020 年仅剩余 2 户 9 人未脱贫，贫困率由原来的 16.2% 降到 0.9% 以下。2013 年便被认定为贫困村，龙口村的贫困是有根源的：一是自然地理环境方面，龙口村地处偏远山区，环境较恶劣，外加降水较多，易发生泥石流等灾害，山路崎岖倾斜，交通不便，给村民的出行和物资运输造成了极大的困扰，同时影响村落与外界的交流。二是村落产业方面，龙口村林地资源非常丰富，人均林地 46 亩，

但耕地面积仅有500多亩，祖祖辈辈的主要经济来源依靠种植八角、杉木、沙树等林木，不仅种类有限，而且周期较长，回报很少，一直限制着村庄的发展。三是水利设施方面，没有标准化的蓄水池，村民的饮水健康问题堪忧，一旦有更好的机会，村民便选择离开家乡外出谋生。水利设施也影响着农田灌溉，没有管道和水源，村民难以进行耕种和灌溉。要致富先修路，2016年在融水扶贫办等部门的帮助下，村里进行了屯级路建设、巷道硬化，至2017年1月底，项目全部完工，彻底解决了龙口村村民通行问题。部分居住环境特别恶劣地区的村民，也在政府安置下进行了搬迁。水利建设方面，依托水利局的大力支持，建立了供全村9个屯11个人的饮水池，全面解决了龙口村的饮水问题，同时修建了一批灌溉渠道和管道，基本覆盖了连成片的农田，方便村民农业发展。

而在村级产业方面，罗汉果产业原本也是龙口村的乡村产业，种植历史悠久，20世纪90年代就在村委的带领下开始种植，但因资金困难、交通不便、技术落后，导致产量不高且销路困难，罗汉果逐渐沦为群众口中的“罗难果”，自此之后便鲜有种植。2018年，广西水利厅派驻龙口村“第一书记”经过深入调研发现，融水县临近“罗汉果之乡”桂林市永福、龙胜两县，有着得天独厚的地理位置优势，而龙胜和永福经过二十多年的种植，很多地块已不能再继续种植，所以原料产地有向柳州的融安、融水等地转移的趋势。龙口村位于低纬度地区，属于亚热带季风气候，光照充足，雨量丰富；村内河流密布，水利资源丰富；村域范围无工业污染，种植条件和环境优越，比较适宜种植罗汉果，相应的市场前景较好，且村里已有少部分人尝试新技术进行种植，便推动成立融水县安陲乡龙口村A公司，带动村民种植罗汉果。2019年，依托后援单位水利厅扶持、水电设计院的捐助扶持、第一书记的工作经费等，由驻村第一书记牵头，筹划建设了一座村级扶贫产业车间烘焙厂。2019年10月，龙口村烘焙厂建成投产，当年烘烤罗汉果4万余个，重阳笋9000余斤，销售额近12万元，为村集体经济和村民创造纯利润3万余元，罗汉果及附加产业已成为龙口村“造血式”致富项目，A公司也进入了企业成长期，有可满足日常运营的周转资金、经验丰富的管理团队、较为稳定的生果来源及销售渠道，目前已计划扩大厂房、购置更多设备，为后期大规模生产加工做准备。

（二）A 公司企业角色及产业扶贫实践

A 公司作为市场主体，追求盈利是天性使然，但因为它具有政府、村民共建的性质，又发挥着经济效益之外的其他作用，例如连接政府与村落的中介黏合功效、推动村落产业发展的促进功效等。

1. 利益联结者：企业与村落形成共生关系

融水县安陲乡龙口村 A 公司主要由后援单位广西壮族自治区水利厅出资、村民合资入股成立，实行“公司 + 合作社 + 农户”的方式，其中 A 公司负责日常运行、管理及销售；合作社（党支部）负责监督、村集体经济收益分红；基地（农户）负责提供原料和用工，三方通力合作，形成利益共同体，其中利益的联结，还体现在以下方面：

一是对成员的信任方面。公司的总经理为龙口村支书 L 某，他不仅有丰富的罗汉果种植经验，也是近年来使用新技术种植罗汉果“第一人”，且获得了喜人的收益，成为村里种植罗汉果的“带头人”，同时 L 作为村支书，在村落有很好的群众基础，大家拥戴他、信任他，愿意跟他一起种植。销售经理 Z 某，经济管理专业人才，当兵复原后回乡创业，成立养猪场，带动了 5 户贫困户发展养殖，是龙口村土生土长的青年才干，他了解家乡情况，为公司及村民的收益贡献着力量。

二是在生果回收的保障方面。公司对罗汉果生果实施“保底收购”，根据生果的大小、品质进行分档分类，每个的收购价格在 0.3—1.0 元之间，实际市场价格高于保底价时，按照市场价格收购，低于市场价格时，按照保底价收购，保障了村民种植罗汉果的基本收入。

三是在公司的利润方面。公司主要负责运营和销售，将每年获得的利润进行村集体经济分红，让村民不仅可以获得种植罗汉果的收益，还多了份分红保障。公司扶贫车间，烘焙一批罗汉果数量在 4 万个左右，每年可烘焙 4—5 批，即 16—20 万个，以每个罗汉果 0.2—0.5 元的纯利润计算，每年可产生至少 5 万元的利润，收益可观。

2. 扶贫推动者：罗汉果产业开花结果

A 公司在罗汉果产业扶贫过程中，已形成完整的产业链，采用“特色农产品 + 精深加工 + 技术能力 + 推广销售方式”方式，以农业生产为主导，带动加工业和销售服务业共同发展，保证了村民“劳有所得”，也为其他无法参与种植的村民提供了就业机会。主要体现在以下几个方面：

一是罗汉果的种植方面，提供种苗、水肥农药及技术，带动村民劳动脱贫。公司成立初期便向全村愿意种植罗汉果的村民发放种苗，提供水肥农药，待回收生果时再扣除成本，一方面降低了村民资金投入的压力，另一方面由公司自主培养的种苗，向有资质企业统一采购的水肥农药，保证了罗汉果原料的质量。除了原料，公司还提供技术支持：第一次种植没有经验，公司便邀请广西药用植物园罗汉果种植专家来到龙口村为村民传授罗汉果种植技术，掌握不好栽培的关键点，就组织村民到桂林等地学习罗汉果栽培、管理等技术。

二是烘焙加工方面，持有生产许可证，可进行深加工，提高村民收入。村烘焙厂的建立标志着罗汉果产业进入标准化生产，并形成“农户种植 + 收购、烘焙 + 销售”的运营模式，以市场需求为导向，产市场所需。利用村烘焙厂，将收来的生果进行烘焙、加工，提高了产品的附加值，除此之外也可用于烘烤本地的香菇、木耳、冬笋等农产品，激发了村民发展的内生动力，增加了村民的收入，对于无法参与种植生产的村民，作为就业扶贫车间的烘焙厂，还提供了产品包装等工作，为其提供就业机会。

三是产品销售方面，全方位、多渠道保障村民“种有所销”。每年公司与罗汉果种植户签订罗汉果生果收购合同 125 份，总收入约达 400 多万元，解决了村民种植销售压力，同时激发了种植积极性，让罗汉果成为增收致富好产品。对外方面，对接桂林 B 公司，为其提供罗汉果生果；在后援单位广西水利厅开展农产品展销会，已进行三期且销售火爆；承接县市部分企业单位、工会的团购，达成长期合作。后来打造安陲乡龙口村的罗汉果品牌，推广销售龙口村特色农产品，获得“扶贫产品”认证，在 832 扶贫电商上进行销售，拓宽了销售渠道，2021 年被中央电视台中视购物《国货优品》栏目看中，成功与《国货优品》栏日签订直播带货协议，不仅提高了龙口村罗汉果种植的收益，还宣传了龙口村优质罗汉果品牌形象，增加了品牌效益。下一步计划将罗汉果融入到柳州螺蛳粉产业中去共同发展，逐渐形成品牌化、规模化，为村民兴村致富开辟道路。

四是积极申报现代特色农业示范园，达到核心区规模连片 300 亩种植面积的要求，获得承建龙口村特色产业示范园项目资格及 30 万元的扶持基金，解决了产业示范园公共设施建设、农业装备设施购置等方面的问题，为日后罗汉果产业全面发展奠定了基础。2020 年，打造成为罗汉果种植基地的乡级示范园，同年带动 3 个乡镇 76 户贫困户脱贫摘帽，2021 年又带动 3 个乡镇 125 户群众进行产业发展，可谓效果显著。

三、后脱贫时代的村落需求与企业角色创新

要想实现脱贫攻坚与乡村振兴有效衔接，村落将不只有单一产业发展的需要，而是政治、经济、社会、文化、生态五位一体全方位振兴，这就要求企业发挥更大的引导与组织作用，响应村落发展的新需求，创新企业角色，助力乡村振兴。

（一）村落需求

经历了精准脱贫的帮扶，村落获得了较好的产业发展基础，进入乡村振兴阶段，各方面的挑战也随着而来，这也在一定程度上反映了村落发展的新需求。

政治上，在脱贫攻坚时期，广西水利厅对口帮扶龙口村，派驻的“第一书记”和扶贫工作队，在其中产生了巨大的推动作用，待脱贫任务完成，书记及工作队撤出，原来享有的国家支持政策、资金结束，公共产品和基础设施的保障不再提供，脱贫村要转变对于干部和支持政策的依赖，依靠之前打下的基础，完成自身振兴的蜕变。

经济上，脱贫村本身的经济基础薄弱，如果再遇到天灾或是大的变故，

很容易重返贫困状态，贫困摘帽只是脱贫攻坚过程中的阶段性胜利，乡村振兴才是让贫困户真正实现可持续的生计发展，实现持久性的脱贫。龙口村地处山区，位置偏远，土地贫瘠，这些自然环境导致其后期招商引资困难，市场参与的积极性不高，也将引发一系列经济发展的恶性循环。

社会上，分散的小农户资源极其有限，难以有效对接市场、无法有效承接政府资源，无论在基础设施建设还是乡村农业产业发展，都处于被排斥和边缘化的位置中，应对市场风险能力差，土地规模偏小，都限制了脱贫村进一步发展。龙口村就存在土地面积少、劳动力老龄化程度高、整体生产力较低下的问题。

文化上，更加强调“人性关怀”，消除精神贫困，包含对个人和家乡村落的认同感，龙口村处于山区，环境较闭塞，与外界交流较少，保留了较为纯粹的农耕文化价值观，新的历史时期，需要通过乡村产业振兴来保障村民基本生活水平，进而推动文化振兴，使村民认同家乡的传统文化、重视个人价值。

生态上，绿色产业不仅可以给村民带来财富，同时也是实现农村可持续发展的途径之一，是村民新时期的共同期待。生态环境关乎村民日常生活，龙口村过去泥泞的道路已完成硬化，方便了村民出行和与外界的交流，村中没有工业的污染，保证了罗汉果的品质，在未来发展产业的同时要注意维护好现有的生态环境。

（二）角色创新

A 公司近些年参与扶贫实践的成绩得到了政府和当地村民的普遍认可，在脱贫攻坚与乡村振兴有效衔接的关键时期，被赋予了更高的期待，公司也在适应环境和促进乡村发展中创新着身份角色。

在政治方面，是村落关系的连接者。A 公司的建立本身源于后援单位和“第一书记”的支持，在公司分红监督方面由龙口村党支部负责，在新时期脱离了干部和政策支持后，行政性扶贫的地位和工作重心发生转变，由直接决策转向提供建议和解答咨询，这给了公司更多的发展机会，应积极向党组织靠拢，参与村党支部会议的各项活动，作为连接群众和党组织的桥梁，加强与村委会、合作社和农户之间的联系，继续引导、帮助农户进行生产销售，利用企业自身优势巩固村落脱贫攻坚成果。

在经济方面，是产业发展的带动者。坚持罗汉果产业的主导地位，打造以罗汉果产业为中心的强势产业，相关产业为辅的联动发展。一是生产规模化，扩建厂房，吸引更多农户参与种植与加工；二是要产品标准化，实行科学化的管理、加工模式，建设产品质量体系，积极申请“三品一标”认证，提高产品质量；三是要产业链条化，强化深加工生产线建设，对接大型超市、电商等多平台，完善销售、运输配套设施，提高产业附加值。继续组织“扶贫车间”的运营，利用罗汉果烘焙空闲时间，增加多种产品的加工，积极建设融水县特色产业示范园区建设，推进一二三产业融合，发展集产业、旅游、观光为一体的特色产业园，以种植、加工产品为主，实行“生态种植 + 绿色加工 + 观光旅游”模式，引领传统农业改造升级，建立现代农业示范基地，完善产业发展模式。

在社会方面，是合作组织的倡导者。在乡村振兴中，农户才是真正的主体，企业要引导合作社建设、推动农民组织化。雄伟公司实行“公司 + 合作社 + 农户”的方式，与合作社、农户紧密联系，一定程度上保护了农户的利益，但此合作社目前只涉及经济领域，合作程度较浅，应拓宽合作领域，规范合作运营机制。农业现代化要求生产资料的集中，通过农民组织化，保障基础资料的供应，同时提高生产效率，增强抵御风险的能力。

在文化方面，是乡风文明的建设者。在物质文明保障的基础上，推进村落精神文明发展，企业可申请村集体经济拨款或外界援助，对村落中的文化设施进行建设，例如搭建戏台、乡村广播服务站等，开展培训和多种活动，鼓励村民发扬优良的传统文化、弘扬家风文化。加大教育投入，提高村民整体科学文化素质，破除封建迷信，培养文明、开放的思想观念。在公司内部，可吸纳更多本村优秀人才，为其反哺村落提供机会，积极培育新乡贤治村治企，发挥其在精神方面的引领作用。

在生态方面，是生态保护的贡献者。企业管理者和工人要培养生态环境保护意识，关注罗汉果生产到销售的各个环节，减少环境污染；与高校、科研机构紧密合作，提高罗汉果生产、加工技术水平，发展绿色生产；珍惜当地良好的生态环境，丰富的林业资源、天然氧吧，将生态优势转换为经济优势，吸引、强化第三产业发展，建设美丽乡村。

四、结语

通过对龙口村企业参与扶贫实践的研究，我们发现企业在其中扮演着各种各样的角色，并通过这些角色联系村落、村民和政府，使其在扶贫过程中显示出较强的优势，弥补在政府单一主导下扶贫治理存在的困境，为乡村振兴提供新的方式。在脱贫攻坚阶段，源于第一书记和后援单位的推动，A公司得以创建，并在“公司+合作社+农户”的模式下，积极反哺村落，带动村民种植罗汉果，建立烘焙厂，提供就业机会，进行村集体经济分红，积极拓展销售渠道，保障村民的收益，实现脱贫摘帽。到了脱贫成果巩固阶段，从政治、经济、社会、文化、生态五个方面发力，拓展产业链、推动三产融合，增加村民收入，并强调生态环境的保护、村落文化发展和农民组织化建设，激发村落内生动力，全方位助力乡村振兴。企业在扶贫中根据自身对市场的把控，能够为贫困户给予稳定的收入保障，同时使其免受市场风险的侵扰，根据村落实际产业情况和自然环境做出适宜的选择，使扶贫更精准、有效。

在认识到企业参与扶贫意义的同时，也要注意企业扶贫实践的适用限度。龙口村通过A公司的运营，实现脱贫攻坚，是在后援单位帮扶、“第一书记”指导和政府相关政策扶持等背景条件下多方面决定的，这也表明了企业参与扶贫的有限性，需要结合多方面力量，才能达到最好的效果。企业扶贫的优势在于能连接政府和村民，建立合作机制，以更庞大的主体承接资源、抵御风险，但并不表示企业可以代替取代政府机构在扶贫中的位置。政府可提供资金支持、进度管理和人员调配，保障项目实施与落地，在支持和推动企业成长及贫困村发展中处于不可获取的地位。

随着脱贫成果巩固的不断深入，企业仍要保持高于收益的付出及较强的责任感，这无疑给企业造成巨大压力，同时村落产业的不断壮大，使得原有的地理限制、人员技术短缺和信息较封闭等问题逐渐暴露，从而增加企业外迁风险，这就要求政府提高服务意识，及时了解企业需求，给予针对性的帮助；完善基础设施建设，改善商业运营环境，为企业招商引资提供便利；促进企业转型，从劳动密集型企业进化为现代化高科技农业企业，保持企业内生动力。

参考文献

[1] 章泓．国有企业在精准扶贫背景下的社会责任．发展，2019（1）．

[2] 邓博夫，陶存杰，吉利．企业参与精准扶贫与缓解融资约束．财经研究，2020（12）．

[3] 易玄，吴蓉，谢志明．产权性质、企业精准扶贫行为与资本市场反应．贵州财经大学学报，2020（2）．

[4] 谢建，方亚俊，王秋霞．党组织建设与民营企业精准扶贫．财会月刊，2021（10）．

[5] 黄珺，李云，段志鑫．媒体关注、产权性质与企业精准扶贫．华东经济管理，2020（6）．

[6] 任长秋，王钊．企业介入精准扶贫的影响因素研究——基于注意力视角的实证分析．软科学，2020（6）．

[7] 修宗峰，冯鹏蒴，殷敬伟，等．党组织治理、政策响应与国有企业参与脱贫攻坚．财经研究，2022（2）．

[8] 张春敏，赵萌．国有企业在精准扶贫中的角色定位和参与方式探析．广西民族大学学报（哲学社会科学版），2018（1）．

[9] 吕鹏，刘学．企业项目制与生产型治理的实践——基于两家企业扶贫案例的调研．中国社会科学，2021（10）．

[10] 吴新叶．脱贫攻坚同乡村振兴有效衔接中的企业角色及其调适——以贵州省乌蒙山区乡土企业 X 茶园为例．南京农业大学学报（社会科学版），2022（1）．

乡村治理与集体经济组织发展

党建引领下的脱贫村再组织化与治理共同体构建

——以广西贺州市平桂区鹅塘镇槽碓村为例

奉想

一、问题的提出

2022年1月4日中央一号文件发布，主题为《中共中央　国务院关于做好2022年全面推进乡村振兴重点工作的意见》，党的十九届五中全会也明确提出，要“实现巩固拓展脱贫攻坚成果同乡村振兴有效衔接”①，脱贫攻坚的与乡村振兴发展都要坚持党的领导，从精准扶贫到乡村振兴都离不开党建工作的有效引领，党组织对村落的有效治理是脱贫攻坚与乡村振兴有机衔接的重要前提。随着农村改革的推进和城镇化发展，基层社会面临治理资源内卷化、公共服务缺位化等问题②，农村基层党组织的领导力、组织力、回应力遭遇挑战，部分基层党建“悬浮”于乡村社会③，与乡村治理和乡村特色形成割裂，沦为形式主义。脱贫村的共同点在于，从脱贫攻坚到乡村振兴的转变当中，村落的生产生活发生巨变，村户村民对于生活的心态与生产节奏同样在发生变化，引发共性问题，即脱贫攻坚时期，精准脱贫实现了“对症下药，

① 中国共产党第十九届中央委员会第六次全体会议公报。

② 易卓：《党建嵌入乡村治理的组织路径创新——基于某省Z镇党建示范区的实证研究》，载《中国特色社会主义研究》，2020（1）。

③ 张铮、包涵川：《属地管理：一个关于行政层级延长的分析框架——基于对Z街道办事处的观察》，载《中国行政管理》，2018（6）。

药到病除”，既扶贫又“扶志”，但是传统乡土社会中农民的无约束、无协作、无交换的思想惯性依然存在，村民的公共意识不强，村民之间人情社会的纽带依然在，但是难以转化为生产合作的纽带。如果缺少党建引领，治理任务转换会导致工作目标不明确、治理任务不准确、村党支部松懈、产业不稳或重大灾害疾病导致的村民返贫等问题。从脱贫攻坚胜利到乡村振兴战略的提出，中央农村工作会议明确了实施乡村振兴战略的目标任务：到 2020 年，乡村振兴取得重要进展，制度框架和政策体系基本形成，这一目标的实现需要党组织建设与党员对村民的示范、引导作用，需要通过基层党建引领围绕乡村振兴战略进行村落再组织化，强化党群关系，加强村民间的集体意识与公共意识，构建一个乡村治理共同体，党建引领各方共同建设发展乡村，提高村委村民铸牢中华民族共同体意识，进而达到乡村治理状态从脱贫到振兴的转变。

关于党建引领与乡村治理的研究，国内大致可以分为党组织的建设形式，党建引领的理论逻辑，以及党建对于乡村建设的手段方式和实践指导等。第一，脱贫村的党建与治理困境方面。陈毅认为党建引领是要走出乡村民主的衰落，既要靠国家帮助构建乡村公共空间，搭建起使乡村民主运转的外生性秩序，又要积极探寻内生性乡村民主秩序的生长点，借助基层党建引领把“文化找回来”，把“社会组织建起来”[①]。杨正喜认为基层党组织在乡村治理中的适应性是分析党建引领嵌入乡村治理的主要逻辑，作为乡村治理领导核心的中国共产党，面对乡村振兴的任务和乡村党组织新变化等新挑战，需要适时作出调适，以适应基层治理新情况。[②] 刘伟、王柏秀从创新组织设置着手，以加强党小组建设为重点，将党小组建在村民组上，构建了“党小组＋村民组”的村组党建模式。村组党建是政党基层组织在重塑自身组织结构的基础上，以组织嵌入方式实现党组织在基层社会“实际在场”的重要途径。[③] 第二，脱贫村党建引领的必要性与可行性方面。于健慧论证了党建引领乡村

① 陈毅：《党建引领：构建乡村内外秩序走出乡村民主治理困境——基于中部某省 GW 村小组的观察》，载《江西师范大学学报》（哲学社会科学版），2019（6）。

② 杨正喜：《基层党组织适应性：党建引领嵌入乡村治理逻辑分析》，载《社会科学家》，2022（1）。

③ 刘伟、王柏秀：《村组党建引领乡村治理的进路与逻辑》，载《广西大学学报》（哲学社会科学版），2021（2）。

治理的逻辑和必要性，提出党建引领乡村治理是马克思主义政党执政的内在要求，也是推动乡村治理现代化的内在需要①。第三，脱贫村的党建引领治理路径方面。陈亮、李元将党建引领基层治理创新实践划分为价值引领式治理、平台搭建式治理、资源整合式治理、机制保障式治理四种类型②，易卓则认为“嵌入式”党建有助于解决党建“悬浮化”问题，强化基层党建的组织结构、激活群众动员的组织过程，从治理责任、治理方式和治理属性等方面重塑乡村治理③，何得桂、刘翀提出党建势能这一新视角，认为党建势能是党的领导优势和组织优势在基层的充分体现，是政治势能转化为发展效能的核心力量，更是高效能治理引领高质量发展的关键一招。④现有的研究首先对于党建的引领作用做出了充分的思考与探索，聚焦党建与乡村治理之间的党建形式、手段方式，指明了党建引领乡村建设的重要理论支撑和逻辑，但是多针对于固定时期或阶段当中党建对乡村治理的作用与要求，在社会转型和乡村状态动态演变的过程中党建引领作用的研究较少。其次，更强调基层党组织在引领方面的作用对于村落发展的重要性，而弱化了村落本身的主体性和能动性。

据上述分析，本研究通过对乡村个案的研究，尝试探讨党建引领下的脱贫村再组织化与治理共同体构建的方法，于 2022 年 7 月 9–14 日，对广西贺州市平桂区鹅塘镇槽碓村的村委与村民进行实地访谈与田野调查，与鹅塘镇党政办干部采访交流。以槽碓村为例，其特点在于：村两委组织架构在脱贫前后进行了改革，2019 年“摘帽年”村两委换届并简化职位；行政村范围大，村民分布散而广，山区地理条件闭塞，村两委人数较少，但村民朴实勤劳、配合度高；槽碓村的脱贫速度快、变化大、痛点明晰好解决，但是产业发展不稳固，没有形成规模，村民分散，集体经济空间小，返贫风险较大，监测户户数不少，希望通过对槽碓村的实地调查，了解在这一阶段村党支部

① 于健慧：《党建引领乡村治理：理论逻辑及实现路径》，载《西北师大学报》（社会科学版），2022（1）。

② 陈亮、李元：《去“悬浮化”与有效治理：新时期党建引领基层社会治理的创新逻辑与类型学分析》，载《探索》，2018（6）。

③ 易卓：《党建嵌入乡村治理的组织路径创新——基于某省 Z 镇党建示范区的实证研究》，载《中国特色社会主义研究》，2020（1）。

④ 何得桂、刘翀：《党建势能：基层党建引领乡村产业发展的实践机制——以陕西 H 县党建“三联”促发展为例》，载《中共天津市委党校学报》，2022（2）。

如何实现治理任务的转换？村两委是否了解和熟悉村落的治理基础？村落的治理格局是否产生了变化？产生了哪些变化？村落的治理过程中会遇到哪些困境？村落治理共同体应该如何形成，相关主体如何参与到村落治理行动当中？得到较为有效的治理经验和引领手段方式。

二、党建引领乡村工作现状分析

脱贫攻坚与乡村振兴都是坚持党的领导，以党为核心开展的发展乡村的政策，无论在哪个时期，都离不开党建的引领作用，村两委直接与乡村接触，将党建引领与村委结合起来，通过村两委的衔接作用，把乡村治理的工作重心与任务转换的工作衔接有效地下达到村民党员与村民当中，形成乡村治理共同体的合力。分析这一引领作用，村庄基本情况变化前后的对比以及村庄治理政策对村庄的影响非常重要。

（一）槽碓村概况及其治理基础

槽碓村是广西壮族自治区贺州市平桂区鹅塘镇下辖村，位于平桂区南部，离平桂区政府 21 公里，距鹅塘镇政府 15 公里。槽碓村住户零散分布在连绵的山脚下，山地陡峭平地少，山路崎岖多弯，常年有山水渗出流到路上，道路硬化前山土路被打湿会导致行路十分困难，造成槽碓村十分闭塞，外面的人进不来里面的人出不去。由于村子坐落在山中，大部分的土地资源为林地资源，槽碓村总体面积达 59000 余亩，其中的森林覆盖面积达 40000 余亩，仅有 40 余亩耕地，主要分布于河谷和陡峭山坡。林地以杉树为主要发展的产业，还有一些零散的桉树种植区，从前村中主要的种植作物有肉姜、杉树、茶叶等，脱贫攻坚时期新引进的农作物罗汉果、百香果等作为扶贫的辅助作物。村中农民脱贫前主要依靠种植业和林业生产生活，脱贫后家中的主要收入来源基本上转变为了外出务工。槽碓村从 2020 年开始发展民宿旅游业，平桂区投入资金 4180 万元，规划实施以康养为主题的“秀美槽碓，幸福土瑶家”文旅宜居区（包括泳池、停车场建造，河床改道等），到目前为止已有 31 家民宿和农家乐，其中大多为政府与群众共建，形成了围绕村委会驻地的民宿群，其日接待量可达 40—50 余人，最大可达 100 余人，2021 年接待量达到了 6 万余次，但是实际旅游业在村中辐射的范围并不大，对不在景区周边的农户影响不大。早在 2014 年村民自发成立了一支村级文艺队，后来逐渐形成固定队员和较为正式的表演规则，与文旅宜居区主题相呼应。槽碓村级的行政组织架构为：党支部书记兼村委会主任 1 名、驻村第一书记 1 名、村党支部副书记 1 名、村委会副主任 1 名、驻村队员 2 名，另有村民组成的 15 人文艺队，负责为游客、领导、调研团体等提供土瑶文化表演服务。

（二）从脱贫攻坚到乡村振兴的治理实践

脱贫攻坚时期，村两委组织架构与现在不同，当时村两委共 9 人，包括村党支部书记、村委主任、村委副主任、妇女主任、监督主任、军人退役工作站长、计生委员、民政协管员、劳保协管员。村两委职位之细致、人数之多，导致村落在脱贫攻坚期间遇到了相当的问题。组织架构方面由于职位细、人数多，村民在向上反映问题时还需要分辨对应的职位，增加了村民群众反映问题的难度，降低了村两委实际解决问题的效率；政策文件的上传下达也在无形中增加了阻碍与成本，也加剧了脱贫攻坚期间其他的问题：扶贫困难问题、基础设施建设问题和村民沟通问题。扶贫困难在于道路崎岖、山路难行、村子范围广、村户分布散，尽管村两委人数较多可以同步提高效率，但是村委干部对政策文件的理解程度也较难统一，村委干部下户宣传政策、帮扶等需要花费大量的时间成本。基础设施建设问题在于，山坡坡度大，树林茂密，人饮工程和电力通信等工程建设难度大，设施运送、安装风险高。村民沟通问题在于，村两委沟通能力参差不齐，村民更看重眼前实际的利益而导致配合度低，村两委内部难以形成合力。脱贫攻坚期间传达的政策文件主要是脱贫项目与扶贫政策，包括基础设施建设项目、教育医疗建设项目与补贴、危房改造政策和易地扶贫搬迁政策、特色产业奖补政策、外出务工交通补贴等。这些项目政策的主要参与主体即村两委班子、上级政府、基础设施建设招标公司以及村落村民。在项目实施当中，基础设施建设中电力工程和用电普及需要先说服一部分人支持，村里半数人一起拉电，支持的人交钱用上电了方便，引导固执的村民也一起用电，实现全村通电；道路工程政府拨款施工，村里人帮忙，道路拓宽需要征的土地由村委协商沟通或补贴，修好后有损坏的组织村里人维护修缮；人饮工程也与道路工程相似。教育医疗方面政府拨款为槽碓村小换址翻新，平桂区民族学校给予槽碓村适龄儿童四至六年级的学生名额，政府调动老师入村教学；翻新槽碓村的卫生室，更改村医的薪酬制度，从按月发放固定薪金变更为看病一人 6 元的处方工资、多劳多得。

2019 年槽碓村提前摘帽，2020 年全村脱贫，2021 年正式进入乡村振兴阶段。由脱贫到振兴的政策转变以及乡村状态发生转变，随之而来的问题主要集中在旅游业和种植业两大方面。其一，旅游区建设需要向村民征地，部分村民配合度不高；与旅游公司合作建设文旅宜居区，但村委与公司之间关于推广方面的内容存在一定的分歧，村委认为公司推广宣传不够到位。其二，特色产业方面难以形成规模和产业链。肉姜长势不一导致村民对合作社等集体经济形式接受度不高；基础设施维护等需要村中农民帮忙修缮，但是村委申请经费时间较长会引起村民不满。槽碓村的发展主体分为村两委、旅游承包公司以及槽碓村民，主要针对的发展项目和产业集中在旅游景区、合作社等形式发展农副产业的集体经济模式。村两委对槽碓村乡村振兴的规划集中在“乡村记忆・槽碓民宿项目”上，计划扩大民宿群范围，说服和吸纳村民将住所搬移至槽碓河边，形成一个沿河连片的民宿区，即文旅宜居区。种植业发展方面，曾经成立合作社获得政府拨款种植肉姜、罗汉果、养鱼等，但是最后亏本且遭到部分村民党员的反对，暂时还没有进行下一步的尝试，但是合作社形式与收购加工形式仍然在村两委的规划当中。

（三）治理成效及村落影响

精准脱贫期间，由于政府拨款力度大，村委政策宣传到位，村民配合度高，基础设施建设为村子整体上带来了巨大变化。2015年，现任村支书Z加入村委干部班子，担任村委副主任，与其他村委、村民一同加入到脱贫一线当中，槽碓村2019年实现摘帽，2020年全村脱贫，村两委在2019年改变了组织架构，将9人职务精简为4人，村委人员也在该年进行换届，村支书、第一书记和副主任相继换人，原副主任被选举为村支书、原妇女主任被选举为村委副主任，另有新的驻村第一书记调任槽碓村，实行村委干部一肩挑，一人兼任数职，增加工作效率的同时，也让每位村干的工作强度提高了。脱贫产业方面，村委引导村民发展特色产业，坚持肉姜、八角、茶叶等产品，耐心劝解村民不要因为市场经济的影响而放弃本村的特色产业，更有扶贫政策产业奖补鼓励村民发展肉姜、八角、茶叶的种植，同时也鼓励村民外出务工，给予省外务工交通补贴，以应对市场波动对农产品的影响。原本自发组成的志愿文艺队也在脱贫期间形成组织，在村委的争取下获得了固定的表演费用，丰富村中文艺文化生活。贫困户在政策扶持下实现脱贫，外出务工人数增加，基础设施建设、危房改造和易地扶贫搬迁政策让所有村民都有安全的电用、有干净的水喝、有牢固的新房子住。

乡村振兴期间，在村委组织与村落政治方面，由于脱贫成效显著，成为少数民族示范村，来村调研和下村访谈的领导、学者及各类社会团体络绎不绝，村两委共4名村干2名驻村队员需要平衡好村庄日常工作与调研接待任务，比脱贫攻坚时期压力不少。在产业发展方面，村两委的乡村振兴规划聚焦旅游业和农产品产业链，新增加的旅游区2021年接待量达到了6万余次，2021年村集体经济收入达58.66万元，较2016年村集体经济收入不足0.6万元增幅近百倍，但新冠疫情期间景区收入日渐微薄，急需增加收入手段和宣传方式，建设征地村民仍有意见，村委、公司、村民三者形成合力的阻力较大。文化生活方面，村中文艺队现有15人，乡村振兴期间许多政府领导与社会团体下村调研，增加了文艺队的表演机会，为村民提供了一个收入渠道，村中中老年人对土瑶文化节目兴趣较浓，接触传统文化节目的青年人数不多。社会方面，村里原本山路崎岖，村民大多与附近的三四户邻居交往比较频繁，道路硬化后村民骑摩托车不到半小时就能从村头到达村尾，与外界接触得更加频繁。生态方面，槽碓村始终坚持“绿水青山就是金山银山”的导向，景区利用槽碓河建设了一个免费的儿童泳池，将原本湍急危险的河流改道，为泳池提供水源的同时，又避免了对河流的污染，降低了湍急河流造成溺水事故的危险系数；鼓励杉树的种植也是山地水土保持、减少滑坡泥石流发生频率的重要一步。

三、党组织推动村落重建项目

（一）治理困境与项目下乡

槽碓村作为国家级贫困村，治理困境不止在脱贫攻坚时期存在，脱贫后也依然存在。第一个治理困境是贫困人口多，脱贫难度大。槽碓村共有住户244户，全面脱贫前（截至2015年）有贫困户166户，占比高达69%，村民每年人均收入不足3000元，受地理条件的限制，外出打工难，基本通过为数不多的耕地实现自给自足。第二个治理困境在于槽碓整村脱贫后，村落治理主体逐渐出现“空心化”趋势。基础设施的完善打通了村子与外界的联系，交通补贴等政策促使村中劳动力向外流出。2022年槽碓村总人口1351人，2021年外出务工人数402人，其中申请省外务工交通补贴人数31人，村内劳动人口536人，外出务工人数超过三分之一。考虑到村中仍有老人子女需要照顾，村民外出务工的选择多以散工零工为主，除省外务工人员，村民外出打工的时间通常不会超过一个星期，采用务工务农相结合的方式，既能照顾到家庭事务，又能提高收入，但频繁往返于城市与村落，在村庄中的时间逐渐碎片化，较难融入和参与村庄的治理与集体事务当中。

在脱贫攻坚期间，政府下派第一书记T（2019年调离）与驻村干部一起，推动项目在村落实施，主要负责一线脱贫、党建引领和民族团结建设工作。槽碓村脱贫攻坚期间项目对症下药、精准扶贫，针对槽碓村外出难、生产难、就学难、就医难和住房难，政府投入不同程度的资源扶持力度，在道路桥梁、饮水、通信、电力等方面共投入资金6700余万元实施了60多个基础设施项目，其中有4000万用于道路硬化与桥梁修建，道路修好后，村民出村机会变大、眼界更开阔、脱贫动力更强，看到了“村两委”与政府的帮扶力度后，与村委干部、党员间的配合度更高；在教育方面投入160万元修缮槽碓村小；生产方面，槽碓制定“人均一亩茶、户均两亩姜、村均万亩杉”的产业发展规划，平桂区政府提供特色产业奖励补贴政策，根据各村不同的特色产业数量申报，发放相应的奖金与补贴，2021年槽碓村各户收到产业奖补总共接近50万元。道路硬化同时也为农林经济的发展打开了一条路，使得肉姜、茶叶、八角等特色农产品走出深山，罗汉果、百香果等新产品走进槽碓，方便了杉树的加工和运输。

（二）党组织强化与项目引领

从脱贫任务转变为巩固成果、乡村振兴任务，槽碓村也及时转换策略，重新制定规划，将旅游发展作为槽碓村乡村振兴战略的重要一环，为了配合项目执行需要，同时也顺应党组织要求，于是对村落党组织进行强化与简化：整体上将原有的9个村干简化为4个，去除了臃肿的组织架构，让“村两委”干部班子的任务职责更清晰、更集中，减少了原本各职位间的信息差和信息传递、汇报所产生的误差，大大提高村委整体的办事效率和能力；单个职务上实行“领导干部一肩挑”，将数个职能合并为一个职务，每个村委干部均身兼数职，从组织结构上要求村委干部个人加强办事能力、提高办事效率。

在村落党组织强化中，一方面村党支部实行了支部联建：与行政机关党支部联建，将组织优势转化为扶贫优势和振兴优势，直观展现槽碓脱贫成果及旅游文化特点，与扶贫企业党支部联建，借鉴邻村旅游建设方式，学习其他旅游村落的成功经验，扩展旅游景区范围，增加营收途径；另一方面，强化村落“两委”结构，实行村干部职业化，将党支部实体化。在支部功能上，由以往主要完成乡镇规定任务的工作外部化职能，转向围绕项目执行的工作内容本地化，根据村落实际情况制定工作内容，围绕乡村振兴建设，村两委与旅游公司等外部资源沟通，商讨未来发展明细，与村民、理事会沟通，明确现有帮扶政策、未来用地规划等，切实做好乡村振兴准备工作和落实工作。在支部能力上，为发挥党的基层战斗堡垒功能，通过党组织“三会一课”健全党的组织生活，严格党员管理，加强党员教育，注重党支部内部政治整合，吸纳有想法有能力的党员，整合村内乡贤、精英、优秀脱贫户等作为治理共同体的主力军，带动村民生产积极性，提升党员的社会动员、沟通协调能力，加强党群联系，争取社会支持、实现干群合作。

为了旅游项目有效执行，党支部采取“线上”“线下”结合的方式进行宣传，“线上”联系各村小组组长让其通知、宣传政策和规划，公开“村两委”决策方案；“线下”党支部和村委走访各家各户，村支书制定了一年内至少每家去一次的走访指标，为村民宣传政策答疑解惑。与旅游承包公司的沟通，在村党支部开会商议后，主要由村支书与第一书记负责与旅游承包公司对接、反馈和意见协商。

（三）村落精英吸纳与村民再组织化

“四议两公开”作为正式吸纳机制，“四议”包括指村党支部会提议、村“两委”会商议、党员大会审议、村民代表会议或村民会议决议；“两公开”是指决议公开、实施结果公开。党员在日常生产生活与党务中，寻找并发现问题，在村党支部会中提出，再由村“两委”会商议、党员大会审议、村民代表会议，最后形成决议并通过公告栏展示、村小组传达进行公开。通过这一制度，有效增强了村民参与村落公共事务的积极性，让村民们勇于提问题、敢于提意见、乐于提建议，是党建引领村落治理共同体形成的重要制度，强有力地联结起村民群众与村两委，发挥村民作为村落主体的主观能动性和治理积极性。

精英吸纳主要是成立村落理事会等组织，吸纳乡贤、能人参与村落事务。例如在政府拨款修路时，均为村民邻里相互帮助，每家都派出一两个人，大部分路段由村民“理事会”组织人拿黑火药炸开，再由村民将石块、泥土等移走，如此反反复复修了几个月才修出了进村公路的雏形。同时，村干部还进行关系治理，通过私人关系对村落精英进行动员，现有的两名驻村队员均为村党支部成员经过思想教育和沟通后，吸纳为党员并成为驻村队员，为槽碓建设和村务治理提供帮助。

四、文旅项目吸纳多元共治与内生主体激活

脱贫攻坚任务完成后，需要巩固脱贫成果，预防返贫和监测返贫，在此基础上中央提出乡村振兴战略，基础设施完善后，槽碓村如何巩固脱贫成果？如何发展特色产业？如何扩大生产？在乡村振兴战略下，槽碓村是否应该开辟一条新的产业道路？在脱贫成功的经验下，村党支部与村民应形成治理共同体，通过产业项目吸纳多元共治，制定好未来乡村发展规划，激发村民、村委、产业主体间的发展动力，在铸牢中华民族共同体意识的指导下，槽碓村两委选择建设村内旅游。

（一）观念共识与村落规划

关于建设旅游项日的起因，据槽碓村支书介绍，脱贫攻坚取得胜利后，2020 年其广东友人至村中做客时，发觉槽碓村土瑶文化保存得十分完好，表示可以提供旅游团客源，建议村支书筹办槽碓土瑶文化旅游节，村支书与村两委成员达成一致，并及时与上级政府和村民协商沟通，首次圆满完成槽碓村的旅游接待活动（包括土瑶节目表演、传统习俗体验等），借此机会发掘了槽碓村的文旅资源——优美自然环境、少数民族优秀传统文化，由于活动举办得十分成功，上级政府、村两委、村民以及外界游客，都看到了槽碓村旅游项目的潜力，多个主体达成文旅项目振兴乡村基本规划的观念共识，也即引入以“康养”为主题的“秀美槽碓，幸福土瑶家”文旅宜居区项目，促进村落进一步发展。通过村委与政府的沟通申报，争取到资源支持旅游基础

设施建设，完善村落基础设施，丰富土瑶文化元素。围绕该文旅项目，政府帮忙链接外部资源，引入贺州市平桂农村投资有限公司投资2000万，进行河道整治，建设民宿酒店、儿童泳池、民族文化大舞台、文化长廊、接待中心等，对村落旅游景区进行整体建设，重建村委及周边基础设施。上级政府与槽碓村委协同监督，在旅游设施建设时保留村落整体景观以及在地化特色，对槽碓文旅宜居区建设成效提出相应要求，必须囊括充分的土瑶文化符号及元素。

村落规划与基础设施建设，使得村落公共空间得以回归，也就是村落中心的公共场地，为人们日常交往交流提供了物理空间。天然戏水池（即儿童泳池）的建设吸引聚集了大量村内外儿童及家长，营造出一个新的村落社会交流空间，也给村民提供了在周边经营食品饮品的收入途径，基础设施建设则为村民在公共空间聚集创造了条件。槽碓村计划未来沿河扩大景区范围和民宿群范围，将更多村民集中起来，使文旅宜居区形成较大规模，鼓励村民经营商铺，吸引游客的同时实现自然、旅游资源的变现，加强村民间的交往、村民与村委间的沟通，也增加村民的收入途径。

（二）“村两委 + 公司 + 民宿”组织体系

公司进驻后，在上级政府部门帮助下，由村两委牵头，组成了“村两委 + 公司 + 民宿”的多元共治体系，三者尽管主体身份不同，有着不同的需求，但是通过党建引领可以实现目标的统一。村民希望提高收入但是对村外人具有一定的不信任与防备，投资公司希望增加营收但是担心村落发展潜力低以及村民不配合，村两委希望实现村落集体收入的增加，改善村民生活水平，村两委便以乡村振兴战略规划便为主，使三大主体产生利益联结，以文旅宜居区项目为核心进行治理体系的组织再造，实行企业化运作。第一，村两委与公司之间：村两委将景区经营权交给公司，以村集体为单位获得公司利润分红，将其作为村中集体收入来源，共治组织体系简单化，村两委代表村集体利益，不参与公司对景区的日常维护和经营，但是有权与公司协商讨论文旅区未来发展规划、提出推广宣传意见等，村党支部发挥有效的履约监管功能，基层党支部会在文旅区发展现状、参与各方契约履行、收益分配、股金分红等方面进行跟踪，及时督促公司与村民农户依照相关协议、章程履行好权利义务，并及时跟进、协调解决各类问题，防止出现双方互信机制不健全、合同缺乏约束力、双方利益关系不稳定等问题[①]。第二，村两委与村民之间：景区建设用地需要向村民征地，由村两委向村民沟通协调，给予一定的征地补偿或换地补偿，村民若希望将自己的房屋改造成民宿，参与到民宿经营当中，既可以自建民宿，也可以通过村两委联系公司进行合作，由公司出资对房屋进行民宿化改造，再由公司对村民民宿抽取提成。第三，村民、公司之间：表面上村民自建房民宿与公司特色民宿存在一定的竞争关系，实际上公司与村民存在利益联结，公司营收最终仍然会以分红方式流入村集体中，减弱了这种竞争关系带来的组织体系内部矛盾，二者之间需要村两委的引领与协调，才能构成稳定的多元共治体系。

（三）依托文旅产业激活文化主体

引进文旅公司，以“秀美槽碓”和“土瑶文化”为基准的乡村文旅产业运行已经将基础设施一期工程建设完毕后，便需要展现地方传统文化，依托土瑶文化的槽碓文化项目，除了在设施建设上体现土瑶元素，还需要其他形式的文化载体。2014 年成立的槽碓村文艺队和瑶族歌舞是村中最宝贵的非物质文化财富。

文艺队组建的动机仅是因为上级领导视察了解土瑶文化，需要观看瑶族的文化表演，便临时组建了一个 12 人的小队。从最开始组建到之后的两三年里，文艺队都实行自愿原则，文艺队表演不用给钱，这也就导致了有很多人会陷入到农忙和表演的矛盾冲突中，一旦需要表演就意味着当天的农业生产将被迫停滞。由于才艺基本集中于中老年人群体，且并非所有人都能够进行表演（需要排练），因此有时常出现节目人手不够的情况，大大影响节目的美观。

槽碓村脱贫后，被授予“全国脱贫攻坚先进集体”“第二批全国乡村治理

① 许汉泽：《产业进园：欠发达地区乡村产业振兴的新趋向——对 H 县“镇园产业联盟”模式的考察》，载《南京农业大学学报》（社会科学版），2021（6）。

示范村”“广西民族特色村寨”等荣誉称号，进村游客、社会团体调研、上级政府巡访次数日益增多，表演节目的次数也增加到大概每周一次，原先无费用表演和自愿原则难以适应现在的表演强度，于是在村委干部的争取下，正式成立文艺队，取名为“若兰”，表演费用按照 100 元 / 天计算，不满一天按半天计算，解决了文艺队员在农业生产与文化传承之间的矛盾。每逢佳节该村舞蹈队员身着民族盛装，表演“竹竿舞”“蝴蝶舞”等民族舞蹈，让民族特色、民族传统走进老百姓的生活中，调动群众主动参与“非遗”活动、参与保护家乡民俗的积极性。村委在 2022 年初提出了文艺队表演每周末一演的构想，逐渐带动年轻群体、吸纳年轻血液、传承土瑶文化，带动村落文化重建，但在断断续续的雨水天气、疫情的影响以及游客数量不大等各种因素下，该构想尚未落实。随着村落文旅产业发展，也越来越多人留在本村就业，民宿与农家乐的数量不断增加，公共文化活动增多，传统文化价值观念回归，村落社会组织也会进一步发展。

五、总结：以有效治理带动乡村振兴

乡村振兴作为 2022 年全面推进的重点工作，整个乡村的治理基础与治理格局相较于脱贫攻坚时期有着巨大的差异，脱贫村的振兴离不开乡村的有效治理，治理的关键就在于党建引领，通过党员“三会一课”的传达学习、党组织的重建、党群的联系，将乡村治理的方向与体系实现向乡村振兴战略的有效转换。党建引领有效治理的前提则在于村落的再组织化和治理共同体的构建，对于平桂区 6 个“土瑶村”之一的槽碓村而言，少数民族土瑶文化和中华民族共同体意识就是村落再组织化和治理共同体构建的根本。

（一）党建引领是有效治理的关键

其一，党建引领的载体是具体的治理任务和治理过程。槽碓村的治理任务从脱贫攻坚转换到乡村振兴，将党建融入到治理任务当中，以治理落实党建引领，围绕治理任务和治理过程开展党组织建设，合理分工、简化职位、各司其职，明确治理任务和工作重点。槽碓村以乡村治理任务为载体，进行村党支部组织架构的调整和村两委工作重心的确立，即围绕乡村振兴战略规划村落发展和治理组织体系，以治理任务和治理过程带动村委干部，通过治理任务这一载体把槽碓村党建引领内化，党员工作有的放矢，避免党建工作“悬浮”与村落实际的现象。

其二，党建引领的动力是量化的考核体系。综合采用激励约束保障。乡村振兴实绩考核的目的是通过运用考核结果激发领导干部的主动作为意识。各地考核方案普遍将考核结果与资金分配、项目安排、奖励评优、政策先行先试等挂钩，并将考核结果作为选拔任用领导干部的重要依据。槽碓村党支部根据年终绩效发放奖金，分为“优秀”与“称职”两个等级，获评“优秀”者可得更高奖金，争取各项荣誉提升干部个人评选等级，激励村委干部努力为村民做实事、谋福利、促发展。

其三，党建引领的路径是党员联系群众。党建引领治理，治理任务的主体是党员与群众，党员联系群众即是党建引领的路径。党建引领有效治理要求党员提升为人民服务的能力，以人民为中心，为人民服务，始终要求党员心系群众，在乡村治理中同样以农民群众为中心，只有通过联系群众、发展群众，才能实现村落再组织化与治理共同体的构建。槽碓村党支部干部常年位于一线，到村户家中了解情况、宣传政策，在党群服务中心建设了“村门口的”党校，不断强化党员联系群众的意识，宣传党的方针政策，引领群众坚持党的领导，实现党建引领乡村治理。

（二）乡村振兴要重视村落再组织化和文化营造

其一，党建引领下的村落再组织化是前提。乡村振兴离不开乡村每一个人的努力，村落再组织化是一个乡村社会合作关系重构的过程，槽碓村“村两委”重建组织架构、为村民谋福利谋发展、树立村党支部权威、党员沟通联系群众，都是党建引领村落再组织化的方式和路径。通过对村落的再组织化，形成新的治理共同体，以治理共同体的形式加快村落发展，实现乡村振兴。乡村振兴旅游区项目，需要向上级政府申报，链接外部公司与村民理事会形成治理共同体，亦是村落再组织化的一个体现，缺少这个环节便无法开展因地制宜地开展文旅宜居区的建设，无法实现再组织化，乡村社区各主体难以激活发展动力，村落传统乡土熟人社会也会随着务工人数的不断增加而逐渐走向“空心化”。

其二，内外联动发展村落产业是基础。经济基础决定上层建筑，村落生产力提高与产业发展是基础，过去闭塞的槽碓村只能实现内循环，村民跟不上时代发展日益贫困，基础设施建设完成后，仅靠村内农户的生产力易受市场规律影响，返贫风险大、脱贫成功难巩固。实现内外联动发展，务农务工相结合，实行家庭承包经营为基础、统分结合的双层经营体制，将项目建设形成的资产“折股量化”，与上级政府申报，向社会企业招标吸引投资，打造“秀美槽碓，幸福土瑶家”乡村旅游点，向外推广吸纳外来游客到村旅游，成功实现村集体收入的大幅提升，为党建引领和村落产业发展提供了经济基础，逐步做大乡村产业“蛋糕”。

其三，社区营造重建村落文化是根本。罗康隆先生曾在台湾社区总体营造的五个面向——“人、文、地、产、景”的基础上，再增加两个维度——“史”（乡村社会的发展历程）和“神”（乡村社会的民间信仰体系），用七个纬度来论述苗族社区营造。[①] 槽碓村的社区营造也可通过这七个纬度进行论述。槽碓村中的瑶族人都秉持着他们特有的朴实、善良和团结，村中大小事务都会有邻里相帮，在槽碓村中，“人”这一纬度是社区营造的关键，也是土瑶村瑶族文化的重要载体之一，由于土瑶世世代代居住在山中生活艰苦，缺少文字形成的条件，过去的生产生活状态和神话传说故事都以歌谣舞蹈的形式流传至今，形成土瑶的传统文化。陡峭的山坡与绵延的河流既带来了美丽的景色，也阻隔了瑶族人民聚集交往，因此土瑶的家族意识较强，在土瑶的信仰体系中，先祖是一个非常重要的部分，这些土瑶的传统文化与传统乡土社会形成了土瑶村独特的村落文化。分散小聚居的村落形态让他们形成了朴实善

① 罗康隆：《社区营造视野下的乡村文化自觉——以一个苗族社区为例》，载《中南民族大学学报》（人文社会科学版），2015（5）。

良团结的性格特点，时代的发展打通了村子与外界沟通的壁垒，却没能实现村落的发展，乡土社群成为了向前的桎梏。脱贫攻坚后，村中青壮年外出打工导致槽碓村乡土熟人社会的组织形态逐渐瓦解，在顺应时代发展的前提下，重建村落文化，把握好社区营造重建村落文化，是团结村两委、村民的根本，党建引领的乡村有效治理需要把握好土瑶传统文化，形成村落的再组织化和以村落文化为根本的治理共同体，才能实现以文旅宜居区为主的乡村振兴战略治理任务的完成。

新时代民族杂居乡村铸牢中华民族共同体意识实践研究

——基于陈双村的个案调查

廖玉英　李浩宁　蒙丽娟　梁莉萍　梁小娟

一、研究缘起

党的十九大报告中指出："深化民族团结进步教育，铸牢中华民族共同体意识，加强各民族文化交往交流交融，促进各民族像石榴籽一样紧紧抱在一起，共同团结奋斗、共同繁荣发展。"2022年习近平总书记在参加广西代表团讨论时强调，广大干部要牢牢把握团结奋斗的时代发展要求，团结各族人民成为坚硬如钢铁般的存在。"心往一处想、劲往一处使，推动中华民族伟大复兴号乘风破浪、扬帆起航。"同时从乡村治理的角度看，"基层治理体系与能力的现代化亦是加强各民族交往交流交融，铸牢中华民族共同体意识，维护祖国统一和边疆稳定、实现国家长治久安和实现中华民族伟大复兴中国梦的内在要求"。因而，要把铸牢中华民族共同体意识作为民族杂居乡村一项重要工作，通过各项民族团结进步创建活动促进各族村民交往交流交融，凝聚乡土力量。

自党中央提出铸牢中华民族共同体意识这一重要论断以来，学术界围绕这一新命题展开了广泛讨论，研究成果非常丰富，涉及学科也非常广泛。相关主题诸如尤其"民族团结进步教育""民族交往交流交融"等也备受讨论，关于"铸牢中华民族共同体意识"研究主要涉及如内涵阐释、理论渊源、重要价值、面临境遇以及铸牢路径等，青觉、高承海、董慧等学者从多角度阐释了中华民族共同体意识的基本要义；邹丽娟、赵玲指出铸牢中华民族共同体意识对于民族地区经济、政治等各方面建设的巨大推动力；王易、陈玲从意识形态渗透威胁、不良民族主义以及地域差异化等多方影响分析了当前民族地区铸牢中华民族共同体意识所面临的问题。关于铸牢路径研究方面，赵英认为要从经济发展、宣传教育、文化浸染等多维角度摄入，强化人民的社会心理认同；金敏镐、张学敏则着重从民族团结教育维度探讨铸牢中华民族共同体意识的若干策略。总的来说，近几年来相关主题研究日渐深入，但从整体研究视角来看，多为政策解读与理论分析且较为宏观；也有学者基于民族地区进行考察分析，但其研究对象也大多为民族院校以及大学生群体，虽然也有学者以总结某个民族地区、某个省市先进经验为基础，探讨铸牢中华民族共同体意识的实践路径。但其大多选择较为宏观的区域实践经验进行分析，聚焦于诸如“社区、企事业单位、社会组织、党政机关等个案研究案例较少甚至空白”，研究的深度和广度还需进一步拓展。

通过梳理也发现，聚焦于民族杂居乡村与铸牢中华民族共同体意识的研究也相对较少，这为本文的研究提供了一定空间。基于宏观战略与现实需求的考量，本文以广西一个多民族杂居乡村——广西环江毛南族自治县陈双村为个案切入，运用实地田野调查的方法获取相关资料，通过对陈双村民族团结进步创建进程中的亮点总结，分析新时代下民族杂居乡村铸牢深化民族交往交流交融、铸牢中华民族共同体意识的境遇，希望以陈双村为个案，探讨民族地区多民族聚居乡村团结进步教育，铸牢中华民族共同体意识的现实路径。

二、调查点概况

陈双村位于广西环江毛南族自治县思恩镇北部，东接中山村，南连三乐村，西邻中兴村，北靠叠岭村。村委会驻地陈屯，距离镇人民政府驻地4千米。2021年末，全村共有905户3280人，居住着壮族、汉族、毛南族、苗族、瑶族等11个民族。全村总面积2033公顷，总耕地面积544公顷，其中水田177公顷。下辖28个自然屯30个村民小组。28个屯中有20个屯是来自县内8个乡（镇）村偏远山区移民搬迁群众，移民人口约占全村人口总人口的60%，是名副其实的移民村。[①] 该村以种植水稻为主，同时养殖桑蚕、种植特色水果，近年来主要以种植砂糖橘为主。村落各少数民族中部分有自己的语言，但是平时各民族交流主要以桂柳话为主。陈双村一直得到各级党委、政府的亲切关怀和大力帮助，为民族工作注入了强大的动力。近些年来，陈双村先后荣获4项国家级荣誉称号——中国少数民族特色村寨、全国民族团结进步示范村、中国美丽休闲乡村、全国先进基层党组织等。荣获"广西壮族自治区民族团结进步模范集体"、"美丽广西·清洁乡村"百佳村屯、广西首批"绿色村屯"、广西县级现代特色农业示范区、自治区级"五星级党支部"、自治区四星级现代特色农业示范区、自治区五星级乡村旅游区等自治区级荣誉。

笔者主要通过参与观察法、深入访谈法等研究方法对陈双村进行田野调查。调研内容主要在总结阐述目前村落所取得成效的基础上分析所面临的现实境遇，进而思考深化铸牢中华民族共同体意识的实践路径。首先，紧扣"易地搬迁""乡村振兴"等主题，对当地的居住格局进行细致的考察，对当地易地搬迁的情况进行整体把握，对各移民民族的文化活动进行参与式观察，取得相应的照片及文本资料。其次，紧扣"民族团结""文化交往""共同体建设"等主题，对当地政府工作人员、学校师生、当地村委以及村民进行开放式访谈，了解各民族交往交流交融的历史以及当前民族团结创建活动的具体举措与成效。这些资料为本文研究提供了翔实的信息，奠定了基础。

三、陈双村铸牢中华民族共同体意识的实践关照

作为一个多民族移民村落，陈双村秉持"中华民族一家亲，同心共筑中

① 以上数据根据环江毛南族自治县政府网公开信息、媒体报道与陈双村干部访谈后所获信息整理而成。

国梦”的核心原则，深入开展民族团结进步创建工作，全面贯彻落实党的民族理论与政策，创新民族教育工作思路，凝聚各族村民发展向心力，带领各族乡民奔赴实现高质量发展新阶段。其典型成效表征为有效衔接乡村振兴、多方联动促交往、善于运用少数民族节庆活动、党建引领提高依法治理等几大方面。

（一）生产联营：衔接乡村振兴，缩小经济发展差距

贫困是制约民族团结的重要因素之一，只有战贫困，才能促团结。陈双村作为环江毛南族自治县贫困安置点之一，自 20 世纪 90 年代以来陆续接收了来自下南乡、驯乐乡、东兴镇等贫困山区的各民族移民群众。移民人口占全村总人口 60%。如何让新搬迁的民族群众“稳得住”成为了关键问题。为保证搬迁各族群众生计可持续发展，环江县政府及陈双村“两委”采取了有土安置的方式，根据家庭人口给予一定耕地。另外，“贫困移民自我发展能力是个体能力的内核，关系着贫困治理由‘输血’向‘造血’转变，是社区营造的落脚点”。为改变贫困地区的生计范式，必须要采取措施提升搬迁个体的自我发展能力。陈双村充分利用外出考察的机会学习各项种植知识与技术，并邀请专家实地考察之后，尝试着种植甘蔗、柚子等作物。根据村干部 WBL 所反映的：“初到移民新村的时候，没有足够的资金发展产业，村里的党员干部就发动大家共同筹款将 300 万元存进信用社，信用社马上发放了差不多 200 万元贷款，这笔钱让大家赶上了农时得以顺利种上甘蔗。”[①] 正是在这样的经济联系中陈双村各族村民加强了彼此间的交融，共同缔造了经济发展共同体。有了产业资金之后，又面临新的难题。搬迁至村子的瑶族、毛南族、苗族等群众原住在大石山区，平时没有接触过田地种植。思及此事，陈双村村民 WCH 感慨道：“当时我们刚种甘蔗的时候什么都不懂，还以为像种小麦一样立起来种，还闹了不少笑话，多亏了原住在这里的壮族和汉族的兄弟姐妹，借给我们农具并手把手教我们播种和施肥，我们能在这里站稳脚跟，真的要感谢他们的帮助。”通过生产联营，村屯各族群众积极帮助解决生产生活上的困难，各族人民在守望相

① 访谈对象：WBL；访谈时间：2022 年 7 月 6 日；访谈地点：陈双村村委办公室。

助的氛围中为实现乡村自为和民族乡村现代化文明化发展而团结奋进，增进彼此间的交往交流，携手共造幸福家园。经过村两委及村民们的共同努力，陈双村整体生活水平有了很大提升。这几年来，陈双村各项事业有了长足发展。砂糖桔、沃柑等特色水果种植总面积达 8000 多亩，还配套建设了收购厂及冷冻库，为果农打开销售渠道。随着增产丰收，大家的收入也得到很大改善，2021 年，苗毛瑶移民点年人均纯收入超过两万元。为发展特色产业，陈双村也重新整合发展规划区，在村干部的带领下在毛苗瑶片区设立了花山果海休闲农业示范区，有效带动村民脱贫致富，花山果海休闲农业示范区也在 2021 年 12 月升级为自治区四星级特色农业现代化示范区。随着乡村振兴战略的进一步实施，陈双村随之开展“秀美毛南”田园综合体创建工作。综合体项目建设以特色柑橘类水果全产业链和乡村旅游产业为核心，以多民族融合发展为特色，推动各民族交往交流，共促繁荣发展。

（二）居住互嵌：紧抓搬迁契机，构筑共居社会环境

2019 年 9 月，习近平总书记在全国民族团结进步表彰大会上对我国当前各民族居住格局进行了深刻总结，指出：“70 年来特别是改革开放以来，各民族在社会生活中紧密联系的广度和深度前所未有，我国大散居、小聚居、交错杂居的民族人口分布格局不断深化。”当前各民族交错杂居的分布格局，以及各民族在生活中日益加深的联系为全方位构造互嵌式民族关系，引导各族人民交流互鉴，促进各民族团结统一、中华民族共同体意识的建设奠定重要基础。陈双村充分利用易地移民搬迁安置这个重要契机，将新搬迁的各族群众集中安置在相近的片区居住，打破原先各族群众以本族群众为主的传统居住模式，让各族群众在居住格局上逐步形成相邻而居、交错杂居的模式，实现居住互嵌。“民族之间的互动性、有机联系性和共生性，是理解中华民族共同体的重要基础。”各民族交错杂居不仅为各民族交往交流交融提供了一个物理空间基础，更为各民族之间的交往互动增进相互之间的共同性，加强民族间的团结奠定良好的交往契机。陈双村充分考虑本村实际，积极推进村落族际交往，消除民族隔阂，促进民族关系和谐稳定、团结统一。例如每到农忙

时节或者鲜果采摘之际，邻里之间、各屯之间也会相互帮忙，结束之后通常以好吃好喝的酒菜“犒劳”一番即可，并不会过多牵涉“工钱”。问及邻里矛盾时，双乐屯的WCH表示：“刚来那段时间由于大家习惯不同，语言不通也吵过架，但是没打过，大家说开之后就又一起喝酒唱歌了。”[①] 村干部HLK反映：“这些年也很少见村里有吵架的，有的话也就是有关土地问题，但是也不会闹得很大。这些年村里的经济也越来越好，和其他民族也是说说笑笑的生活，有什么事情也会一起帮忙。”[②] 这从侧面反映出陈双村各民族之间团结和气的相处氛围，展现出了多民族村落和谐自然的共生力与凝聚力。

（三）关系互通：族际通婚，血缘相连

婚姻的缔结是关系姓氏、民族、家庭的重要变量之一。根据研究显示，“在多民族聚居区域，族际通婚被视为衡量族群关系和族体同化的重要指标”。移民搬迁以来，为改变各族村民破旧陋习，陈双村积极开展系列移风易俗的活动，积极塑造民族乡村新风尚。在婚育方面，积极教育少数民族青年转变近亲、早婚等婚育观念，树立科学、文明、进步的婚育观念。根据村干部WYR反映：“我们苗族一直以来都是流传着‘好女不外嫁’的说法，包括我自己在内也是娶了同族的妻子，但是从基因学的角度来说也不利于后代发展，同族内结婚也减少了与其他民族血缘相融的机会。”[③] 同族内结婚曾经一直被认为是最理想的方式，随着各民族交往的逐步加深，各族群众逐渐改变了“好女不外嫁”的习惯。“婚育新风进我家”活动开展后，双乐苗寨的苗族姑娘和龙江屯的毛南族男青年喜结连理也成为了佳话，他们也成为陈双村首对苗族与毛南族通婚的夫妻。根据统计，村内不同民族、不同姓氏之间通婚的家庭占据一定比例。

问：我们了解到大家原先基本上都是族内结婚的，是什么促使你改变传统做法呢？

① 访谈对象：WCH；访谈时间：2022年7月8日；访谈地点：陈双村双乐屯。
② 访谈对象：HLK；访谈时间：2022年7月8日；访谈地点：陈双村陈屯。
③ 访谈对象：WYR；访谈时间：2022年7月8日；访谈地点：陈双村双乐屯。

WMY（苗族）：一开始知道他是苗族的我也是不太愿意的，毕竟我们都是嫁给自己本民族的。但是接触后觉得他很老实勤奋，对我也很好，然后就嫁了。

MMS（壮族）：以前我们观念很重，有点排斥别的民族。但是随着大家接触多了，熟悉之后就觉得其他民族的乡亲和我们没什么大的区别，久而久之大家也能接受嫁给其他民族的了。①

作为一个多民族移民搬迁村，村内族际通婚的家庭数逐年增加，进一步加强了民族之间、家庭之间的互动与联系。通婚的家庭中包括了汉族与壮族、壮族与毛南族、苗族与壮族等民族间的结合，随着一代又一代的生息繁衍，民族之间的关系也有了更深一步的发展与嵌入。血缘相融的联系也在更深层次上促进了你中有我、我中有你的民族交融的发展状态。

（四）文化共享：开展多样互动创建活动，搭建交流平台

“文化是民族的血脉与灵魂，是国家发展、民族振兴的重要支撑。”中共中央自成立之初就十分注意民族优秀传统文化的传承与发展，党的十八大以来，党中央更是进一步推进各民族优秀传统文化的创造性转化和创新性发展。“文化认同是最深层次的认同，构筑中华民族共有精神家园是铸牢中华民族共同体意识的重大战略任务。”为促进各民族群众团结相处，陈双村创新性开展“六联六促”活动，从屯务管理到文艺交流，通过系列“联”结活动，将各民族群众紧紧联系在一起。村干部 QZW 表示：“陈双村移民而来的各少数民族群众都保留了本民族浓郁的民俗风情，特别是毛南族和苗族。每到重大节庆日，陈双村毛苗瑶党支部都组织‘芦笙表演队’到附近的村屯开展文艺联演活动，增进民族之间的感情。”②各民族群众在重大活动中都会欢聚在感恩广场，活动中各民族群众都会演绎自己民族的“族宝”：苗族的“芦笙踩堂舞”、毛南族的“傩戏舞”、壮族的“罗嗨山歌”等民族艺术都得到精彩绽放。“节庆文化蕴含丰富民族精神，是文化载体之一，对增强民族凝聚力、向

① 访谈对象：WMY、MMS；访谈时间：2022 年 7 月；访谈地点：陈双村龙江屯。

② 访谈对象：QZW；访谈时间：2022 年 7 月 8 日；访谈地点：陈双村村委会议室。

心力具有正向的、渗透性的引导作用。”每年的“三月三”，中秋节或者春节等，各民族群众也会齐聚一堂载歌载舞欢庆节日。根据村民 WFM 反映：“我们还会举行篝火晚会、砂糖橘节之类的活动，大家都会来一起唱歌跳舞。通过这样的活动，我们有了更多的接触，感情也越来越好。”① 受新冠疫情影响，这两年举行活动次数甚少，不少村民也表示很想再和大家一起聚在一起举办各种活动，足以见得各民族之间深厚的感情。在党支部的指引下，修建了民族团结文化活动中心，各族群众还先后组建了芦笙队、龙舟队、上刀山下火海表演队等文体团队，曾多次受邀参加国外、区内外文体活动及比赛。其中“苗族芦笙队”在非物质文化遗产演出中多次获得一等奖，被自治区文化厅评为“民间优秀文艺队”。通过文艺联演的方式，大家身着本民族服饰进行民族文化的展示与欣赏，进一步凸显了民族身份认同，促进了民族间的文化融合，增强了村落文化共同体的情感共鸣，有效推动了“同耕一片地、同饮一井水、同喝一碗酒、同演一场戏”的共享共乐乡风文明。

（五）治理共建：党建引领模范带头，提升乡村治理能力

“中国共产党的领导是民族工作成功的根本保证，也是各民族大团结的根本保证。”为促进乡村治理与建设，陈双村在上级党委的领导下，组建了富有凝聚力与行动力的村屯党支部，分别在毛苗瑶片区、陈屯等成立党支部。目前为止，陈双村共有党员 94 名，其中 10 人为汉族，其余皆为少数民族。现任党支部委员中有来自壮、汉、苗、毛南、水族等民族的优秀代表，党支部书记则是一位壮族老党员。根据村民 TLH 反映：“自从 2005 年担任我们村支部书记以来，书记一直勤恳地带动我们寻找致富出路，村里大大小小的事情他都很关心。这些年来帮助我们解决了很多问题，我们有什么事情都找他，他也很乐意帮我们，我们都称他为老大哥。”② 正是党员干部发挥自身领头雁的作用，将各族乡民紧紧团结在党的旗帜之下，肃清乡村不良因素干扰，寻找共同富裕新出路。为带动村里各族人民脱贫，党支部成员们结合村里实际，

① 访谈对象：WFM；访谈时间：2022 年 7 月 9 日，访谈地点：陈双村便民商品店。

② 访谈对象：TLH；访谈时间：2022 年 7 月 9 日；访谈地点：陈双村龙江屯。

利用外出考察的机会积极学习其他地区先进经验，并以身试行开展相应工作。双乐屯青年 WYR 搬迁到陈双村后，在党组织的号召下，他带头种植砂糖橘，尝到甜头后，他利用自己的技术带领村里各族群众种植特色水果。2018 年以来，他每年卖果收入都能达到 20 万元左右，成为远近闻名的党员致富能人。对于村子这几年发生的变化，TJB 感慨道："我们村能发展到如今，是党员同志们带着村民们一步步闯出来的，党组织带领下，通过'公司 + 合作社 + 基地 + 农户'的经营模式，我们村的产业经济得到很大发展，正是我们自己做出成绩了，党和政府才能信任我们村，给予更多政策和和支持。"① 可见陈双村充分发挥基层党组织的引领与党员的先锋带头作用，真真切切地解决关系各族群众生计、教育、医疗等现实的卡脖子问题，维护各族人民生存、发展根本利益，并进一步激发各族群众创造性与积极性，焕发多民族移民村落的内生活力，从而进一步强化各民族群众对中国共产党、伟大祖国的认同。

构建稳定、平安的乡村环境，是多民族杂居乡村铸牢中华民族共同体意识的基本条件。中共中央关于基层治理也强调："坚持自治为基，加强农村群众性自治组织建设，健全和创新村党组织领导的充满活力的村民自治机制。"提升民族地区乡村治理能力，改善乡村风气，维持乡村社会秩序与安定，为形成民族团结格局，铸牢中华民族共同体意识"保驾护航"。自从 1995 年开始进行易地扶贫安置以来，陈双村积极创新乡村社会治理方式，改善乡村社会风气。陈双村建立"党组织、村民代表会议、党群理事会、屯级户代表会"的"一组三会"党群共治机制，配套建立民族地区红白理事会、道德评议会、禁毒禁赌会等，推动少数民族事务在党组织的领导下"自己事、自己议、自己办"，促进民族团结。在"一组三会"制的有效推行下，陈双村加快推进了"美丽乡村"建设，村容村貌焕然一新。除此之外，陈双村党支部还与邻近的村屯党组织共同制定治安联防制度，共同组建治安联防队，共同签订治安联防、平安乡村、文明乡村示范建设等联合协议；针对存在的矛盾隐患，建立健全矛盾解决预案与应急机制，设立纠纷调解信息员，加强矛盾纠纷调解协商，实现了"小事不出门，中事不出屯，大事不出村"。此外，一些村屯还自制屯规，将村规民约融入屯务治理当中，凡与周边群众有矛盾纠纷，移民群众一概"礼让三

① 访谈对象：TJB；访谈时间：2022 年 7 月 9 日；访谈地点：陈双村龙江屯。

先”。从“一组三会”到“美丽乡村”活动再到“治安联防”，陈双村注重联防联控，提高村民自治的能力与水平，推动乡村治理共商共治共学。营造了乡土社会和谐氛围，展现了各民族守望相助的乡村文明风貌。

四、关于新时代民族杂居乡村铸牢中华民族共同体意识实践路向的思考

陈双村和谐民族关系的构建是环江县民族工作的一个缩影，也是广西推进乡村民族团结进步创建工作的缩影，更是中国共产党领导人民在实现中华民族伟大复兴征程过程上对于民族政策、道路、理论在乡村社会中转化为实践的生动表现。通过总结陈双村团结各族人民，构建和谐稳定的乡村社会秩序，打造共居共事共学共乐的生活条件，切实铸牢中华民族共同体意识的生动实践，可以发现其具有许多可推广的经验，但是也存进尚待改进的地方，基于此，结合新时代中国式现代化发展新要求与新目标，深入分析当前民族杂居乡村面临的境遇，在满足各族人民发展需求的基础上进一步提升乡村治理效能，提高宣传教育效力，重点挖掘乡村民族交往交流交融历史文化记忆资源等方面着手，推动民族地区多民族杂居乡村民族教育工作与社会治理事业高质量发展。

（一）满足各民族共同发展需求，夯实认同物质基础

马克思主义经典作家在论述民族关系中认为共同利益是维持和谐团结民族关系的重要因素之一，指出每个民族利益群体是组成各民族共同利益的基本单位。简单来说，每个民族都有积极争取本民族生存发展的基本利益与机会，只有各个民族群体的合理利益诉求得到满足，才能在民族间达成一种共识，这种共识便能转化成共同体意识，即得到大家的认同与共鸣。各民族人民都迫切希望自己民族得到高质量发展，这是符合民族心理的。习近平总书记也强调指出：“千方百计加快少数民族和民族地区的经济社会发展，促进各民族共

同繁荣发展。”以各民族发展共同利益诉求为立足点，陈双村各族人民群众从最初的语言、风俗习惯不同造成民族矛盾时有发生，发展到如今多民族间实现共居、共学、共事、共乐，齐心协力推进乡村振兴建设，并获得“全国民族团结进步示范村”荣誉称号。陈双村所在的环江毛南族自治县是全国唯一个毛南族自治县也是国家重点扶贫县，2020年年5月9日，环江毛南族自治县正式退出贫困县序列，实现全县脱贫摘帽，作为56个民族大家庭成员之一的毛南族实现“一个都不能少”的脱贫目标。具体实践证明，走出贫困，实现富裕富足，构建美丽绿色的生活环境，千百年来一直是各民族人民的不懈追求。随着农村社会经济结构的改变与调整，现今移民村落的经济社会发展也面临新的态势与问题。其中，“空心化”问题的影响较为显著，“陈双村目前外出务工的人员500多人，还有200多人在附近市县打工”①。外出务工青壮年的增多，砂糖橘、红心柚等特色水果储存与销售的新挑战，受新冠疫情影响特色文化乡村旅游的停滞等都对陈双村各族人民群众未来的收入与生活水平的进一步提高有很大影响。因此，要解决新发展态势下乡村经济发展新难题，满足各族人民美好生活需求，提升各族人民的幸福感与获得感，构筑坚实物质根基。

（二）提升综合治理效能，固牢政治屏障

习近平总书记在中央民族工作会议上强调指出，“铸牢中华民族共同体意识是新时代党的民族工作的‘纲’，所有工作要向此聚焦”。民族杂居乡村铸牢中华民族共同体意识实践进程不能与民族事务管理“两张皮”，在当前乡村振兴战略要求下将民族工作日常事务与中华民族共同体建设的主线有机结合起来，将主线任务贯穿村务管理各方面，积极探索民族乡村工作有效方式方法，推动民族杂居乡村民族事务治理综合能力提升。

提升民族事务治理综合能力离不开村两委的共同合力，需要两委协同，护一方净土，造一方事业。村两委在保障乡村安全与综合生产中发挥着重要引导与组织作用，要协同配合共同出力处理好乡村综合政务和具体事务，努力建造乡村振兴与民族团结进步创建融合的“样板村”，形成典型化、可复制化的示

① 访谈对象：WBL；访谈时间：2022年7月8日；访谈地点：陈双村村委会会议室。

范标杆。一是提升村两委人员综合能力，首先，通过定向委培、人才引进等各项政策鼓励、支持专业人才返乡工作，担任村两委相关职务，尤其要精准选配好书记人员，选拔真正懂民族理论，沉得下有作为的骨干，提升民族工作干部的主心骨效能。其次，“一支维护党集中统一领导态度特别坚决、明辨大是大非立场特别清醒、铸牢中华民族共同体意识行动特别坚定、热爱各族群众感情特别真挚的民族地区干部队伍”，是关系民族地区乡村铸牢中华民族共同体意识成效的重要前锋战士。要提高基层干部队伍对于民族理论与政策、中华民族共同体意识建设的重要论述理解与运用能力，通过主题学习、理论研讨、实例分析等各项理论学习与培训、交流增强各族干部的理论水平与综合能力，切实提高民族地区基层各族干部开展民族团结进步教育、铸牢中华民族共同体意识的理论素养与业务能力。此外，引进人才是前提，但后续合力是关键。要注重本地人才干部与外部引进人才间的协同配合，营造良好的工作与生活氛围，要让外部人才留得下、稳得住、有作为。二是制定与民族杂居乡村社会结构相适应的村级民族工作细则与发展规划，创新性组织开展好各项民族团结进步创建工作，提升社会治理能力。“民族村社会治理的创新，要坚持法治化原则，健全法制与德治相结合的治理体系。”因而，要结合各级民族工作条例依法管理村级各项事务，提高乡村建设的法治化水平，保证民族事务处理合理合法，推进民族乡村各项工作规范化、科学化。三是要创新乡村民族工作方式，切实保障村民参与权。要拓宽村民参与乡村治理的渠道并采用村民喜闻乐见的多元、灵活方式方法，促进各族村民真正参与到基层建设工作当中，形成人人人参与、共享共治的社会治理共同体意识。

（三）宣传教育多方联动，发挥舆情教育功能

党的十九届六中全会审议通过的《中共中央关于党的百年奋斗重大成就和历史经验的决议》中强调指出，要构建“铸牢中华民族共同体意识，形成海内外全体中华儿女心往一处想、劲往一处使的生动局面”。真正贯彻实施落实好这一顶层设计，深入持久开展民族团结宣传教育至关重要。陈双村也在探索民族团结进步教育融入各项体系中，在我们调研过程中发现陈双村小学

目前有苗、瑶、壮、毛南、汉等族学生130多人，各民族学生共同学习，相互促进。但是在访谈过程中也发现，陈双村在开展民族团结进步教育活动过程中存在尚待改进地方：宣传时未能及时做好升级转化聚焦主线，没有及时将铸牢中华民族共同体意识的相关内容进行宣讲教育，各族村民对共同体意识内涵与重要意义认知有偏差；加之受各族民众教育程度影响，教育内容未能适时补充转化，教育效果大打折扣。因此，一方面，要升级转化宣传教育内容。将铸牢中华民族共同体意识培育融入民族节庆、日常仪式活动中，强化“五个认同”教育，把共同体思想教育与各民族共同奋斗历史教育相结合，在日常点滴生活中强化共同体意识。另一方面，构建民族团结宣传教育常态化机制。“族际关系中出现的信任缺失、道德冷漠、歧视偏见等可视为共同体意识的松懈与本身的脆弱性在微观层面的表现。”必须要重视民族团结全员教育与全面教育，将其纳入国民教育全过程。加强民族工作干部队伍教育。最后，要重视教育途径、方法、载体、手段的创新。当前，民族团结进步宣传教育存在内容不够新颖，创建活动还停留在“点”上的较多，“面”上活动开展较少，教育宣传载体与方式也不够创新的。因此要拓宽宣传教育载体，运用现代手段打造适合人民大众宣传样式，在各行业、各领域营造百花齐放、交相辉映的民族团结进步宣传氛围。

（四）守好共同记忆，强化交融联系纽带

“共同的记忆是共同体共有的、在一个群体或集体中大家共享、共同传承并共同建构的事或物，以及由其所承载的物质和非物质世界。”中华民族一路走来逐渐形成了一个共同体，各民族在不同历史时期都铸造了多样的社会记忆、集体记忆。开展民族团结进步教育必须要加强历史观教育，发挥集体记忆的凝聚力，这是铸牢中华民族共同体意识的重要途径。以陈双村为例，陈双村长期以来在党建引领基础上致力探寻民族团结创建工作新举措，在族际通婚、屯务联管、文化交往等方面加强民族间的了解，增进民族间的感情与认同。但是目前各民族对于各个历史阶段民族交往交流交融的历史文化挖掘深度不够，对很多民族团结和谐的故事与资料缺乏系统性整理与宣传。比如

毛南族的很多神话中凝结着对自然、族际关系、人与社会的认知与智慧，记录了许多与壮族、苗族、汉族等不同民众相处的生活情境，凝聚着代代相传的集体记忆、共同体记忆，诸多民歌、民谣、民乐中的“共同体”记忆都是可以挖掘且发扬的。因此，在开展民族团结宣传教育过程中要充分重视对本土历史文化资源的挖掘，从不同历史阶段各民族经历的历史事件中展现不同民族风雨同舟、共生共存的生动实践。并结合时代，从中汲取合理经验加以运用，为增强民族社会互动与往来发挥“历史借鉴”的作用。

总之，铸牢中华民族共同体意识是一项繁琐且复杂的伟大工程，民族地区多民族杂居乡村要时刻以铸牢中华民族共同体意识为基本定力，深化民族团结进步教育、守好乡村团结底线，凸显中华民族共同体建设的乡村形象。同时也应看到多民族杂居乡村虽具有独具一格的资源优势，但由于特殊地理区位、民族人口分布多样、多民族思想文化交织碰撞等也在一定程度上加剧了其培育与建设难度。因而，多民族杂居乡村铸牢中华民族共同体意识并不能只是简单的政治口号渲染，也不能简单地与意识形态教育画等号，而是要立足于多民族聚居的特点，在整体经济发展需求、文化交流共享、民族团结教育等方面缓缓深入，创新民族社会治理工作实践，将中华民族共同体意识化于日常民族事务管理中，以民族杂居乡村实际需求为基点，解决民众关切难题，引导各族民众牢固树立命运共生、休戚与共的共同体理念，建立联合机制激发各族人民创造性与参与感，助推乡村振兴全面发展，凝聚乡村力量，夯实铸牢中华民族共同体意识的乡土基础。

参考文献

［1］十九大以来重要文献选编（上）. 北京：中央文献出版社，2019.

［2］心往一处想劲往一处使推动中华民族伟大复兴号巨轮乘风破浪扬帆远航 . 人民日报，2022-10-18（001）.

［3］卞成林，刘金林，周金衢，等 . 铸牢中华民族共同体意识的基层经验与底层逻辑：来自广西基层治理成功案例的启示 . 广西民族研究，2021（4）.

［4］青觉，徐欣顺 . 中华民族共同体意识：概念内涵、要素分析与实践逻辑 . 民族研究，2018（6）.

［5］高承海．中华民族共同体意识：内涵、意义与铸牢策略．西南民族大学学报（人文社科版），2019（12）．

［6］董慧，王慧珍．中华民族共同体意识的基本内涵、现实挑战及铸牢路径．中南民族大学学报（人文社会科学版），2021（4）．

［7］邹丽娟，赵玲．边疆民族地区实现高质量发展与铸牢中华民族共同体意识的辩证逻辑．云南民族大学学报（哲学社会科学版），2020（6）．

［8］王易，陈玲．民族地区铸牢中华民族共同体意识的现实问题及路径选择．民族教育研究，2019（4）．

［9］赵英．新时代青海藏区民族团结进步教育与铸牢中华民族共同体意识刍议．民族教育研究，2018（4）．

［10］金炳镐，文兵，张娇．中国“民族团结进步”实践的内涵、历程和特点——民族团结进步理论与实践研究系列之五．黑龙江民族丛刊，2017（3）．

［11］张学敏，石泽婷．民族教育发展与中华民族共同体意识建设的内生逻辑——新中国70年民族教育及其政策回溯与前瞻．西南大学学报（社会科学版），2019（4）．

［12］蒋文静，祖力亚提·司马义．学校铸牢中华民族共同体意识的逻辑层次及实践路径．民族教育研究，2020（1）．

［13］陈纪．多民族地区铸牢中华民族共同体意识的实践路径——基于W县居民国家认同现状的调查研究．西北民族研究，2020（4）．

［14］刘吉昌，徐润．中华民族共同体意识研究述评．贵州民族研究，2021（1）．

［15］王蒙．后搬迁时代易地扶贫搬迁如何实现长效减贫？——基于社区营造视角．西北农林科技大学学报（社会科学版），2019（6）．

［16］习近平．在全国民族团结进步表彰大会上的讲话．人民日报，2019-09-28.

［17］张少春．互嵌式社会视域下的民族团结研究．西北民族研究，2019（1）．

［18］罗彩娟．从家族、地域认同到“命运共同体”：传统村落互嵌式民族关系的构建．广西民族研究，2020（1）．

[19] 国家民族组事务委员会：铸牢中华民族共同体意识：全国民族团结进步表彰大会精神辅导读本. 北京：民族出版社，2021.

[20] 国家民族组事务委员会：铸牢中华民族共同体意识：全国民族团结进步表彰大会精神辅导读本. 北京：民族出版社，2021.

[21] 韦承艳. 以少数民族节庆增强中华民族文化认同研究. 广西民族大学，2022.

[22] 郝鹏飞. 百年党史视角下中华民族共同体建设的探索历程、内在逻辑和当代启示. 山东省社会主义学院学报，2021（5）.

[23] 中共中央国务院关于实施乡村振兴战略的意见. 人民日报，2018-02-05（001）.

[24] 中共中央文献研究室. 习近平关于协调推进“四个全面”战略布局论述摘编. 北京：中央文献出版社，2015.

[25] 习近平. 习近平谈治国理政（第4卷）. 北京：外文出版社，2022.

[26] 习近平. 习近平谈治国理政（第4卷）. 北京：外文出版社，2022.

[27] 廖林燕. 乡村振兴视域下边疆民族地区乡村治理机制创新研究. 西北民族大学学报（哲学社会科学版），2018（1）.

[28] 中共中央关于党的百年奋斗重大成就和历史经验的决议. 北京：人民出版社，2021.

[29] 青觉. 民族团结进步教育的实践轨迹与深化逻辑——兼论新时代民族团结进步教育的基本路向. 民族教育研究，2019（5）.

[30] 李静. 共同的记忆：铸牢中华民族共同体意识的心理途径之四. 中国民族教育，2020（12）.

农民组织化与市场衔接：创业精英助推集体经济发展的行动逻辑分析

——以广西兴业县“稻香农业”企业为例

梁权

一、问题的提出

稻米是我国粮食中的主粮，是我国粮食安全的重要基础。党中央在2022年全面推进乡村振兴的工作意见中指出，全面落实粮食安全问题，推进国家粮食安全建设，提高粮食安全质量。[①]传统粮食产区担负着维护国家粮食安全的重任，随着人们生活水平的提高，各类产品在饮食生活中的比例逐渐增加，大米、小麦等传统主食的消费趋势减少，加上水资源、土地资源和劳动力资源的制约，粮食价格的限制很大程度影响到农民生计。以粮食产业为基础发展农产品加工业，就成为这一区域农业产业转型升级和发展的重要路径。传统粮食产区由于农田水利需要，仍然保留了一定的农村集体经济；发展农村集体经济是对粮食安全的重要保证，也是增长农民收入的重要举措，农民在集体经济中的财产收入主要来自土地承包经营收益和集体经济组织的分红分配。农村集体经济的发展壮大，需要农村创业精英对农业相关资源的整合利用，在这一区域如何借助各种资源实现农业创业目标，如何将自主创业与集

① 《中共中央国务院关于做好二〇二二年全面推进乡村振兴重点工作的意见》，载《人民日报》，2022-02-23（001）。

体经济发展结合起来，是我们需要关注的问题。

近年来，返乡创业成为趋势，返乡创业指外出务工人员返回原籍地区，利用在外积累的资源和知识，经过一系列优化整合，创办业务或创建企业，从而推动家乡进一步发展。[①] 首先在农村返乡创业的组成中，李岳云、杨宁指出农村创业基础的组成主要以农村创业精英为主体、农业为主要产业、以科学技术创新和组织模式创新为核心，协调农村各方面资源以达到经营目的。[②] 其次在农村创业精英的创业资源的获取中，朱天义、高莉娟提出创业精英资源的获取分为个人资源和社会资源，其中个人资源包括创业者个人所有的物资和符号化等资源；社会资源是指个人通过社会联系所获得的资源。[③] 以农民为主体的创业精英在返乡创业过程中一方面通过自身奋斗，充分发挥自己的积极性、主动性，依靠自身所有的资源投入创业活动；另一方面与社会各方面联系，多方面获取创业初期资源，在农村的创业实践中，农村集体经济是农村精英返乡创业的重要组成部分。另外在农村集体经济的作用上，黄延信提出农村集体经济是农村基层组织运转的重要保障，是协调农村各方面关系的重要支撑，是创业精英返乡创业扩大生产经营规模的重要推动力。[④] 最后在促进集体经济发展上，陈超儒、杨玉华等通过完善农村集体经济的土地制度和政策、加大对农业经济合作组织的税收扶持、完善村集体经济的农业保险机制、建立健全司法保障体系等方面[⑤]，完善集体经济的收入保障体系，建立起对农村创业实践的积极作用。在研究创业精英返乡创业活动中，虽然在创业资源的获取中也同农村集体经济产生了联系，但是并没有注意到集体经济的重要作用。另外在农村集体经济与创业精英的合作过程中，也促进了新型集体经济的发展，但是却忽略了创业精英这一因素。

在理清目前有关创业与集体经济相互作用的理论和实践经验的基础上，通

① 陈紫玲、徐永其、何加敏等：《连云港市外出务工人员返乡创业现状分析与改进对策》，载《大陆桥视野》，2021（7）。

② 李岳云、杨宁：《农民创业与乡村发展》，载《现代经济探讨》，2008（4）。

③ 朱天义、高莉娟：《精准扶贫中乡村治理精英对国家与社会的衔接研究——江西省 XS 县的实践分析》，载《社会主义研究》，2016（5）。

④ 黄延信：《发展农村集体经济的几个问题》，载《农业经济问题》，2015（7）。

⑤ 陈超儒、杨玉华、王楠等：《成都市新型农村集体经济的规范与发展研究》，载《农村经济》，2010（12）。

过文献研究法、调查法和访谈法等方法，弄清楚返乡精英在创业活动中的实践逻辑，从创业精英的个人经历和实践背景出发，围绕其创业历程，探寻创业各阶段对资源的需求和获取情况，尤其是对农村集体经济的使用，在两者相互作用下如何实现双方的共同发展。基于此，本文以玉林市兴业县 A 稻香生态农业科技有限公司（以下简称稻香公司）为研究对象，稻香公司成立于 2018 年，通过两年的发展已经成为广西玉林市农业产业化重点龙头企业，带领乡村农民脱贫致富，其中公司发展获得的成绩离不开同农村集体经济的合作。为深入发掘其原因，对公司董事长 LZZ 先生和项目总监 HRM 先生进行访谈，LZZ 先生 2015 年返乡创业，从合作社开始逐步建立起公司规模，GRM 先生为职业经理人，于 2017 年在一次职业经理人培训会上与 LZZ 相识，其后加入其创业团队，逐步推动事业的发展。通过访谈分析两位精英在创业过程中如何利用农村集体经济助推企业发展，探究其原因和模式，找出其可复制点，对西南粮食主产区集体经济发展的整体意义。

二、创业何以依赖集体经济：创业实践中的精英行动与资源获取

（一）创业基础与动机

1. 创业基础

创业基础包括物质基础和非物质基础，物质基础指创业者所有的物质条件，包括土地、资金、材料等物质性因素；非物质基础包括人际关系、学习经验和思想等。稻香公司创始人 LZZ 是兴业县沙塘镇米粉世家的传承人，从小接触种植水稻，有着丰厚的种植经验。沙塘镇丰富和优质的水稻资源被自治区评为“优质谷生产基地”“优质米之乡”，20 世纪 90 年代开始，LZZ 家族便在当地从事稻米生意，由于当地盛产优质米，在附近区域都小有名气。

兴业县位于广西东南部，北回归线以南，气候温暖湿润，降雨量充沛，

得天独厚的环境造就了当地的优质米，也为 LZZ 返乡创业提供了物质基础和生态基础。另外在兴业县政府大力推行农民工返乡创业的政策鼓励下，也为 LZZ 的创业提供了创业的前期准备。

2. 创业动机

创业动机是创业行为的前提和基础，可分为事业成就型和生存需求型两种，事业成就型包含获得成就认可、扩大圈子影响、实现创业想法等方面。[①]LZZ 基于对家乡农民的帮扶心理，也为实现自己的创业想法，对家乡种植和晾晒稻米中普遍存在问题的情况，决定利用学习的经验返乡创业。兴业县在夏季丰收的时候，时常有大暴雨，由于稻米收回后需要晾晒，反复无常的天气严重影响了大米的收成，遇到突发暴雨，很难第一时间全部收回来，加重了稻米成熟的难度，增加了农民的负担。当时兴业稻米主要销售往广东等地，由于没有自己的品牌，因此农民种稻米的收入也不高。由于个体农户种植稻米的收入太低，很难养活一家人，很多人当时都选择外出务工，LZZ 在大专毕业后也没继续留在家乡从事农业，而是选择到邻省广东从事物流行业，期间也从家乡运送优质稻米去广东。每当七八月份时，LZZ 回兴业县运输稻米时时常听到村民们抱怨，加上自己家族也从事稻米加工的米粉产业，在外也接触了很多新鲜事，积累了经验，并且对这行业有充分的了解，看到了一些商机，决定利用这些年在外务工的积累于 2015 年回到家乡创业。

（二）创业历程

创业过程开始于创业者对创业机会的把握。创业者从成千上万繁杂的创意中选择了他心目中的创业机会，并不断为之努力，使之成为真正的企业，直至最终收获成功[②]。嗅到商机的 LZZ 返乡的第一件事就是建立烘干厂，目的是解决农民稻米的晾晒问题，有效的处理了粮食晾晒问题。之后烘干厂在当地有了一定的辐射区域，大部分的农户遇到天气问题的时候都会选择 LZZ 的

① 曾照英、王重鸣：《关于我国创业者创业动机的调查分析》，载《科技管理研究》，2009（9）。
② 林嵩、姜彦福、张帏：《创业机会识别：概念、过程、影响因素和分析架构》，载《科学学与科学技术管理》，2005（6）。

场地。借着烘干厂的影响力，附近的村落大多都相识，积累了一大批潜在的资源。之后LZZ推广一种新的稻米品种，便以这些人为基础，通过其向各个村落宣传，成立了农业合作社，花费几十万购买种子分发给合作社的农户种植，成熟后再高价回收粮食，以此带动村民，增加收入。创业初期也并不是一帆风顺的，也遇到一些小挫折，由于当时推广效益不好，且部分农民也不太理解，有些农户拿到了稻米种子，到最后也没有把粮食卖给LZZ，因此也导致了初期的一些损失。通过吸取了前几次的经验，加强推广，合作社的种子成熟后稻米的质量、收成和价格都比个体农户高，很多农户在加入合作社后都看到了明显的收益，更多的农民加入合作社。合作社成员也从当时的500人增加到了3000人，规模的扩大，LZZ便开始考虑延长产业链，往深加工发展，于2018年成立稻香公司，注册“桂兴稻泽”“寮峰”“沙塘金粒”牌商标，提高了优质米的价值，从创业前无品牌的3元一斤到现在的6元一斤，大大提高米的价格，也给农户增加了收入。在深加工方面发明了富硒大米定量包装机、富硒米粉分料压榨系统、富硒大米生物质能源循环利用烘干装置等大米生产、制作、加工成米粉的16项专利。2020年通过广西壮族自治区龙头企业认证。

（三）创业资源获取与途径

创业资源的获取和整合伴随于整个创业过程之中，创业者需要有效识别各种创业资源，并且积极借助企业内外部的力量对创业资源进行组织和整合，实现企业的核心竞争力，促进创业成长。①

1. 在经济资源上

在创业前期的创业启动资金，主要是依靠之前在外务工的积累；通过建立合作社之后，与各个村落合作，农民增加了收入，扩大了合作规模，在兴业县里成立五个合作社，利用各村之间的集体经济建立起一家食品公司。创业发展过程中也遇到亏损情况，资金周转不开时，一方面通过政府的资金扶持，另一方面通过商会内同行业内的从业者的帮助，逐渐解决问题。

① 林嵩:《创业资源的获取与整合——创业过程的一个解读视角》，载《经济问题探索》，2007（6）。

2. 土地资源

一是向村集体承包土地，这部分土地包括集体经济中合作社成员的土地以及农村闲置田地。对于合作社成员的土地，通过土地流转承包经营权入股合作社，对未加入合作社的农户的闲置田地，向农户提供土地租金来承包。二是通过政府的帮助把土地流转成农业设施用地，承包的土地通过合法的形式，保留承包权，将经营权或使用权转让给合作社，通过土地流转，可以开展规模化、集约化、现代化的农业经营模式，提高土地的利用效益。

3. 人才和技术资源

LZZ 积极参与政府组织的创业培训会等，在会上结识许多各行各业的从业人员，在政府出台相关的高校与企业对接的政策和帮助，以及培训会人脉资源的引荐下，同广西的各高校和研究所达成了协议合作，这是稻香公司能研发技术和培训优质稻米、生产优质米粉的主要原因。特别是 2017 年广西农业厅委托南宁师范大学举办的广西农业经理人培训班让 LZZ 结识了现在稻香公司的项目总监 HRM，在 HRM 的帮助下也推动了稻香公司的成立。

三、企业如何助推集体经济：精英引导下的村落组织化与市场融入

（一）企业助推集体经济共发展

支持龙头企业发展，对于提高农业组织化程度、加快转变农业发展方式、促进现代农业建设和农民就业增收具有十分重要的作用①，在利用集体经济发展自身的同时，反哺于农民，推动集体经济再发展。稻香公司在发展自身的同时，积极助推农村集体经济的发展，转变合作社组织结构，构建村落组织化；探索公司和村集体合作新模式，延长产业链，灵活市场融入准则；探索助推集体经济发展多方利益共同体共谋发展新路径。公司年吸纳村集体经济

① 姜长云：《龙头企业与农民合作社、家庭农场发展关系研究》，载《社会科学战线》，2018（2）。

资金1250万元，每年股份分红的贫困户1360户，分红利100多万元，平均每户增收1100多元，为提高贫困户的经济收入持续增长，达到共同致富脱贫目的，为脱贫攻坚和乡村振兴作出了贡献。探索新合作模式克服了传统合作社与农户生产和流通的局限性，通过更灵活的运作方式减少成本，增加了效益，一方面扩大企业的经营规模，另一方面推动集体经济的增收。在这种合作模式中以农业龙头企业为主导，以农户为代表的集体经济属于附属的支持地位。首先是在土地资源上，改变了以往“小而散”的种植情况，使种植的水田形成规模化，使产业形成集约化；充分利用农村荒废农田，提高土地资源的利用率，扩大农村集体经济土地资源的规模和利用，促进产量的增收。其次，缓解集体经济中劳动力和人力资源的不协调问题，合作模式提供了大量的岗位，一方面解决了农村就业问题，另一方面通过有专长的农户和个体进行工作划分，提高人力资源配置的利用。

（二）精英引导下的村落组织化

几年来，稻香公司积极推进农业合作社的改革，将农村集体经济组织发展为农村经济股份合作社，在市场经济的大环境下，以股份分配方式来实现平等和公平。LZZ最早在自己的村落沙塘镇沙塘村成立合作社，针对村落内村集体组织不足、没有形成规模的经济组织、村民生产分散等情况，通过联系村委会召集村民协商，作为乡土社会的熟人社区，大部分村民接受提议；并发起筹备、制定合作社章程、推荐理事、组建工作机制等。主要的出股方式以农民的土地经营权入股，另外还有出资和实物（以货币来衡量价值）入股等方式。一方面通过全员入股的方式，有效地解决了企业前期资金短缺的问题，利用集体资金购买种子，肥料和农业生产用具等，扩大承包田地的规模；另一方面实现产销一体的合作社模式，带动农民脱贫致富，扩大就业，提高收入。合作社分红方式主要有两种，一是合作社的按交易量盈余返还，二是按股份分红。按合作社成员分类，分为两类，一类是普通用户，按交易量盈余返还；一类是按交易量盈余返还的同时还可以享受股份分红，分类的依据主要以成立合作社时出资大小的比例。

稻香公司实施“公司＋基地＋合作社＋农户”产业化经营模式，是一种公司和农户签订供销协议的一种合作方式，前期公司通过推广吸纳农户加入合作社，规模扩大后演变成农户像公司提出合作申请；签订供销合作协约，公司为农户提供种子、肥料、农业生产用具和管理技术服务，而后公司根据协约价格回收成熟的粮食，农户负责整个生产过程，生产过程中所需要的条件均由公司提供。一方面农户通过种植高价格的优质稻米销售给稻香公司，提高了产品价格；另一方面通过合作社的分红增加收入。

（三）组织化合作模式下的市场衔接

龙头企业对接农业合作社带领农民相互合作，稳定帮助农户拓宽销售渠道，供销结合经营模式，有序衔接了市场。首先，稻香公司以合作协议的形式带领农户种植水稻，实行统一的生产管理系统和运输加工系统，形成规模化生产，在提高生产效率的同时依靠科学技术和优越的自然水土条件，保证稻米的品质。其次，合作社与公司直接对接，减少了生产的流通环节和交易成本；公司与市场对接，减少了商品的流转次数，稻香公司的市场销售主要分为以下三种。

直接销售：包括代工直供螺蛳粉、牛腩粉厂家、供应链公司、学校、单位团购。2019年，申请并通过香港标准及检定中心（STC）检验，成为全区首批30个广西特产行销海外优质“正”印认证的产品之一，拿到STC认证，相当于得到了进入香港市场的“入场券”。

网络营销渠道：积极对接电子商务各种平台资源，利用互联网信息技术，宣传和传递产品信息，以实现产品交易的新型营销活动；目前稻香公司还未建立区独立的网络销售渠道，暂时依托与兴业县的网络销售平台。

商超模式：缩短营销渠道，走超市化和企业化的道路，超市相对农贸市场而言，人流量大，需求量也较多，利润空间较大。稻香公司和兴业县内各城镇的商业超市、农贸市场和一些特产专卖店达成合作，公司和市场直接对接，减少人力成本。

四、创业精英引导集体经济发展的成效与限度

（一）创业精英领成效

农村创业精英依靠规模化农业经营与企社农合作模式，给村落带来发展机遇，推动村集体经济的建设和发展。以 LZZ 为主的创业精英团队不断摸索前进，取得卓越成效。

在经营上，稻香科技有限公司为主公司，目前属下 5 个合作社、1 个食品公司、烘干厂等由沙塘镇十几个村的村集体经济资金组建，是创业精英领导合作模式下的卓越成果。稻香公司主要从事优质水稻种植、大米加工、稻谷烘干、米粉（干）生产、销售，是集种植、烘干、研发、生产、销售运营为一体的全产业链科技型企业，总资产 2631 万元。员工 158 人，其中大中专学历 21 人，中级以上职称 8 人。水稻种植面积 2 万亩，具有年烘干稻谷 6 万吨、加工大米 5 万吨、生产干米粉 6000 吨的生产能力。

在合作成效上，建立“公司 + 基地 + 合作社 + 农户”产业化经营模式，与广西大学、广西农科院等科研院所建立产学研合作关系，共同研发水稻种植和米粉深加工，实施粮食产业创新驱动发展战略，提高稻米加工技术含量和附加值，做大做强玉林市米粉主粮加工业，辐射带动周边乡村发展和粮农增收致富，提供 2158 个农民工就业岗位（其中固定工人 158 人，临时工人 2000 人），扩大就业量。

在技术上，公司资深技术员拥有 20 多年丰富的干米粉生产技术，已掌握干米粉生产的核心技术。为了与时俱进，公司以广西大学轻工与食品学院、广西农科院农产品加工研究所为技术依托，指导专家具有丰富的米粉技术研究和生产经验，技术方面有坚实的保障。公司秉承工匠精神，传承传统工艺，广泛吸收地方民间手工艺人的技巧，不断开拓创新，在传承古法手工粉条的基础上，对用机械化生产的仿手工粉条的原材料进行提取时技术点的改进；

对全自动生产的设备在伴浆、蒸熟、老化环节进行改动，用制作古法手工粉条的配方进行机械化生产，在保证质量的同时，产量提高了54倍。

社会效益上，通过合作模式带动兴业县、崇左江州区、大新县、扶绥县11000人水稻种植、就业（其中脱贫户3000人）。

（二）精英引领模式下的挑战和困境

返乡创业精英对于培育农村经济发展新动能和推动实施乡村振兴战略起到至关重要的作用[①]，稻香公司发展虽然比较顺利，但是也面临诸多问题的制约和挑战，尤其是精英引领下合作模式缺乏制度的保障以及政府层面的支持和引导。

首先是合作社制度的保障上，一方面体现在农户个体的收益上，由于签订合同工的固定价格，让一些普通用户，只享受按交易量盈余返还的农户难以享受较好行情时的效益。另一方面，虽然合作社制度减少了流通环节和交易成本，但是也导致了农户、合作社、企业和市场之间农产品信息不对称，增加交易成本。其次是农村要素市场中的土地保障问题，随着施行越来越严格的农业保护地政策，土地流转的问题牵扯到很多农民的利益。有些农户原来是以土地承包经营权入股，国家的土地红线影响到这些农户，限制了其农田的合作入股，使其收益收到了损失。另外是在农业保险上，虽然公司都给加入合作社的农户购买了一定的农业保险，但是遇到灾害时，仍有较大的损失。

另外需要政府的支持和引导，兴业县政府虽然在近两年也提出了一些促进企业和集体经济发展的政策，在2020年和2021年中也颁发了兴业粮食全产业链项目实施方案等政策，在资金、社会服务、宣传推广和生产等方面做出了相应的措施，也对两者的合作模式起到了推动作用，但是在兴业县内还未形成系统的体系，仍需要政府的牵引。创业精英个体的力量难以长久的维持合作模式的运作，需要多方面的帮助，政府的支持尤为关键。主要体现在以下几个方面：

电商销售。电商发展是时代的大势所趋，电子商务对于农业经济的发展

① 姜长云：《龙头企业与农民合作社、家庭农场发展关系研究》，载《社会科学战线》，2018（2）。

有很大的促进作用。首先兴业县县域内没有形成很浓厚的电商环境，其次稻香公司由于缺乏电商相关人才，因此至今还没形成自己的网络销售平台，主要流通方式仍以线下销售为主。

人才引进。兴业县虽然在近两年也实行了人才政策，但是对象主要是以中职中专为主，目标为培训“新农人”；缺乏对高水平人才的吸引。

政府服务。虽然在工作过程中政府也做了有益的工作，取得了不错的效果，但是政府的重视程度不够。

五、结语

本文通过对广西兴业县稻香公司合作模式的发展历程与成效的探讨，总结了创业精英在返乡创业活动中与农村集体经济的关系。

首先，在创业精英返乡创业的资源获取中，农村集体经济是其重要的组成部分。随着新型农村集体经济的发展，一些地区积极引导农村集体经济组织转变经营方式，从传统的集体经济组织直接兴办企业转变成“集体 + 公司 + 合作社 + 农户”等多种经营模式。集体经济在物质上为创业活动提供了土地、资金、劳动力和生产用具等创业资源；在组织化上提供了规模化的产区和集约化的供销合作社。集体经济通过了集约化的整理，为创业活动提供大量的支持，促进创业活动规模的扩大，提高了创业实践的效益。

其次，创业精英在利用集体经济资源的同时也在推动着集体经济的发展转型。创业实践与集体经济是相得益彰的关系，创业实践对村落组件集体经济有巨大的推动作用；并且帮助集体经济整合农村土地、劳动力、资金、生产用具等闲散资源。创业实践活动转变了农村传统农村集体经济组织结构，将集体经营性净资产折股量化改制而成，是以资产为纽带、股东为成员的综合性农村集体经济组织，创业实践效益的扩大，也为集体经济带来更高的收入。另外创业精英通过与社会的联系中，引进了更先进的生产技术和生产资料，优质的稻米种子提高了粮食的产量，提高了农民的收益，也壮大了集体经济的发展。

在前人研究创业与集体经济的基础上，通过实例研究，本文得出了创业精英助推集体经济发展的行动逻辑。返乡创业精英通过在外务工的经历，增长了见识和阅历；基于对家乡农民的帮扶和实现个人成就心理；利用手中的个人资源和社会资源进行创业活动。另外，在创业活动中充分同村集体合作，重视村集体经济这一类型资源，在村集体经济的补充下，一方面扩大生产规模，提高创业效益；另一方面反哺村集体经济，提高农民收入，带动贫困户脱贫致富，构建村落组织化进程，扩大集体经济规模。最后，通过创业精英的创业实践与村集体经济的相互促进，实现共赢并且带动乡村振兴建设。总结这种模式的运行逻辑和可复制性，对西南粮食主产区集体经济发展具有整体意义。

易地搬迁集中安置区的成效及对策研究

——以大安乡可爱村、毛南家园为例

石妮珰　梁楚楚　覃晓枝

随着“十三五”易地扶贫搬迁任务全面完成，就如何“稳住”和“致富”，2022 年中央一号文件中提到，要加大对乡村振兴重点帮扶县和易地搬迁集中安置区支持力度，落实搬迁群众户籍管理、基本医疗保障、社会工作等工作举措，完善基础设施建设，加大对重点帮扶县以及搬迁地区的政策支持力度，对提高搬迁居民获得感、幸福感、安全感具有重大现实意义。[①]

一、调研概况

共同富裕是社会主义的本质要求，是中国式现代化的重要特征，但是，扎实推动共同富裕要坚持循序渐进，“对其长期性、艰巨性、复杂性要有充分估计”。[②] 在实施脱贫攻坚战中，环江县毛南族自治县精准施策，不仅让易地扶贫搬迁贫困群众摘下了穷帽子，还使他们日子越过越红火，实现易地搬迁搬出新生活。[③] 这在我国脱贫攻坚的实践中具有一定的典型性和代表性，我们

① 《“十三五”易地扶贫搬迁：伟大成就与实践经验》，中华人民共和国国家发展和改革委员会，2021 年 6 月 30 日。

② 习近平：《扎实推动共同富裕》，载《求是》，2020（20）。

③ 《中国的易地扶贫搬迁政策》，中华人民共和国国家发展和改革委员会，2018-03-30。

通过对环江的几个典型易地，其中包括大安乡可爱村以及毛南家园社区搬迁安置点进行走访、调查并分析其成功的经验和发现当下存在的问题，探讨解决其易地搬迁存在的困难和问题。经过对环江毛南族自治县的实地研究，进一步了解作为地理位置偏远、土地资源缺乏的国家乡村振兴重点帮扶县，如何实行乡村振兴政策，铸牢中华民族共同体意识，巩固脱贫攻坚的成果。了解该地区易地搬迁前后，环江贫困地区居民生活上的变化，以及搬迁现状，走进他们搬迁后的生活，听取和反映搬迁群众的建议和意见，推动少数民族地区脱贫攻坚的成果。本次调研采取了文献法、观察法、非结构式访谈法三种方式相结合的方式进行。

二、环江毛南族自治县易地扶贫搬迁典型个案基本情况

环江毛南族自治县位于广西河池市，其中有 12 个乡镇、148 个行政村（社区），居住着壮、毛南等多个少数民族，环江毛南族自治县总人口约为 37 万人，全县毛南族人口 6 万多人，该县是我国唯一一个毛南族聚居县，全县面积 4572 平方公里，居广西县级第三位，但却是全国最大的贫困人口接收安置县之一。

（一）调研地点

大安乡可爱村：可爱村位于环江县城大安乡东南部，地处大石山区。距离县城有 20 公里左右，并有公交车直达到可爱村。可爱新村的少数村民以及搬迁过来的其他群众在内，总共 500 多人。可爱新村有 6 个不同民族群众共同生活，是团结友好、和睦相处的生态移民新村，同时也是民族团结示范村。

毛南家园安置点：毛南家园安置区位于环江县城城西方向，是最大的安置区之一。占地面积 800 多亩，总投资约 7 亿多元，规划建设安置楼 64 栋，2016 年建，2018 年竣工。安置“十二五”生态移民户 1221 户 5534 人，

“十三五”易地扶贫搬迁户 2134 户 8121 人。

（二）可爱村易地搬迁概况

大安乡可爱村是 2012 年开始实施易地搬迁政策，在这之前全村村民都住在偏僻的山里，存在许多问题，包括交通问题、医疗水平、基础设施、孩子教育等问题以至于当地的经济很难发展，基本的生活无法得到保证，影响当地村民的生活。推进乡村振兴试点建设，并依靠政府补贴政策，可爱村实施整乡搬迁，从大山移民到政府资助新建的安置点。经过几年的发展，可爱村的经济发展起来，因地制宜对当地进行建设，抓住脱贫攻坚与乡村振兴有效衔接，提高群众的幸福感、满足感、自豪感。建设当地的旅游产业，注重生态文明建设，落实巩固脱贫攻坚的成果。发展当地的游泳、农家乐、烧烤、户外娱乐项目等，大力发展种植红心柚子和核桃产业。可爱村也在 2021 年 10 月被评为自治区首批“广西民族特色村寨”命名的村寨。可爱村共有 140 户，其中贫困户有 128 户。在当地政府的帮助下，可爱村获得政府补贴资金，进一步推动可爱村的易地搬迁建设。其中有 90 户可爱村村民选择“有土安置”，另有 47 户村民根据自己的实际情况以及在综合考虑的情况下选择到县城进行“无土安置”，可爱村实行“双土安置”的搬迁模式。

建筑以两户组合形成联排式，每户设计层数为两层半，建筑结构设计为砖混结构；村内道路以水泥路和板砖为主，人车分流，保留现状较为良好的石头山，保留 4 个主要泉眼；村内公益设施为主干道支干道石板路、排洪渠道、管线下地、景观、绿化、篮球场、博物馆、游泳池、戏台、文化活动中心和村委楼等。

村民部分在家务农，部分外出打工。2021 年完成新增桑园 300 亩、甘蔗种植 433 亩。可爱村干部认真落实耕地补贴政策，完善当地的农业建设，利于部分村民在家务农，补贴家用。村集体所有的办公用房、门店等，发展集体经济。秉承因地制宜原则，发展村内旅游业，有外来投资建设的游泳池，兼有烧烤和团建等农家乐功能。完成农村劳动力转移新增就业三百多人，该村村民收入相比于之前大幅度提高。以村两委牵头创立可爱村新时代文明实践站爱心超市，是一个以本村志愿服务活动为载体，以爱心积分管理为抓手，以推动群众自我管理、自我服务为目标的村民互助服务平台。为了加强对可爱村的文化建设，县民宗局对可爱村进行立面装饰，添加民族元素，增强可爱村民族团结的氛围。

（三）秀美毛南家园多民族互嵌式社区建设

毛南家园安置区是环江典型的安置点之一。于 2016 年开始进行建设，总共占地面积 800 多亩。在这里，他们根据搬迁户的家庭人口数量决定分配的房型面积，迄今为止，总共安置“十二五”生态移民户 1221 户 5534 人，“十三五”易地扶贫搬迁户 2134 户 8121 人（建档立卡贫困户 2123 户 8085 人，同步搬迁 11 户 36 人）。毛南家园是典型的无土安置，其最大的特点是农村贫困户家庭搬到县城，交通环境得到改善，方便家庭劳动力外出务工，并解决子女教育问题，提升自身的生活质量，提高农村贫困户的生活水平。主要通过实施社会医疗保障、基础教育保障、社会保障、便民资源服务开发四大工程公共服务设施建设。毛南家园建有卫生服务站、农贸市场和超市、社区综合服务中心、幼儿园、小学、中学、警卫室、便民服务中心、新时代文明广场等一多功能公共服务设施，构成了毛南家园一套完整的社区基础服务体系。

为实现搬迁子女的教育问题，结合当地的实际情况，根据政府的领导，毛南家园安置区在本社区建设三所学校，有县第五幼儿园、第六小学和第四初级中学，解决搬迁户子女教育问题，享受到更加好的教育条件，促进搬迁户子女享受到更好的教育方式。社区还设有“儿童之家”服务中心，该服务区的建设是为了加强对留守儿童的身心健康的关注，并开展相关的活动，培养儿童的兴趣爱好，提高儿童的身心健康水平，有助于他们在健康的环境下成长。

为解决搬迁人员就地就近就业问题，毛南家园安置区利用商铺创建就业扶贫车间，还提供就业培训，搬迁人员可免费学到电工、焊工、育婴师、家政服务等，实现搬迁人口稳定就业。根据社区的就业补贴政策，居民的收入在一定程度上得到提高，基本的生活得到保证。毛南家园安置区最具特色的是易地搬迁对象来自环江县各村各自然屯，包括壮、苗、瑶、毛南族等十几个民族，每年根据县里的安排有序展开文化活动。如举办毛南族非物质文化遗产花竹帽技艺传承培训班，庆祝毛南族“分龙节”。各民族一同庆祝广西的节日“三月三”，以及搬迁过来后，社区会举行普通话培训等活动，各民族学习国家通用语言，这些举措是对铸牢中华民族共同体意识的响应，也是民族团结友好以及民族进步的优秀示范。

（四）党建引领明确治理主体的角色定位

环江毛南族自治县大安乡可爱村以及毛南家园均设有党建服务中心，对于当地的扶贫事业具有重要意义。充分发挥基层党建的“主心骨”作用。对于群众诉求以及问题的解决能及时治理且相对灵活。出于对两套班子优势的整合，不能盲目地将原来的村委剔除出搬迁治理的主体之中，而应当对此类搬迁地区进行组织架构的超常规设置，建立社区两委与各搬迁小区中原来村落两委合署办公的机制。[①] 两个易地搬迁地区，通过党员模范先锋作用，带动群众参与扶贫事业的治理，加快基层建设，提高群众的社会治理能力。群众有问题，党员来解决，优化易地搬迁地区矛盾。创新基层党组织服务建设，更好更快为群众解决问题，做好党支部内部的建设工作，整合党组织分散的力量。

三、环江毛南族自治县易地搬迁典型个案成效与主要经验

易地搬迁的实行，可爱村和毛南家园的贫困户首先解决了基本生存问题，生活得到基本保证。根据扶贫机制结合本地的实际情况，探索新的易地搬迁模式，可爱村贫困人口实施“双土模式”的模式。毛南家园实施多民族贫困

① 田鹏：《嵌入式治理视角下“村转居”的行动逻辑及反思——基于苏北新型农村社区的实地调查》，载《南京农业大学学报》（社会科学版），2021（2）。

户进城定居，两种模式的实行在全区有借鉴的意义。该县贫困率逐渐下降，生活水平得到提高，贫困户的收入逐年提高。贫困地区的产业结构得到优化和调整，搬迁之前仅当地的第一产业得到发展，通过易地搬迁，贫困地区开展第二以及第三产业。可爱村的第一产业得到发展，从之前单一的种植桑叶、玉米等农作物，到发展种植红心柚以及甘蔗等其他产物。并依靠当地的生态环境和独特的民族文化，发展旅游业，建设当地游泳池以及农家乐。交通问题的解决，更多贫困户选择外出务工增加收入。

易地搬迁改善了贫困地区的基础设施建设，移民安置点地区的医疗、交通、教育、信息等许多方面得到了提高和调整，基本设施得到改善，社会保障措施完善，更好地为贫困地区的移民服务。这对于巩固扶贫有重要意义，进一步缩小贫富差距。教育设施的建设和完善，加强对贫困地区孩子的教育问题的重视，对于该地区未来的发展有重要的意义。通过易地搬迁，移民安置点形成了多民族共同居住的局面，利于多民族文化的交流以及沟通。可爱村以及毛南家园都是多民族共同居住，有利于民族团结和民族优秀文化的传播，进一步铸牢中华民族共同体意识。利于优秀的民族文化传播利于环江各民族。

发展扶贫产业是推动经济发展，改善贫困人口生活条件，促进贫困地区脱贫致富的重要方法和长久策略。为了解决易地安置贫困户在谋生发展上的实际问题，实现地区产业长足稳定的发展，不断增强易地安置扶贫产业的“造血”功能，提升易地安置贫困户在搬迁之后的安全感、获得感、归属感和幸福感，保证易地安置贫困户得以实现顺利搬迁、稳定就业、幸福生活的实际需求和发展目标，环江毛南族自治县通过一系列举措推动异地安置与扶贫产业开发的有机结合。

环江通过《环江毛南族自治县实施“三社联动”助推易地扶贫搬迁“六联一带”后续管理服务提升行动工作方案》和《环江毛南族自治县加快易地扶贫搬迁户“三地”拓展盘活工作实施方案》两份文件确定了实施异地安置贫困户“三地”拓展盘活工作的原则和方法，通过多种多样的形式灵活高效地开展异地安置贫困户的“三地”拓展盘活工作，解决异地安置贫困户管理“三地”的担忧和顾虑，也有利于扶贫产业的顺利发展。

根据实际情况，选取适应本地的产业发展模式，创建了异地安置贫困户的后续扶贫产业园，通过种植沃柑、脆蜜金橘、卡拉卡拉红肉脐橙、青皮红心柚、无核沃柑等“三特”水果产业实现经济的增长，并引导群众逐步扩大种植规模，以此来实现异地安置贫困户的脱贫致富和自我发展。以可爱村为例，该村通过有偿调动多个村屯的水田、旱地、荒坡为生产用地，引进农业公司帮扶安置点种植红心柚等多种水果，打造水果种植示范基地，增加农民收入；该村还将村内的闲置土地对外招租，通过招商引资发展旅游产业，目前已开发了多种旅游休闲娱乐项目，拓展增收方式。

异地安置贫困户（脱贫户）不仅可以依据政策从中申请相应的创业扶持资金自己进行创业经营，而且在一定年限以后，政府还会根据实际情况依靠异地安置的后续产业扶持基金对存在创业困难、生活拮据的异地安置贫困户进行帮扶，解决其创业的后顾之忧。环江坚持“大众创业、万众创新”为导向，不断改进公共服务方式，努力扩大就业创业，营造良好的就业创业氛围。毛南家园安置点通过对异地安置贫困户开展职业技能培训和开展创业担保贷款业务、创建扶贫车间、发放创业奖补等多种手段促进异地安置点居民们的就业创业，可以有效预防异地安置居民失业，保障居民的基本生活，实现用就业创业保障异地安置居民的民生问题。环江毛南族自治县对异地安置与扶贫产业的有机结合和良性发展的积极探索，不仅有效推动了大石山区贫困人民的脱贫致富进程，也为其他贫困地区产业发展提供了宝贵的经验和丰富的借鉴意义。

四、问题及建议

（一）问题

环江县政府工作致力精准扶贫与易地搬迁工作，但离精准二字还是存在一定的差距，通过实地考察并与当地机构、百姓的访谈，我们了解到虽然搬迁后的村民的生活环境得到了改善与提高，但是其满意指数仍然不是很高。毛南家园社区搬迁贫困户愿意搬迁之后，又因就业问题无法得到保障，工作不稳定，而要支付社区的水电费等，生活负担比较重。

1. 部分群众思想观念保守

在易地搬迁初期，许多老一辈因为观念和民族风俗的原因，起初并不同意从山区搬迁出来，加之安置地原居民与搬迁户的观念、关系、利益等多方面的因素，导致了农民宅基地资源开发利用荒废和浪费，例如在可爱村实地考察发现，很多易地搬迁建成房屋属于“空闲”状态，调查发现，有一部分人心中仍留念“老可爱村”，并选择回到老可爱建自建房，此外，还有很多年轻人外出寻找工作，并选择在县城中买房，导致可爱村宅基地资源的荒废与浪费。思想和心理因素是影响搬迁群众在新环境中社会融入的关键因素，如果其建设水平低或是建设方法与居民需求偏差过大，必然会让搬迁群众的心理落差感持续增大，降低其对安置区的归属感和融入感，造成思想观念上的守旧。易地搬迁的群众自搬迁到安置区后生活环境发生了巨大的变化，短时间内难以适应新的环境，造成心理方面需求增加。①

2. 易地搬迁人口资金短缺，劳动力不足

搬迁过去的住户一半以上只是停留在表面的变化，而离实现共同富裕还存在很大的差距，与县城的群众收入差距也较大，为了能早日实现共同富裕的社会主义现代化国家目标，国家加大对易地扶贫搬迁的资金投入和扶贫力度，但搬迁户整体文化素养不高，没有掌握专业的技能，所以他们的收入来源不稳定，收入普遍偏低，同时，搬迁户的家庭资金累积不足，导致易地搬迁资金短缺。人才培养不足，本地人才外流，导致环江县的人才不足，可利用劳动力大大减少。易地扶贫搬迁群众虽大多已实现脱贫，人人都住进了新房，幸福感有所提升，但为了解决生活需要，很多人，更多来说是年轻人，都选择了外出打工，县城里只留下了大量的老人和少量的中年人，当地的产业发展需要人才，以及更多年轻的劳动力，人才以及劳动力的外流，不利于当地产业及经济可持续发展。

---

① 彭文慧、王动：《社会资本、市场化与农村减贫——来自农村微观调查的证据》，载《贵州财经大学学报》，2020（3）。

3. 易地搬迁后扶贫产业单一、发展速度缓慢

可爱村经济产业发展只有单一的种植业和旅游业，主要依靠种植和村红心柚和向外承包的游泳池等为村中经济主要来源，产业发展较为单一。近几年来，可爱村以“党建＋招商引资＋旅游产业”模式充分利用当地土地资源，但其旅游产业发展仍然不够全面，并没有从根本上解决村民收入较低这一大问题。同时毛南家园的搬迁群众绝大多数文化程度低，资金有限，贫困户自主就业相对困难，而对安置地的就业培训缺乏自信心不敢轻易尝试。

4. 部分地区交通不便，基础设施不完善

环江毛南族自治县许多村庄地理环境整体处于四面皆山的状态，虽然已经通了水泥路，相比以前较为方便许多，但交通仍然不够便利，这给当地的产业发展带来许多困难。在可爱村进行实地调研时，我们了解到可爱村在未来将会以生态养殖为发展方向，发展养牛养羊养鸡等产业，但其产业基地建造在离村里十几公里之远的地方，由于交通设施的不完善，发展起来还是较为困难。可爱村的整体规模较小，现居人数少，医疗保障、公共服务等基础设施方面也不够完善，有待优化提升。

（二）建议

1. 加强后续扶持，避免返贫现象

利用扶贫发展成果助推脱贫攻坚战取得胜利，加大对乡镇扶贫地区的扶贫力度和增加帮扶手段，扩大扶贫队伍和扶贫力量，落实帮扶任务和帮扶工作。做好扶贫表率，发挥模范作用，同时增加移民文化知识面，做到扶贫先扶智，避免返贫现象。坚持精准扶贫政策，扶贫事业在于精，政府各部门加强合作，做好引导和建设工作，完善相关的政策。在此基础上，将党组织延伸到易地搬迁地区的每个角落之中，建设易地搬迁地区党组织网格化体系，实现搬迁群众到哪里，党支部就建在哪里，实现由党员先锋带动的“党群共治”①。党员带动群众，推进后续扶贫发展。

① 黄六招：《组织学习与双向赋能：推进社区治理现代化的有效路径——基于一个易地搬迁社区的案例研究》，载《探索》，2021。

2. 重视民族教育文化建设

习近平总书记指出："推进共同富裕与促进人的全面发展是高度统一的。""要完善公共文化服务体系，不断满足人民群众多样化、多层次、多方面的化需求。"① 完善建设社会主义现代化强国核心价值体系，依托各个平台进行民族文化宣传，加强民族团结教育重视各民族优秀文化传播，增设特色文化项目，丰富移民文化生活，建设移民精神风貌，进一步转变移民贫困户落后的思想观念。加强对贫困户语言培训教育，普及普通话，解决语言交通困难问题，重视移民地区孩子教育问题。加强思想教育宣传，更新思想观念，与时俱进，方便政策宣传与普及。

3. 建立就业政策保障机制

就业是最大的民生，是影响收入分配的最直接因素。鼓励移民就地就近就业创业，建立健全相关移民贫困户就业保护政策，建立完善的就业保护机制，增加就业机会，提供更多就业岗位，发挥其他地区就业带动政策，实现双赢。就业为民生之本，保证移民，稳定就业，完善相就业培训机制，增设培训机构，促进贫困人口持续增收。带动贫困地区利用发展成果为脱贫攻坚增加绩效。营造良好的就业环境。提升易地搬迁地区的治理水平是实现搬迁群众共同富裕的必经之路，亟须构建起易地搬迁的就业制度体系，提升易地搬迁地区搬迁与治理制度化、科学化、规范化水平。②

4. 优化产业结构促进乡村发展

优化贫困移民地区产业结构，助推产业升级，推动一、二、三产业融合发展。鼓励移民地区拓展农业多种功能、深入挖掘乡村产业多元价值，增加产业链，加强生态文明建设，发展当地农产品加工、乡村休闲旅游、农村电商等产业，吸引更多外出务工人员回乡建设发展，防止人才外流，促进乡村发展。

5. 加强基本公共服务设施建设

完善移民地区的基础设施建设，加强移民地区的公共服务建设，监督移民地区政府落实自身职能，为当地人民提供健全完善的便民服务。建立健全

---

① 习近平：《扎实推动共同富裕》，载《求是》，2020（20）。

② 高刚：《健全易地扶贫搬迁社区治理体系》，载《当代贵州》，2020。

医疗保障政策，切实落全，确保每一位移民都能享受到医疗保障福利。完善当地的基础教育建设，保证教育事业的发展完善移民地区的交通服务建设，修建公路，方便人民生活以及生产，利于当地与外界的交流与沟通。

民族地区传统文化传承与发展

乡村振兴视域下非遗文化的现代传承与发展研究

——以隆林县壮族绣花鞋为例

李丹　李春苗　李荣婷　李丽晴　李锦华　黄照锦　蓝晶晶
梁辛姣　黄彦宁　鲍赞瑞　牙偌灵

一、研究缘起

在现代化扩展全球的进程中，非物质文化遗产受到现代潮流的冲击。绣花鞋作为非物质文化遗产之一，具有非常大的研究价值。目前学术界对于绣花鞋的研究主要是如下几个方面：一是考析绣花鞋的造型文化价值。张珍燕认为：绣花鞋是在纺织刺绣的基础上产生的，绣花鞋以精美的刺绣纹样修饰着鞋头、鞋帮、鞋跟，精美的造型使其有民间工艺品、鞋中奇葩之称。[①]陈淑聪、金若如认为：江南民间绣花鞋历史悠久，在很大程度上体现江南一带独特的文化与风情，已经成为江南水乡民间工艺品的象征。[②]梁超梅则通过对广西壮族传统绣花鞋的款式、装饰纹样、色彩渲染等方面进行了剖析，总结出其最根本的本质在于它是情感和审美碰撞的结果。[③]二是从绣花鞋自身价值延伸探讨对绣花鞋这一非遗文化的传承与保护。李洁、兰连风针对广西龙胜瑶族青布嵌绣花鞋的保护修复问题进行探讨，分析瑶族青布嵌绣花鞋的

① 张珍燕：《绣花鞋造型考析与传承研究》，长沙，湖南师范大学，2012。

② 陈淑聪、金若如：《江南民间绣花鞋的艺术特征和文化内涵》，载《浙江理工大学学报》（社会科学版），2018（10）。

③ 梁超梅：《广西壮族传统绣花鞋情感化审美探析》，载《品牌》，2015（4）。

文物现状及消毒问题，制定青布嵌花鞋修复计划，修复前的准备工作，具体操作步骤等问题，以实现对于瑶族青布嵌绣花鞋的有效保护，促进民族文化的持续发展。[①] 杨勇呼吁大众对传统文化、民间文化的保护和创新发展的重视，以期提高对绣花鞋的关注和研究的兴趣，倡导对绣花鞋乃至整个民族传统文化的保护与发展。[②] 张静就绣花鞋在非物质文化遗产背景下的民俗文化、工艺特点和艺术特色与传承进行分析研究，以期提高对绣花鞋的关注，倡导对绣花鞋乃至整个民族传统文化的保护与发展。[③] 三是当下绣花鞋身处工业社会的定位与发展。刘贝贝、陆曦注意到随着现代工业的规模化和物质生活的丰富化，高速的机器大生产逐渐取代了传统作坊式的手工业生产，地域文化渐趋同质化，从而影响到民间艺术的存续空间和生存方式，导致民艺脱离母体文化走向衰退，形式感成为民艺存续的唯一形式，于是以邳州绣花鞋为例，从多角度分析民艺的创造性转化的可行性。[④] 袁媛以咸丰县绣花鞋的产业化为例，从其产业现状、与市场结合的切入点分析绣花鞋产业化的优势与存在的隐患问题，最后找到既能保留民间工艺品的传统特色又能适应市场的需求的最佳办法。[⑤]

尽管学界对绣花鞋的传承与发展研究成果丰硕，但依然存在如下问题：首先，对绣花鞋传承与保护研究较多，对绣花鞋的活态传承与实践关注较少；其次，多见强调非遗传承主体依靠自身价值发展创新，忽略了政府、媒体等外在介入的力量；最后，静态、单一讨论绣花鞋传承的较多，而能够将绣花鞋放在市场体系、城乡融合和新冠疫情背景下进行系统分析研究的成果较少。本文聚焦广西百色隆林各族自治县，主要针对壮族绣花鞋非遗文化在移动互联网背景下的活态传承、组织与教育、生产与销售，以及在新冠疫情背景下的如何实现产业创新及其探索，从而深化及拓展非遗文化活态传承研究。

为使中国的非物质文化遗产保护工作规范化，国务院发布《关于加强文

① 李洁、兰连风：《广西龙胜瑶族青布嵌绣花鞋的保护修复研究》，载《东方藏品》，2018（3）。

② 杨勇：《浅论绣花鞋的艺术特色与发展保护》，载《艺术中国》，2010（8）。

③ 张静：《传承与守望——非物质文化遗产背景下的绣花鞋工艺研究》，载《文艺生活》，2016（1）。

④ 刘贝贝、陆曦：《基于创造性转化理念下的民艺活态保护研究——以邳州绣花鞋传承与发展为例》，载《艺术科技》，2017（3）。

⑤ 袁媛：《恩施民族民间工艺品产业化问题研究——以咸兴绣花鞋为例》，载《大众文艺》，2013（4）。

化遗产保护的通知》，并制定“国家 + 省 + 市 + 县”共 4 级保护体系，要求各地方和各有关部门贯彻“保护为主、抢救第一、合理利用、传承发展”的工作方针，切实做好非物质文化遗产的保护、管理和合理利用工作。[①]笔者前往颇具民族风情的广西壮族自治区百色市隆林各族自治县进行调研，对壮族绣花鞋开展全方位的调查研究，争取在国家政策背景下解决一些实际问题，为保护壮族绣花鞋并促进其发展贡献一份力量。通过线上线下相结合的问卷调查法深入了解当前壮族绣花鞋的情况；通过对隆林实地考察以及与传承人、手艺人等相关人员进行交流与沟通，探寻壮族绣花鞋发展的形象以及民族文化核心精神；与当地政府与企业进行交流沟通，推动政策扶持下相关企业追求传承发展与盈利可持续发展。

二、隆林壮族绣花鞋的活态传承发展现状

隆林各族自治县隶属于中华人民共和国广西壮族自治区百色市，位于百色市西北部，地处滇、黔、桂三省（区）交界处，东与田林县相连，南与西林县接壤，北与贵州省兴义市毗邻。[②]隆林各族自治县地处云贵高原的东南边缘，境内海拔较高，以中山为主，无平原，地势南部高于北部，自西向东倾斜；属亚热带季风气候区，夏无酷热，冬无严寒。[③]隆林各族自治县是中国仅有的两个各族自治县之一，境内民族风情多样，被誉为“活的少数民族博物馆”。

壮族花鞋是壮族的刺绣工艺之一，又称“绣鞋”“花鞋”，壮语叫“咳烂苑”。在传统的农耕社会里，绣花鞋和其他衣饰绣品的品质，往往是人们评判年轻壮族女子是否心灵手巧的标准。图案内容则更广泛，大凡衣食住行所涉及的均可作图，如花、草、虫、鱼、兽、人物等，可谓丰富多彩。这些刺绣体现了壮族妇女的智慧、聪敏、灵巧，也反映了壮族的自然崇拜文化及朴素

① 《国务院关于加强文化遗产保护的通知》（国发〔2005〕42 号）。

② 隆林各族自治县人民政府门户网站，隆林概述。

③ 隆林各族自治县县志。

的审美观。

纺织是人类所创造的最普及、最广泛的一种工艺技术，具有普遍性，同时不同民族又各有特色，体现了民族文化的多样性。对于壮族纺织历史的研究并不少见，但多集中于壮锦纹饰的专门研究或是从一般性原则探讨传承保护。学术界对壮族纺织工艺及文化相对缺乏一个系统性、整体性和历史性的研究。① 壮族的刺绣，本质上与普通刺绣针法没有明显区别，具有研究特点的是所绣图案，在每一双鞋上都绘制了艳丽的花边，花朵花边与壮族传统服饰文案相同。且有着性别的区分，《旧唐书》云："南平僚者……男子左衽露发徒跣，妇人横布两幅，穿中而贯其首，名曰'通裙'。其人美发，为髻髻垂其后。以竹筒如笔，长三四寸，斜贯其首，贵者亦有珠挡。"《新唐书》亦云："南平僚，……妇人横布二幅，穿中贯其首，号曰'通裙'。美发髻，垂于后。竹筒之寸，斜穿其耳，贵者饰以珠挡。……男子左衽，露发，徒跳。"可见，至迟在唐代，壮族男女服饰已有了区别。② 绣花鞋两侧由各色亮线绘制了不一样的条状图，其中黑底为地，寓意着庄稼，绿色条纹代表农作物，十字相绕代表了犬牙，三者相呼应代表着犬守护着庄稼，祈祷第二年有好收成。这层寓意为绣花鞋增添神秘的色彩。

（一）隆林壮族绣花鞋活态传承情况

1. 民族博物馆：隆林壮族绣花鞋活态传承的载体

博物馆蕴藏着丰富的物质和精神文化遗产，将不同时期、不同地区的人类智慧结晶集中体现出来，是一个地区和一个民族文化的代言人，向世人诉说着文化的变迁和传承。根据国际博物馆协会对博物馆的最新定义可以看出，博物馆作为公益性质的文化机构，也同时承担了向广大参观者提供知识和传播文化的任务，在某种层面上来看可以算作一种独特的媒介。③

隆林壮族绣花做工精美，对绣花鞋的记录与保存是研究隆林壮族绣花工

① 徐昕：《壮族传统纺织工艺及其文化研究》，上海，东华大学，2016。
② 李富强：《壮族传统服饰与人生礼仪》，载《广西民族研究》，1997（3）。
③ 马乐：《民族博物馆文化传播策略研究》，成都，电子科技大学，2018。

艺传承的重要研究内容，一方面建立博物馆以表示对少数民族文化的重视，对民族大团结具有重要意义；另一方面通过陈列展示壮族绣花实体手工物品，为当代年轻人普及和了解壮族绣花，激发青年个体对本民族文化的爱好，同时也加深隆林地区壮族儿女老少对本民族文化产物的认同感和归属感。

加深隆林以山地为主体，山丘镶嵌在城区内，居民房屋建立在已经规划好的县城道路边缘，隆林民族博物馆就设立在其中一座山顶，博物馆内部由一座三层楼房屋和周围的展示摄影的长廊凉亭组成，起名“民族苑”，总占地5100平方米，建筑面积2200平方米，展厅面积1700平方米，工程投资400多万元，博物馆主要有综合大楼、大门文化长廊、休闲长廊和登山台阶等建筑群组成，在自治区县委、县人民政府的关心重视下，民族博物馆于2007年12月动工，2009年五月初全面竣工，隆林各族自治县民族博物馆是集收藏、研究、展示、教育一体的综合性博物馆，一个相对独立的纪念与博览相结合，文化游览于科普研究的社会公益事业机构，博物馆设有历史文物陈列展厅、民族服装、民族首饰、民族传统生产生活用具展厅、书画摄影展厅、现代经济文化设计成果展厅、民族民俗风情苑等基本陈列厅，民族博物馆的建成，标志着隆林民族文化的工作进入一个崭新的发展阶段。

隆林民族博物馆的建成，为文物保护和展示创造了优越条件，使古老珍贵的文物得以再现于世。博物馆丰富翔实的资料和生动活泼的形式向人们提供了一个认识和了解隆林新视角和平台。广西壮族刺绣工艺品作为非物质文化遗产的重要组成部分、凸显广西壮族特色的文化创意品类，在互联网飞速发展、媒介生态环境发生剧变的当下，受传统传播渠道限制内容呈现难“吸睛”、新媒体传播方式运用“不到位”或“缺位”等多重因素影响，壮族刺绣工艺品的传承和保护遭遇瓶颈，出现了一定的发展疲态。对此，隆林应该发挥少数民族多样化聚居的优势，结合互联网弘扬本地区壮文化，面向所有人展示、宣传民族风情，特别是以活的少数民族博物馆为标志进行宣传。非遗文化不仅是要活态传承，还要追求“稳的活态传承”，既是要保护所处的文化环境以此保持非遗人群的本真性、非遗形式的原真性，也要大胆创新突破，创造非遗“无形文化财产”，实现非遗文化的活态传承与价值提升。因此，在维持民族博物馆原有制度的运行外，还应做到灵活多变，以不同的形象向人们展示隆林少数民族的独特美。

诚然，隆林民族博物馆陈列布展并未做到尽善尽美，一些文物没有全收其中，已陈列的展品在归纳和介绍上还有所欠妥，整体服务有待弥补和完善。但隆林民族博物馆的宗旨是：为民族文化服务、为民族团结事业服务。我们愿意看到民族博物馆不断完善改进、民族文化在其承载下愈发光彩。

2. 新州第三小学：隆林壮族绣花鞋活态传承的基地

隆林壮族自治县新州第三小学创办于 1984 年，校址位于隆林壮族自治县新州镇民族街民生路 262 号。2011 年苏彩云将山歌文化带进校园；2015 年组建“颠罗颠罗那”山歌合唱团；2016 年三小传习基地挂牌成立；2018 年入围全国中小学生优秀文化艺术传承学校；2020 年获得“百色市文明学校”“百色市民族团结进步示范学校”等称号，学校文化展示团队曾多次在广西电视台及国家级媒体平台展示，同时也是自治区级非物质文化遗产隆林壮族山歌传承基地以及自治区级非物质文化遗产壮族八音坐唱传承基地。

近年来习近平总书记多次在讲话中提到要将中华优秀传统文化提升到一个崭新的阶段，赋予中华优秀传统文化时代内涵，这也就意味着社会对我们提出了更高要求。大量的、多样的优秀的地域文化资源，对学生的人文素养的提升是不言而喻的，不仅给学生提供一个了解文化的广阔视野，还将学生对非物质文化遗产知识的感知、兴趣、经验、爱好和理解转化成为探索保护和传承发展非物质文化遗产的能力，使学生先适应文化，再选择文化，最后有创生文化的力量。① 新州第三小学打破传统学校单一发展培育学科型人才的模式，大胆创新，以一种全新的教学模式将非遗文化在学科教学中融合传承，让学生在上课学习的过程中潜移默化地接受非遗文化的熏陶，让学生产生对非物质文化遗产的兴趣，从而上升到非遗文化保护方面的讨论，即先让学生了解非遗文化，再继承传统，推陈出新。

刘玲的一项研究揭示了非物质文化长阳南曲的保护与传承对中职教育改革与发展的推动作用，长阳南曲与中职教育发展互相促进，人们往往只看到教育对保护传承非物质文化的作用，而认识不到非物质文化对中职教育同样

① 保奕帆：《云南少数民族舞蹈非物质文化遗产高校传承方式的探索》，昆明，云南艺术学院，2012。

产生积极影响。[①] 正如此研究所揭示的现象，中国大多数家长仅仅看重自己孩子的学习成绩而忽视了孩子其他方面的发展，这不利于新一代青年人的全面发展，同时还会让青年人陷入一种只会学习而不愿意去主动拓展自己的业余爱好的死循环里面，单单拥有文化知识并不能满足当今社会的需求，社会追求全面型人才，而学校开展非遗文化教育也是对孩子兴趣的一种拓充，兴趣的提升对孩子自身今后的发展无疑是至关重要的。在新州第三小学中，"将民间音乐与语文课程融合传承、民间美术与数学课程融合传承、民间舞蹈与体育课程融合传承、民间剪纸与美术课程融合传承、双语教学与音乐课程融合传承，将民族文化深度融入校园文化建设，建有民族民俗文化展示厅，让学校的每一个角落都充盈着浓浓的民族文化气息，让学校的每一名学子都能感受到民族之光照耀在学校每一处角落"[②]。学校开设多门艺术课程、设立民族民俗文化展厅目的就是为了能够让非遗文化在学生心中能有更深的感悟，同时学生在学校里大量了解文化的途径也扩大了民俗艺术与各门学科交融的半径，让其他学科更好地与非遗文化融合。

新州第三小学融合传承非遗项目教学成果显著，形成鲜明的特色和品牌，成就了充满活力的民族文化特色学校，入选全国中小学中华优秀文化艺术传承学校，学校办学特色及办学成果得到社会各界的广泛认可。可见学校实行的教育模式能够取得显著的教学成效，老师愿意教、学生喜欢学固然是彼此之间兴趣相互联系的纽带。老师在教授学生山歌的过程中也在潜移默化地通过歌词的内容来教育学生要爱祖国、爱学校、爱老师、爱同学、爱父母，从而将学生塑造成一个发展更均衡、综合素质更高的共产主义接班人。

个案 1：

访谈对象简介：男，壮族，现任隆林各族自治县新州第三小学校长。2012 年，参与隆林壮学会创建，任学会常务副会长兼秘书长。主要研究民俗文化，搜集整理民间故事和山歌，2016 年被认定为县

① 刘玲：《少数民族非物质文化遗产在中职教育中的传承与保护研究》，桂林，广西师范大学，2021。

② 韦德华、刘敏：《立党建根本 促民族团结 圆特色教育——广西隆林各族自治县新州第三小学特色教育发展概述》，载《中国教育报》，2021（11）。

级民间文学《撒品哉》代表性传承人。曾参与隆林壮族多项非遗项目申报工作，多次在百色市内登台展示隆林壮族山歌。

在当今快节奏时代，传承非遗文化不仅要明确非遗文化的历史来源，更要提炼非遗的文化价值、艺术价值、经济价值。不要让我们的非遗项目活在古老的社会，非遗项目应该活在当下，适应时代的发展，非遗文化传承的核心不是文化表现形式，而在于其文化基因和文化理念。非遗文化是中华上下五千年深厚的历史文化基因，即使是在当下新兴文化产业的冲击下，壮族绣花鞋非遗文化发展态势良好，尤其在少数民族聚居的地区，非遗文化都能得到较好的传承。另外，由于绣花鞋在传承过程中实用功能弱化，装饰功能强化，其独特的社会文化推动了更多的民间艺人加入到绣花鞋背后的文化内涵的保护中。要使非遗文化实现活态传承，首先是要从其文化根源出发，用实体展现无形，让非遗文化在创新中发展，在创造中转变。①

（二）隆林壮族绣花鞋发展情况

1. 传统手艺人：隆林壮族绣花鞋发展的主体

2011 年实施出台《中华人民共和国非物质文化遗产保护法》定义非物质文化遗产是指各族人民世代相承的，与群众生活密切相关的各种传统文化表现形式和文化空间。而绣花鞋之于壮族人民相当于故乡之于游子，是壮族文化的象征，承载着壮族人民世代相传的民族文化基因。笔者从这一双双绣花鞋中可以深切感受到当地浓厚的壮民风情，也看到了传统绣花鞋曾经良好的传承现象。壮族绣花鞋作为壮族文化的瑰宝，必须在传承的基础上继续创新发展，把优秀的传统手工技艺和现代流行元素融合在一起，提高绣花鞋的知名度和影响力，让更多的人了解、喜爱绣花鞋。由于壮族绣花鞋的绣花技艺无法用文字复刻，而是由代代的人传承、学习才能把握其真谛，因此，掌握绣花技艺的人随

① 访谈对象：WDH；访谈时间：2021 年 8 月 21 日；访谈地点：隆林县新州第三小学。

着时代的不断变化而呈现渐渐减少的趋势，一些复杂的刺绣针法也面临失传的困境，探寻绣花手工技艺，需要深入了解绣花文化传承主体。

个案 2：

访谈对象简介：女，壮族，50 年代出生，现为退休人员，现居住地为隆林县老街之一民族社区民族路。自幼受身边人影响开始学习绣花技艺，12 岁就能独立完成一些简单的刺绣作品，至今从事绣花技艺 50 余年。

壮族绣花鞋主要由鞋底和鞋边构成，鞋边绣花图案世代相传，与此同时后人可以在此基础上进行创新改良设计。一双绣花鞋从纳鞋底到绣制鞋面，需要许多复杂的工序。首先是纳鞋底，需要一点点用锥子扎穿鞋底，打成密密麻麻的痕迹。越厚的鞋底锥子越难推，但正是越厚的鞋底更耐穿更厚实。制作鞋面需要事先在纸上用铅笔画好花样，在纳好鞋底后，将印着花的纸贴在制作鞋面的布上，再使用针线绣上漂亮的花纹图案，最后再将鞋面连接起来。鞋面上的图案都是老祖宗代代相传的，但也有一些过于复杂的图案未能留传至今。我经常绣的有桃花，这代表爱情，寓意对美好爱情的向往；锯齿代表犬牙，寓意保卫百姓和粮食，祈福生活幸福安定；钱币则寓意财富……我从 12 岁就开始学着绣鞋了，那时候年轻的壮家妇女闲暇时就会三两成群聚着绣鞋、聊家常，大概五六天就能完成一双的缝制了。我们壮族人民是必须穿着绣花鞋参加民族节日、出嫁这些重要场合的。现在在隆林，（穿）绣花鞋的风俗也仍流传至今，一般可作为女子出嫁随礼，出嫁的壮族姑娘不管是嫁去外地还是本地都需要准备三四十双绣花鞋，若是本地男子娶了外地姑娘就不做要求。平时也可送给长辈当做礼物，表示对长辈的尊重，长辈收到绣花鞋也会非常开心。我现在因为看不清针线了才没能继续绣，但绣花鞋对于我们壮家姑娘来说有一种割不断的情感联系。①

① 访谈对象：ZQJ；访谈时间：2021 年 8 月 22 日；访谈地点：隆林县民族社区。

2. 绣花鞋店铺：隆林壮族绣花鞋发展的形式

鲍德里亚阐述消费社会时提到："生产与消费随工业社会的到来发生了角色互换，产品的生产与消费者欲望、情感、需求挂钩，后现代消费不再只是消费商品的实用性，还有它们的符号象征意义。"①民间工艺产品作为文化的物态形式，体现并传承着各种文化传统和民风民俗，成为社会文明和生活文化传统的载体和媒介。随着社会的发展，民间工艺产品走进消费市场，从物品成为商品，但又不完全和其他商品相提并论。因为人们对于民间工艺产品的消费并不仅仅是物质和产品功能消费，更多的还蕴含了文化、习俗、心理等因素。

随着现代工业的飞速发展，人们能够买到形式多样的现代鞋。而当下市场也出现了许多绣花鞋的店铺，大多采用"以机绣为主，手绣为辅"的方式以此来保证绣花鞋的质量，提高量产。师傅带徒弟、家族继承的口耳相传及肢体演示方式，既让新一代传承人更快掌握壮绣技巧，也能在潜移默化中了解刺绣文化，形成文化传承的自觉意识，进而在原有认知基础上不断更新观念，主动提高技艺，创新艺术表现形式。在这个缓慢的过程中，要始终不忘与时俱进，传承、创新、传播绣花鞋，使承载着浓厚文化的绣花鞋一脉相承，代代相传，延续至今。而绣花鞋从自产自用到自产自销，也正是传承的一种方式。

壮族绣花鞋作为壮族文化的瑰宝，我们希望有更多的人去学习并传承这项的民间手艺。"传承弘扬中华优秀传统文化，加强文物古籍保护、研究、利用，强化重要文化和自然遗产、非物质文化遗产系统性保护，加强各民族优秀传统手工艺保护和传承。"同时在传承的基础上继续创新发展，实现传统手工技艺和现代流行元素的有机结合，提高绣花鞋的知名度和国民度，让更多的人了解、喜爱绣花鞋。让承载着壮族妇女智慧和审美观的绣花鞋，在坚实的大地上留下美丽的印记，把中华民族优秀传统文化发扬光大。

个案 3：

我开这家店已经有几年的时间了，店铺售卖的绣花鞋既有成品

① 让·鲍德里亚：《消费社会》，刘成富、全志刚译，南京，南京大学出版社，2006。

的机器绣花鞋，也有半成品的鞋面和鞋底提供给那些想自己制作的顾客。在平时的空闲时间，我自己也会制作绣花鞋，一般手工制作的绣花鞋的价格为150元，机器制作的绣花鞋则为120元。开这家店所获得的收入只能勉强维持自己平日的生活开支，但由于我自己的年纪已经比较大了、能力又有限，所以只能开这家店铺来消遣时光了。在我们当地的风俗中，绣花鞋在人生的“三大事”以及民俗活动中是不可或缺的一部分。家里有女儿出嫁的，女方的家人一般都会到店铺中购买三十到四十双的绣花鞋送给男方家的亲戚朋友，作为女儿出嫁的一种随礼。家里有小孩子出生或者老人去世的时候，绣花鞋也是必不可少的。在平时节假日当中，绣花鞋不仅是参加各种节庆活动的必备服饰，也是作为一种礼物送给长辈，表示对长辈的尊重，长辈收到绣花鞋时也会非常开心。鞋面的花纹图案是从老一辈那里学来的，我们在原有的基础上进行创新，设计其他不同的图案。在我们这，有时还会有人专门过来跟我们学习制作绣花鞋，学成后自己也开一家相关的店铺。经营这家店铺所得的实际收入会受很多方面的影响，我也会面临着发展壮绣技艺和解决个人温饱问题之间的矛盾。①

三、隆林壮族绣花鞋活态传承发展的挑战

《非物质文化遗产概论》中说道：“保护非物质文化遗产是长期的事业、系统的文化工程，而不是一朝一夕能够完成的短期任务。只要保护的对象被认识和确定，保护工作就应该长久地持续下去，没有时间限制，我们这一代要保护，下一代还要保护，使这份文化遗产子子孙孙承继下去，并在不断地更新与发展中发扬光大。”② 通过调查发现，在现代化和全球化背景下，当前

① 访谈对象：LJH、LYH；访谈时间：2021年8月23日；访谈地点：隆林县金龙湾市场绣花鞋店铺。

② 王文章：《非物质文化遗产概论》，北京，教育科学出版社，2008。

壮族绣花鞋的传承发展确实面临着一些挑战和问题，但其中也蕴含着一定的机遇。目前首要问题便是在全球化的时代背景和疫情的双重影响下，如何抵挡主流文化带来的现代性的冲击以及解决因为新冠疫情原因无法开展的经济活动带来的经济下滑。

（一）互联网技术与非遗文化活态传承发展

随着非遗保护工作的不断推进，社会参与的热情不断提高，非遗逐渐成为社会关注的热点。同时，结合互联网等新技术新媒介的发展，创新非遗传播的内容和形式也顺应时代发展的必然要求。非物质文化遗产是中国优秀传统文化的重要部分，体现了中国文化的丰富多样性和强大包容性，非物质文化遗产对追寻世界文化多样性、重塑我国文化自信、重建文化自觉、激活我国文化软实力的发展等方面更是有着无可替代的作用。在“互联网+”的时代下，如何利用互联网技术与传统非遗相结合，最大限度地使传统工艺得以保护、传承与创新，成为我们当前需要解决的关键问题。①

壮族绣花鞋是隆林作为“活的少数民族博物馆”的代表性文化标志之一，是非物质文化遗产中不可或缺的部分。但随着时代发展，绣花鞋的发展势必不能缺席“互联网+”浪潮。“互联网+”简单说就是“互联网+传统行业”，利用信息和互联网平台，将互联网与传统行业进行融合，对传统行业进行优化升级转型，使得传统行业能够适应当下的新发展。在这样的大时代背景下，将互联网和隆林绣花鞋甚至壮族传统文化相结合，可以为隆林绣花鞋传承和发展提供新出路。互联网不仅可以让更多的年轻人通过网上多种渠道了解到隆林绣花鞋的制作工艺和历史源流，依托数字技术、摄影技术保存和记录绣花鞋工艺，进行永久化保持，引导新一代年轻人积极地参与到保护和传承壮族优秀传统文化之中去。这种记录方式简单易上手，让更多手艺人随时随地通过短视频和直播展示商品背后的技艺和文化，笔者认为，这对隆林绣花鞋的新发展具有非常好的借鉴意义。今年6月，某电商平台发布了“富艺”计

① 马莉、方芳：《“互联网+”背景下非遗技艺的保护和传承应用研究》，载《电脑知识与技术》，2020（23）。

划，还开设“遇见新国潮”专区，大力支持非遗文化的活态传承，为非遗文化的传承新发展保驾护航。[①]隆林壮族绣花鞋手艺人也可以乘上这股东风，借用视频和直播这种抓人眼球的视觉冲击力，破土新生。利用现代技术开展壮族绣花鞋网络销售是发展与突破的重要方向，通过搭乘现代新媒体技术的快车，开展非遗直播，实现与线下销售的互补。现阶段疫情席卷，绣花鞋实体店市场大受打击。不仅是外来旅游人员销售市场缩小，而且特色艺术表演对于绣花鞋的需求也大大减少。民众外出时间减少，相对而言使用网络的时间则会增加，而此时采用互联网直播的方式，通过主播生动形象的讲解与绣花鞋实物展示，能更大程度增加隆林绣花鞋的曝光度，更为广泛地传播绣花鞋文化，吸引更多购买者，从而达到宣传绣花鞋文化以及带动地区经济发展的双重目的。

客观事物都讲究利弊，互联网更不例外。首先，互联网中以短视频为主的快娱乐方式，虽说给非遗文化提供了展示的平台，让非遗出现在更多人的视野中，但其作用与程度有待提高。大部分人花费短时间去欣赏赞叹非遗文化的高超技艺，但很少人会愿意多花时间去研究与学习，所以非遗背后真正深刻的文化意义与内涵并没有真正传递出去。而要做一个真正能传递文化意义的账号，需要运营者（个人 / 团队）同时具备时间成本、金钱成本、非遗技艺、一定的电脑技术等，这对运营者是很大的考验，特别是经营初期很有可能遇上精心准备的作品无人观看的情况。在百花盛开百家争鸣的互联网，“酒香也怕巷子深”，如何将非遗精髓与互联网结合生益，是一个需要长远考虑的问题。其次，互联网主体多为当代年轻人，而非遗手艺人又多为老一辈人，如何利用互联网这个传媒来架起二者之间的桥梁更是一个重要问题。大部分老一辈人不仅对于网络的使用掌握程度不高，而且与年轻人在思想、审美上存在较大差异。传承固然需要双方的相互配合，并非其中一方的单方面付出。同时，当前网络乱象频出，很多人盲目跟风网络热点，在流量或利益的驱使下很容易丢失初心，文化符号也许就会被蒙上灰尘。

综上，互联网是机遇，亦是挑战。在传承发展非遗文化之路上，我们理

① 江西网络广播电视台:《非遗传承人走进直播间　抖音电商助非遗文化“出圈”》，光明网，2020-06-23。

应把握机遇，直面挑战，解决问题。

（二）机器绣与非遗文化活态传承发展

近些年来随着工业发展和缝纫机的普遍使用所产生的工业用缝纫机绣及家用缝纫机绣，是目前定制服装制作中较为常用的工艺，其中又以工业用缝纫机绣花为主流。[①]与传统绣花相比，电脑绣花机有针法运用丰厚、绣作效率高、产品价位更趋合理等优势，从而成为现代绣花大规模生产不可或缺的生产工具，使得纺织产品的绣花质量和绣花效率大大提升，机器绣花也被广泛应用在工艺品制作方面。因此手工制作的规模不断被压缩，传统手艺人面临着制作手艺后继无人、生存困难的窘境。在百色隆林各族自治县壮族绣花鞋制作也存在这种情况。面对机器绣花与手工绣花，两者之间哪个更优、机器绣花能否代替手工绣花一直以来都是有所争议的问题。

隆林某绣花厂是隆林绣花工艺品最大的批发源之一，其中前身为手工绣花，后十几年发展为机器绣花并不断做大。厂房里的机器都是在制作绣花制品方面最先进的，其中有一台是其为满足客户需求而向工厂特别定制。厂房里明亮整洁，机器整齐排列，一台机器有十五个缝纫机可以同时操作，有效缩短制作周期，提高工作效率。工人们有条不紊地操作着机器，机器则快速地将所需的图案绣出。完成绣花部分需要再经过熨烫、去线头、切割几道工序加工才能成为制作绣花鞋的布。机器绣花仅仅是为了将绣花这一形态表现出来，而缺乏了其内在含义的探讨。仅有物质性内容无法支撑有效的活态传承，精神性内容的散逸会使物质性内容产生遗失。[②]在引入机器绣花的同时理应加强手工绣花的创新，由此将壮族绣花鞋在不断发展当中传承下去。

由此，我们可以看出，技术高超的绣工与程序员是使机器具备绣花功能的主导，要制造出优秀的刺绣产品无法只靠一台机器就能完成。笔者认为，要树立正确的角色意识，绣工和机器并不是竞争的劳动关系，而是发展道路上互为补充的关系，机器仅仅为完成刺绣的工具，在绣工支配下工作。绣工

① 方思哲：《缝纫机绣仿手绣工艺探讨》，载《中国纺织》，2012（10）。
② 吴南：《传统手工艺的活态传承》，载《民艺》，2021（1）。

在继承传统的基础之上，吸收现代文化、科技发明和艺术思潮等理念进行创作，提升刺绣技艺、丰富创作题材，运用针线创作出刺绣作品，并辅助机绣排版软件员工作，将刺绣的特点和理念有效地传导到电脑里面，成为机绣的样板。机器绣花并非会取代手工绣花，两者而是相辅相成，共同促进的关系。“非遗”承载着中国人的文化乡愁，是中国人生活方式、思想观念的载体。一针一线皆是对生活的美好憧憬，细密的针脚书写着壮族人民的勤劳。在科技迅速发展的今天，壮族绣花鞋在渐渐被人们淡忘的同时，也有着另一帮人心心念念着，将其与现代科技相结合，与时俱进，传承创新。壮族绣花鞋永不会消失，其蕴含着壮族人民对生活的美好憧憬和审美追求，壮族绣花鞋联系着壮族人民的一生，绣花鞋也将在血脉赓续中传承下去。

个案 4:

绣花厂的经营现状良好，但相较于疫情前还是有所差距。隆林地处百色、云南和贵州三地交界处，店铺生产的产品除了满足本地的需求以外，还会销售到云南和贵州。现在绣花鞋多穿着于重要场合或重大节日，由于受疫情影响许多大型活动取消导致店铺收到的订单量减少，仅为疫情前的三分之一，收入了减少一半。

人们一般将机器绣花称之为商品，将手工制作的绣花鞋称为艺术品，手工绣的每一双鞋都有独特的韵味，而不像机器绣的绣花鞋都如出一辙，缺少观赏性。

设计的图案样式都是在手工绣的基础上进行的。设计者必须掌握绣花的技艺才能使得所设计的图案具有立体感，从而生动传神、活灵活现。店铺中绣花鞋的订单多为女子出嫁时送给双方亲戚所用。一单往往订购三四十双，一个图案或样式两双。在订单多时间急的情况下，顾客一般会向店里购买鞋底和鞋面这种半成品，自己再完成最后几道工艺。我们认为机器绣也是对手工绣的一种传承，机器绣本质上是手工绣的一种高仿。如今机器绣制作已经十分成熟，两者之间只有内行的人才能区分开来。由于机绣质量优良，市场对其接纳程度也较高。[①]

四、隆林壮族绣花鞋活态传承发展的对策

文化遗产是具有历史、艺术和科学价值的文物，是历史留给人类的财富。联合国教科文组织认为非物质文化遗产是各种以非物质形态存在的、与群众生活密切相关且世代相承的传统文化，是确定文化特性、激发创造力和保护文化多样性的重要因素，在不同文化相互宽容、协调中起着至关重要的作用。[②]党的十八大以来，习近平总书记高度重视传承发展中华优秀传统文化，并多次作出重要指示。习近平总书记在出席庆祝澳门回归15周年大会上指出：中华民族在几千年历史中创造和延续的中华优秀传统文化，是中华民族的根和魂。建立在5000多年文明传承基础上的文化自信，是更基础、更广泛、更深厚的自信。保护好、传承好历史文化遗产是对历史负责、对人民负责。对于历史文化遗产，保护永远是第一位。[③]

在这个快速发展的时代，我们更不能舍弃我们的民族传统文化，更应该使它在不断发展中获得源源不断的生命力和发展动力。民族文化与我们每个人都有着紧密的联系，可以说对当代的经济、政治也有着一定的影响。诸如隆林县壮族绣花鞋，对于该县城的民族儿女们都有着很深的情感意义，这也正是至今绣花鞋仍长存的原因，所以应该加大力度把握这个联系，去延绵发展。具体而言，应努力做好以下工作。

（一）政府全方位扶持，保护与发扬壮族绣花鞋等非遗文化

要做好隆林县乃至更大范围地区的非遗保护工作首先需要政府相关部门

① 访谈对象：LC、HYF；访谈时间：2021年8月24日；访谈地点：隆林县央索街绣花店铺。

② 中国非物质文化遗产保护中心：《中国非物质文化遗产普查手册》，北京，文化艺术出版社，2011。

③ 《保护好传承好历史文化遗产》，载《人民日报》，2020-11-20（05）。

的正确引导规范化管理。可采取民众喜闻乐见的活动形式、以通俗易懂的话语对民族文化、非遗文化这一概念进行大力宣传。在全社会营造良好的氛围，形成人人了解、关心非遗保护的社会环境，激发广大群众本民族文化的热爱，从而进一步提高民族文化自信力。

隆林县作为国家乡村振兴重点帮扶县之一，应该抓住民族文化这个特性，坚持将非遗保护融入地方经济社会发展大局。巧乘国家乡村振兴政策的“东风”，积极将壮族绣花鞋等非遗文化与地方文化旅游业相结合，探索与开拓“非遗＋旅游”“非遗＋乡村振兴”等模式。其最终的目的是能够重新发现非遗文化的价值，将其转变成资源及生产资料，实现活态传承与创新发展，重新焕发出旺盛的生命力。

由此，壮族绣花鞋等非遗文化在实现“活态”传承的同时，也可成功转变为当地经济社会可持续发展的重要推动力，从而有助于在物质与精神文化上提高人民生活的幸福感，满足人民对美好生活的需要。

（二）回归生活，保护手艺人，培养传承人

隆林壮族绣花鞋来自于民间生活，是一种实用性与艺术性并存的非遗文化。想要让绣花鞋重回人们的视线与生活就要重视它的创造者——绣花手艺人。在传授传统绣花制鞋技艺方面，手艺人发挥了难以替代的作用。可以设立专项资金，用于帮助手艺人研究、提高和创新技艺，改善生活和从艺条件，帮助其创办手艺培训班等。非遗文化须先在继承的基础上发展。现如今保护和发展壮族绣花鞋文化最重要、最有效也是最紧急的方式是培养传承人。非遗的传承，应当立足于当下，展望向未来。坚持以传承人才培养为中心，将非遗人才培养与学校教育相结合，积极推行“非遗文化进校园”活动。在一些中小学、专科和高等院校开设绣花制作等非遗文化兴趣班，组织开展各种体验感受非遗文化的活动。让优秀传统文化在年轻一代当中得以了解、热爱与传承，为非遗传承培养源源不断的后备大军。

（三）与时俱进，以现代科技之光，照亮非遗传承之路

善于利用新兴科技，传统与科技相结合才是最大赢家。网络宣传成本低、不受时间和空间的限制，且传播速度快、受众范围广。当今时代的网络自媒体已深度融入人们的日常生活和各个领域。通过短视频、公众号等自媒体渠道，以直播、视频、文章等形式宣传优秀隆林绣花鞋文化，使其能更好地走出去，从而更好地推动其传承与发展。在继承的基础上发展，在发展的过程中不断创新。将现代流行元素融入绣花鞋的材质、造型、图案等方面，实现传统文化与新时代潮流的完美融合。纯手工制作的绣花鞋的产量是不能够满足当今日益增大的市场需求量。随着工业机器自动化技术的提高，机器自动化生产能更好地带动着绣花鞋走向产业化、商品化的发展道路，这不仅是对绣花技艺的一种传承方式，也能带动当地经济产业的发展。以了解、保护、传承、可持续的态度对待传统非遗文化方式，提升民族文化的自豪感与自信力，全社会共同凝聚成一股力量，隆林壮族绣花鞋等非遗文化的传承与发展之路在新时代必将越走越远，越走越宽阔。

文旅融合助推民族特色村寨文化振兴的实践路径研究

——以广西都安瑶族自治县地苏镇兴利村为例

赵泽华　覃禧婕

一、问题的提出

2022年中央一号文件提出：稳住农业基本盘、做好“三农”工作，全面推进乡村振兴，持续推进农村一、二、三产业融合发展。而少数民族特色村寨（以下简称“民族特色村寨”）正是《乡村振兴战略规划（2018—2022年）》中规定的一个重点类型，“民族特色村寨”是指少数民族人口相对聚居，且比例较高，生产生活功能较为完备，以农业人口为主的、少数民族文化特征明显的自然村或行政村。[①] 民族特色村寨具有历史悠久、民族文化浓郁、文化资源集中、生态环境良好、自然资源丰富等特点。通过民族特色村寨建设，促进民族村寨文旅融合，利用民族地区文旅资源，发展民族村寨旅游事业，从而将村寨发展和乡村振兴战略完美结合起来，实现民族地区乡村全面振兴。

综观相关研究，国内学术界20世纪80年代左右开始关注民族村寨建设研究，至今在理论和实践方面成果丰硕。其一，关于民族特色村寨建设路径的研究。郑磊等人从完善民族地区地方村寨保护条例、增强村寨经济活力、

① 国家民委：《少数民族特色村寨保护与发展规划纲要（2011—2015年）》，（2012-12-07）［2022-08-01］，https://www.neac.gov.cn/seac/xwzx/201212/1003273.shtml。

重塑村寨文化等方面探讨了民族特色村寨的建设路径。[①] 李美茹则从创新产业融合发展机制、坚定畲族优秀传统文化自信等方面探寻了福建畲族特色村寨乡村振兴的实践出路。[②] 侯志茹等人则从"旅游 +"模式带动特色产业全产业链的发展成效来梳理村寨旅游业的发展路径。[③] 其二，关于民族特色村寨民俗文化要素的研究。曾瑜从建筑文化、节日文化、音乐舞蹈等民族文化的多样性角度梳理特色村寨民族文化旅游产业的民俗文化要素，他指出当今民主文化传承断层是民族文化旅游产业存在主要问题之一。[④] 蒙涓等人则从"人—业—地"三个维度，探讨了通过深挖非遗文化资源来提高民族文化旅游产业的核心竞争力。[⑤] 田月梅等人通过研究互联网时代民族特色村寨文化传播模式和传播途径，探索出民族特色村寨文化传播的基础、目标、渠道、主体四项传播策略。[⑥] 其三，关于民族特色村寨的地域空间格局的研究。覃小华等人发现民族特色村寨空间分布格局呈现出一种由"多个高密度核心区"到"一核多点"结构形态、再到多核驱动的"多地开花式"演化的过程，并提出通过不同地区的资金优势对接，建立产业跨区域协作机制，借以实现优势互补的发展格局。[⑦] 魏珍等人发现贵州民族特色村寨大多分布在经济落后且人口稀疏的地区[⑧]，他们提出要加强人们对保护和合理开发少数民族特色村寨的意识，以此来增加村寨民族传统文化的保留和传承机会。[⑨] 杨姗姗则分析了民族文化、

① 郑磊、杨春娥、王平：《乡村振兴视域下民族特色村寨的价值分析与建设路径——基于鄂西南民族地区的考察》，载《民族学刊》：1—12，[2022-08-02]，http://kns.cnki.net/kcms/detail/51.1731.C.20220312.1603.002.html。

② 李美茹：《福建畲族特色村寨乡村振兴路径探索——以三明大田东坂畲族村为例》，载《黑龙江民族丛刊》，2021（1）。

③ 侯志茹、谢英钊、李寒冰：《民族特色村寨旅游助推乡村振兴的路径分析——基于青海省海东市互助土族自治县的调查》，载《青海民族大学学报》（社会科学版），2022（2）。

④ 曾瑜：《铜仁市民族特色村寨旅游业发展态势分析》，载《贵州民族研究》，2021（4）。

⑤ 蒙涓、黄翅勤：《少数民族特色村寨"非遗 + 旅游"精准扶贫的逻辑和实践——关于广西三江程阳八寨侗乡的研究》，载《农业经济》，2021（2）。

⑥ 田月梅、谢清松：《互联网时代少数民族特色村寨的文化传播路径研究——以贵州省三个少数民族特色村寨为例》，载《贵州民族研究》，2020（10）。

⑦ 覃小华、李星明、陈伟等：《长江经济带少数民族特色村寨的地域空间格局与影响因素》，载《人文地理》，2022（3）。

⑧ 魏珍、张凤太、张译等：《贵州少数民族特色村寨时空分布特征与影响因素分析》，载《贵州民族研究》，2021（1）。

⑨ 唐明贵、胡静、肖璐等：《贵州少数民族特色村寨时空演化及影响因素》，载《干旱区资源与环境》，2022（4）。

地形地貌、河流、交通四个因素对四川少数民族特色村寨的空间分布影响。[①]综上所述，当前研究成果多集中在民族村寨建设路径、民俗文化保护传承和民族村寨文化的空间分布三个方面。虽然有部分学者也关注到特色村寨文化产业高质量发展[②]、传统民族特色村寨开发利用[③]等最新研究热点，但是多数学者是从宏观层面剖析文旅融合发展的动力与机理，鲜有在村寨场域下将民族村寨建设与村寨社会结构变迁有机结合的研究成果。

鉴于此，本研究选取广西都安瑶族自治县地苏镇兴利村的“三岛湾旅游度假区示范基地”为案例，于2022年7月进行了为期10天的深入调研。兴利村是2019年“国家级民族团结进步示范村”，村寨内文旅融合项目发展较好。通过对兴利村度假区管理层、员工、兴利村村委、度假区养殖户、周围居民和游客的实地访谈，全面了解旅游度假区的建设历程以及相应阶段的村寨社会结构变迁，拟回答以下几个问题：文旅融合项目为何会落地兴利村这样的特色村寨？项目进村后如何推动村落文化振兴、社会结构变迁及社会重组的？本文将对这些问题逐条展开研究分析。

二、文旅融合项目何以在村寨落地

依据调研团队对地苏镇兴利村深入调研获得的第一手资料，本研究将着重从村寨基础硬件、各方需求、利益契合、阶段性协同行动等四方面展开分析“三岛湾旅游度假区示范基地”文旅融合项目何以能在兴利村落地。

（一）基础：多种村寨优势

兴利村位于广西壮族自治区河池市都安瑶族自治县西部的红水河边，村

① 杨姗姗：《少数民族特色村寨非物质文化遗产空间分布及其影响因素——以四川省为例》，载《社会科学家》，2020（11）。

② 李忠斌、骆熙：《特色村寨文化产业高质量发展评价体系研究》，载《民族研究》，2019（6）。

③ 张立辉、张友：《贵州黔南州传统民族特色村寨保护与开发利用研究》，载《民族学刊》，2019（6）。

内依山傍水，地理位置独特，有着如下良好的村寨基础。其一，交通条件便利。2011 年大化至忻城的二级公路通车，公路从村里穿过，陆路交通便利；2011 年底市移民局在这里建成了大湾码头，兰海高速、国道 210 线、贺（州）巴（马）高速公路横穿过境，通往自治区境外的道路畅通无阻。村内有三个自然屯，分别为头亮屯、大湾屯、小湾屯，三个自然屯之间道路互通，往来十分便利。其二，自然景观优美。三岛湾度假区山水景观绝美，河谷气候空气清新洁净，自然生态环境优美；喀斯特地貌景观丰富，具有典型性；河道地形适宜渔业同步发展，农业资源丰富。有四级旅游资源 2 个（红水河三岛湾、密洛陀文化），三级旅游资源 18 个（喀斯特峰丛谷地、鲤鱼跃龙门、象群吸水、伟人像章山、绿韵三岛、地苏地下河出水口、田园风光、水上乐园、瑶药、《密洛陀古歌》、布努瑶祝著节等），二级旅游资源 16 个，一级旅游资源 23 个。其三，民族文化氛围浓厚。布努瑶民族风情浓郁、原始古朴；密洛陀文化传承悠久，充分展现布努瑶民俗风情和文化魅力。度假区也会同村寨联结举办许多民俗活动，例如壮族“三月三”大型节日活动、“祝著节”文化旅游活动、特殊节日展示民族舞蹈、扁担舞等，这些都是兴利村民族文化的主要载体。其四，基层组织强干。村委班子团结一心，牢固树立“权为民所用，利为民所谋”意识，宣传发动群众，积极协助旅游局征地，引进外资在小湾屯建起了三岛湾国际旅游度假区，并拓展覆盖了全村。在头亮屯建设了多个特色项目，有头亮生态农业园、头亮民族新村，修建有头亮休闲广场、吊脚木楼等基础设施，并承办了 2015 年的都安布努瑶族“祝著节”等大型文化旅游活动。

（二）需求：政府、企业与村寨

文旅融合项目的设立，必然要有相应的主体需求作为基础。都安县是“十三五”时期以来的全国深度贫困县、广西极度贫困县，县人民政府一直在积极探索本地村寨旅游发展与乡村振兴战略相融合的可行模式。都安县作为瑶族自治县，其县内特色村寨文化资源丰富，而兴利村更是都安县内民族特色闻名的村落。基于这种特殊优势，政府的需求是：积极推动特色村寨文化产业发展和乡村振兴战略相结合，带动村落经济产业发展，实现乡村振兴战略布局。当地市场的主要参与企业，其需求是：利用兴利村现有旅游资源为企业赢得利益、促进企业持续发展。兴利村的特色村寨文化产业发展历史较短，村落特色村寨文化资源仍待继续开发，开发成本较低，这些有利于企业的发展因素，很好地满足了企业需求。兴利村作为地方治理基层单位，它的需求是：将本地特色村寨文化资源充分利用起来，依托特色村寨文化产业发展，带动兴利村内各种产业发展，促进特色农业、养殖业、服务业等产业的同步发展，带动村民走向共同富裕。总体来说，政府、企业与村寨三方的需求在这个文旅融合项目中都得到了满足。

（三）契机：多方需求契合

文旅项目得以设立，还需要一个合适的契机。都安县旅游资源丰富，又基于乡村振兴的发展需求，急需企业来开发本地丰富的特色村寨文化资源。A企业在寻找旅游资源丰富、具有政府政策支持、开发前景较好的地区作为景区进行建设。此时都安县的政策支持，无疑可以减少旅游景点的建设难度。村落恰好也处于产业发展需求时期，也需要吸引村外企业、村外资金来促进村落发展建设。三者需求完美契合，"三岛湾国际旅游度假区"项目设立在兴利村的大好契机已经出现，此时只要出现一个"牵头人"作为项目建设开端，文旅项目正式设立就有成功可能性。2011年，都安县政府在上级财政下拨款项以后，开展了"项日统一建设"工作。由县级人民政府统一组织，以县长为代表，牵头召开了一次县政府、县文化和旅游局、A企业三方会谈，确认了文旅项目开展的可能性和广西名都旅游股份有限公司的项目法人资格。三方会谈以后，"三岛湾度假区示范基地"文旅项目事实上已经确立，只需"项目选点"成功，即可继续推进。

（四）行动：阶段性推进

"三岛湾旅游度假区示范基地"的启动，是三方协调、逐步推进的动态过程，该过程大致可分为三个阶段：

第一个阶段：政府选址阶段。2011年，由都安瑶族自治县文化和旅游局、都安县人民政府联合作为“牵头人”和A企业对接，开始初步协商。在初始阶段，县级旅游局和县级人民政府一方面要和企业对接，询问投资意愿和投资方案，另一方面要和乡镇、村落对接，了解村落文化旅游资源概况。政府选址的标准为“村落拥有丰富的文化资源”“产业基础”“村委有意愿承接项目”。地苏镇兴利村作为县级闻名的民族文化特色村落，其村落民族文化资源丰富，因而成为了“优先考虑”的重点对象，于是，兴利村开始向地苏镇、自治县层层打报告，提供基本资料。

第二个阶段：村寨争取阶段。2011年兴利村两委班子进入开会讨论，整理立项材料阶段。兴利村村委会成员多以青壮年为主，当时都认为这是不可多得的村落发展机会，因此经常连续加班、连续熬夜，反复开会讨论，不断优化申请材料。村支书多次向上级汇报，力争使项目申请材料完全符合上级要求。在村委的连续奋战、持续努力下，立项材料终于在最短的时间内圆满完成，并逐级上报给县级人民政府。当时村委会争取项目的口号是：“兵贵神速”“团结高效”，防止“夜长梦多”。事实证明，村委会“以最短的时间得到项目”的策略取得了成功，经过审核以后县政府最终决定将项目选址在兴利村。

第三个阶段：企业投资阶段。2011年县级人民政府材料通过以后，村委会就开始和企业对接，企业开始正式进行投资，村委着手处理村落征地事项、项目落地事项，项目建设开始实行。项目总体规划占地面积831公顷，2015年项目《总体规划》已顺利通过自治区旅发委官方组织的专家团评审，并获县政府同意实施。截止到2022年调研期间，企业已总计投资人民币1.5亿元，预计建成需投资人民币12亿元。

三、村寨社会结构中的文旅融合行动策略

要探究村寨社会结构中的文旅融合行动策略，首先需要明晰在企业建设

过程中的政策保障与利益合谋、如何处理征地问题、如何组织村民行动、企业如何促进经济吸纳以及如何与村落进行利益联结这些关键问题。通过对以上问题的探究，才能全面分析村寨社会结构中的文旅融合行动策略是如何制定的。

（一）政策保障与利益合谋

2011 年政府、企业、村落协商确定意愿后，三方虽然有需求契合点，但是仍有较大利益分歧。

最终经过半年时间的协商，三方最终达成了利益合谋：县级人民政府为项目背书，作为最大的政策支持者和行政协调者，负责政策支持相关事务；企业管理者从本地长工龄员工中选出或培养，以保证本地村落利益；企业员工从兴利村或者邻近区域中选择，以保证乡村振兴实效；企业和村委会为项目落地管理者，负责村内相关事务的管理和协调工作；村委会作为村落内企业和村民的协调者，居中协调征地问题、职工等相关问题，尤其需要保证征地问题的及时处理。

（二）集体用地与关系治理

企业之所以在征地问题上反复强调寻找“负责人”，是因为企业深知在村落中村民对土地的重视程度。第一批征收集体土地 21.6461 公顷（折合 324.6915 亩）时就出现了问题。村落中青壮年对土地的依赖性相对较低，他们有机会更愿意外出打工或者发展其他副业，不单单依赖土地种植取得收入，同意以一年每亩 500 元的价格租让土地。而老年人有所不同，因为村落的贫困记忆使有些老人特别重视土地的所有权，认为征地就是“要他们的地”。据度假区分管主任回忆，征收集体用地时，大湾屯和头亮屯问题很少，距离最近的小湾屯问题最多，较多老人不愿让出耕地。

为解决这些问题，企业负责和村委会对接，积极协调村民征地问题。由村委会居中协调，以前任副主任为核心，组建一只“游说小队”，负责对不同意征地的村民挨家挨户进行入户协调。副主任带头租让自家土地用作度假区建设，然后以此为表率，挨家挨户入户协调，宣传度假区建设后的实效和对村落发展的重要性。同时身上带上土地租让合同，在村民同意时就敲定合同，能不拖延就不拖延，防止事后变卦。在“游说小队”运作期间，企业副总经理作为本地出身的管理员，也非常注重企业和村委会的合作关系培养。不但以村民的身份帮助村委协调工作，协调自家附近村民的征地问题，还以企业管理者的身份主动联系村委提供资料、进行工作配合，在不断的互动中加深了企业和村委会的合作关系。最终在村委会和企业管理层的共同努力下，第一批征地问题圆满解决，度假区在2012年成功开始土地平整工作。

（三）村民组织化与一致行动

文旅项目落地以后，村委如何对村民进行有效组织，使村民可以积极参与文旅融合产业，也是需要重点关注的事项。通过有效的组织，使村民一致行动，就可以集中村内资源进行项目建设，也可以减少项目建设中的困难。村委会想到的就是通过宣传让村民认识到度假区建设的作用。首先，村委会在会议室召开队长大会，将村内13个小队的队长、村内族老集中起来进行宣传，使村落管理层深刻认识到度假村的作用以及如何进行宣传。其次，队长回到村里再开村民会议，将村委的宣传和自己的理解再宣传给村民，通过村委会—队长—村民的层层向下深入宣传，成功使全村村民认识到了度假区的作用。最后，在宣传以后村委会开始组织村民参与到度假区项目的建设之中。对于有专业技能的人就提示参与建设，对于有外联关系的人员就让他们联系提供原材料，至于普通村民，就鼓励他们闲时到度假区附近逛逛看看，增加对度假区的了解。如果对度假区的建设有所疑问，也可通过村民—队长—村委会层层上报，队长无法协调就上报村委，再由村委会居中协调。通过这种层层递进的组织关系，村民关注的矛盾都被有效解决，没有影响度假区项目的建设。

除了宣传和组织村民参与，村委会还需要对村产业体系进行整合。三岛湾度假区的建设虽然已经开始进行，但是作为村内文旅融合产业仍显单一。

此时不但需要对三岛湾度假区进行旅游景点的打造，还需要对头亮屯进行民族文化特色的打造，使两个区域进行优势互补。三岛湾主要进行景点建设和民族特色文化辅助建设，头亮屯主要进行民族特色文化建设和景点辅助建设，这样在度假区有重要活动时就可以合并头亮屯的民俗活动，在度假区旺季时头亮屯也可以分散度假区的游客压力。

（四）经济吸纳与利益联结

旅游度假区的设立，对村落产业的主要帮助为提供较多就业岗位。企业常设员工为旅游区 20 人，养殖区 10 人，研学区域 15 人，提供常设岗位 45 个。在夏季、特殊节日等旅游旺季时期，会以临时工的形式聘请村民来处理餐饮、后勤等外围事务，旺季时期时度假区可以提供 200 个左右就业岗位。需要岗位较少时，由管理层自行联系周围村民来短期务工，需要岗位多时，由村委会负责居中联系村民来度假区务工。同时，文旅项目的发展，还带动旅游相关产业的同步发展，例如度假区的渔业、水上乐园的服装产业、附近居民的农家乐、民宿和养生饮食馆等的同步发展。企业通过提供就业岗位、带动旅游相关产业同步发展的方式，将企业和村民利益联结在一起，并通过企业发展促进村落产业发展，使企业发展和村落发展完美融合在一起。

四、文旅融合推动的村寨社会重组与文化振兴

文旅产业要在村寨内持续发展，必然要对村寨进行社会重组和文化营造，使其村寨社会环境适合文旅产业发展的需要。同时，还需要对村寨进行形象打造和以市场为导向对村寨进行一定的工程改造。这些重组和改造举措无疑会推动村寨内社会重组与文化振兴。

（一）社会重组推动村寨文化产业发展

在兴利村文旅项目建设过程中，村寨内社会分工和社会关系也发生了改变。在文旅项目建设以前，兴利村村委会主要负责村落治理和产业规划，企业也只需要负责自家企业的管理和从事产业的上下游对接，村民只作为员工在企业工作，各主体分工明确、各产业业务边界和运作边界清晰。在文旅项目建设过程之中，企业方虽为资金筹集的主要来源方，但企业管理权、运营权都要被本地管理层、本地村委所分润。村委会也不再只是村寨治理者，还成为了村寨代理人、企业的监管者之一。村民则成为特色村寨文化产业的建设者和参与者，其中长龄员工还会晋升为企业管理层，代表本地利益和协调企业利益。企业、村委、村民三者的社会分工和社会关系重组，使其更加符合特色村寨文化产业的发展需要。在文旅项目落地之后，依托于兴利村的熟人社会资源，上游原材料供应由村民出面协调，建设工地用工也多由兴利村和周围村寨提供劳动力资源。企业、村委、村民三者被纳入一条新的产业链之中发挥着各自的功能，原本运作边界清晰的产业模式被完全打破，并实现重组。

在文旅项目建设和村落治理的同时，村民的组织化程度逐渐提高。在文旅项目建设以前，村委会只是被动地解决村民矛盾，尚未树立有效组织村民的意识。在文旅项目建设过程中，村委会分为三步对村民进行有效组织。第一步，对村委会委员分工。村委将大湾屯、头亮屯、小湾屯分为三块管理区域，分别由村委书记、副书记、副主任三个村委成员负责，每位村委负责自己区域内的矛盾协商、事务安排，对村落进行网格化管理。第二步，建立村落治安联防的基层治理机制和村委—队长—村民三级沟通机制。自基层治理机制和沟通机制建立以来，不但有效解决了项目建设中的困难，还有效防止了村落内盗窃、赌博、吸毒等治安隐患、犯罪事件的发生，村内治安问题逐步减少并最终消失。2020 年兴利村被评为“无讼村”，就是其网格化管理和三级沟通机制的成效证明。第三步，建立老年协会、红白理事会、村民监督委员会等村民自治组织。通过村民自治组织及时接受村民反馈，了解村民的诉求和解决村民遇到的问题。老年协会以解决村内老人问题为主，红白理事会则以规范丧嫁风俗为主，村民监督委员会则是在村内有重大公共事务时才会开会启动。通过以上三个步骤的组织化管理建设，在文旅项目建设以后，村落的治理能力、村民的自治能力及村民组织化都有了显著提升。

（二）文化营造推动村寨文化内涵发展

在文旅融合项目的建设过程中，兴利村对村落景观、公共空间、文化活动、文化公共性四个方面进行了文化营造。首先，村落景观文化营造。兴利村的文旅融合项目以“三岛湾国际度假区”为核心，优先对“三岛湾”度假区景观进行规划，以红河河谷及周围山水风景为中心，建立河谷休闲栈道、水上乐园等景观；在头亮屯建设有头亮休闲广场、水上民族九曲艺台、独上特色农业观光亭、吊脚木楼等景观，形成三岛湾＋头亮屯特色旅游文化区域。其次，村落公共空间文化营造。以三岛湾＋头亮屯旅游文化区域为基础，重新规划交通道路布局，并统一旅游区域和周围村落的建筑风格，突显民族建筑文化风格。在旅游区外还设计有“民俗文化体验区”，供游客体验最真实的民俗文化氛围。尤其是在度假区宽广地区建立“文化广场”，为“壮族三月三”“祝著节”等特殊节日活动提供活动广场，用以展现民俗文化。再次，村寨文化活动的营造。民俗文化是村寨文化活动的核心，山歌和民族舞蹈是民俗文化活动的主要内容，为了发展和创新其形式和内容，兴利村成立了“山歌协会”。在内容上，他们对山歌的某些过时思想进行发展；在形式上，他们对山歌表演方式进行了创新，以前山歌等活动多为个人即兴演唱，如今“山歌协会”组织山歌爱好者进行集体训练和演出，并且在壮族三月三、祝著节、端午节、中秋等特殊节日在兴利村和周围地区进行“山歌比赛”表演。最后，文化公共性塑造。在文旅项目建设过程中，兴利村对特色民族文化元素进行了公共性塑造，例如以前民歌仅为少数民族个体之间交流感情或情绪宣泄的文化表达，具有私有性或特定群体性，现在把山歌中的打情骂俏等俚语俗语替换为赞美爱情等高尚的内涵歌词，将私下小群体的山歌推向了公共场合，呈现在游客面前，既愉悦了游客的感情、陶冶了游客的情操，又让游客体验了民族风情。再如以前民俗文化仅为少数民族个人生活的习俗惯例，现如今通过“民俗文化体验区”“文化广场”等公共场合的展示，将少数的习俗惯例转换为公共认可的民俗生活方式。

（三）政策形塑推动村寨文旅空间融合

随着文旅项目的发展，县级政府围绕示范点创建的标准“四美两宜”（“四美”：科学规划布局美、村容整洁环境美、村强民富生活美、乡风文明和谐美；“两宜”：宜居宜业）出台了一系列指导性政策。首先，打造民俗文化氛围。“三岛湾国际度假区”地处小湾屯，小湾屯村委会在企业的协助下对村子街道布局、建筑风格、民族文化元素进行了统一打造。头亮屯虽然只承接三岛湾度假区的一部分功能，但总体风格也要符合示范点的创建要求。2015年初，头亮屯村两委班子带领全村广大党员，挖掘山歌文化，组建山歌协会，营造民族文化氛围。其次，打造地方特色农业。政府出台土地流转政策，鼓励头亮屯村民流转土地，使小块土地实现连片整合；然后又出台优惠的招商引资政策，引进外商，租赁头亮屯连片土地种植火龙果。头亮屯示范区内大面积种植火龙果，不仅实现了传统农业向现代特色农业的转型，释放本地劳动力，增加农民收入，同时也为度假村带来了特色农业观赏点，丰富了民族特色村寨的文化内涵。当年广西全区评出20个现代特色农业示范区，头亮屯榜上有名。再次，推动文旅空间融合。兴利村严格划定旅游示范区和民俗文化体验区，构建场域载体，促进文旅空间融合。以小湾屯和头亮屯为中心的旅游示范区加强基础设施保护和维护的力度，保留延续历史文化空间格局。民俗文化体验区在保留民俗特色的基础上，清晰区分旅游空间和非旅游空间的区别，为旅游空间提供民俗文化资本。最后，打造“外展式”生态。大湾屯地处兴利村核心区域，除了统一建筑风格，凸显民族特色文化氛围外，着力打造了街道绿化、厅院绿化、沿河生态走廊，展现自然风光，彰显生态宜居。随着创建工作的逐步完成，兴利村先后在2014年被自治区环保厅评为“自治区生态村”，2015年兴利村被自治区乡村办评为“绿色村屯”，2017年评为“河池市文明村”，2018年评为“广西壮族自治区民族团结进步模范集体”“自治区级生态旅游示范区”“国家级 4A 级旅游景区”，最终在 2019 年评为“国家级民族团结进步示范村”。

（四）市场诱导推动村寨文化氛围营造

游客是文旅项目的主要消费者，外来游客的凝视与消费需求是示范区建设的风向标。首先，游客的观感体验引导基础设施完善。除了前期村委会、企业对度假区水、电、道路等的建设，村落也需要对环境卫生、基础设施进行定时维护，以保持良好的村落观感。兴利村村委会持续宣传“绿色可持续发展”，严禁焚烧秸秆、乱挖乱采、乱丢乱倒等破坏生态环境行为，定期组织动员村民进行环境卫生大整治行动，清理公路沿线垃圾、生活垃圾、建筑垃圾，做好垃圾分类，建立了包括度假区在内的村落垃圾处理机制和设施维护机制。其次，游客心理预期引导村落文化多样性。游客选择特色文化旅游是期望体验当地浓厚的民族文化氛围，这就需要企业和村委进行组织、村民进行配合展现特色民族文化。兴利村特色民族文化载体主要由三个组成，民族舞蹈、壮族三月三和扁担舞。企业、村委和村民积极组织参与特殊节日活动，多元呈现民族文化，营造村落文化氛围。再次，游客的消费需求促进文旅产品多样化。游客旅游时期的文旅产品消费需求，要求兴利村提供多样化的文旅产品。消费需求促进兴利村陆续推出“生态蜂蜜”、生态火龙果、特色山茶等特色农产品，以及手工编制品、民俗服饰、民俗纪念品等延伸产品，极大地丰富了兴利村的文旅产品种类。最后，游客的愉悦体验需要文明的社会环境。企业为了保障游客的观游观感，必须协同村委会和村民打造良好的社会文明环境。“企业—村委—村民”三级宣传机制的建立，使村民都认识到旅游产业和村民的生活、发展息息相关。村民为了村落发展和自身利益，在游客需求愿望的引导下，也逐步形成了良好的文明举止，积极主动地营造村落文化氛围。

五、结语

综合调研发现和文献梳理可知，民族特色村寨产业发展中的文旅融合项目多为“旅游+”模式，即民族特色村寨通过以旅游业为核心的文旅融合模式带动村落全产业链持续发展。同时，在选择项目时期，多以本地自然风景或景点为主，人文景点和民族特色文化为辅，其核心仍为旅游业的延伸。而村寨之所以倾向选择文旅融合模式，是因为民族特色村寨拥有丰富的特色文化资源，且文旅融合模式开发周期较短，一旦顺利开发，可以带动地区其他产业同步发展。概括而言，“旅游+”模式有以下优势：其一，少数民族特色村寨拥有特色文化资源。一般来说，少数民族特色村寨都拥有相当丰富的少数民族特色文化资源，这相对于其他地区是一种天然的资源优势，文旅融合模式可以充分挖掘特色文化资源的价值。其二，文旅融合模式打造周期较短。打造周期较短有利于快速呈现成效，并且可以大规模推广开发形式。乡村振兴背景下要充分考虑民族村落的发展状况，打造周期短的文旅模式可以使民族村落短期投入迅速见到实效，并推动民族村落全面振兴。其三，文旅融合项目打造成本较低。通常的产业打造多为政府统筹，成本是首先要考虑的一项重要条件，而且还需要考虑后续维持成本。文旅融合项目相对于其他项目政府投入较少，大多为企业自行融资，政府和地方村落只需要提供基础设施建设费用和后续维护费用，相比其他项目成本较低。因此，文旅融合项目具有打造成本低、打造周期短、项目见效快、带动产业多等多个优点，成为特色村寨产业发展中优先考虑项目。

纵观民族特色村寨旅游产业发展过程和产业链的延伸，可以清晰地看出其带动村落产业发展和文化振兴的实现路径。首先，在旅游景区建设期间，文旅项目可以充分利用村落多方面资源，将更多资源实现整合，并将其投入到建设中去。其次，在旅游景点建设完成以后，闻名而来的大量游客会增加对旅游娱乐项目、娱乐设施、宾馆住宿、餐饮和日常品等的需求，这也会带动村内其他相关产业的发展。最后，旅游业发展带来的岗位需求和游客带来的消费需求，又会反过来激励村民提供更多的文化产品，丰富村落文化资源，也会激励村民围绕旅游产业继续深入开发上下游产业链。在这个环节内，一方面，通过旅游产业的建设来带动村落第一、二、三产业的融合发展；另一方面，又通过市场需求反向激励村民提供更多优质文化形式，而优质的文化资源又会促进文旅融合，推动旅游业的发展。只有文旅两者有机结合，才能促进村落产业、经济、文化三者同步发展。

在关注文旅融合模式发展带来的成效时，也应该清晰认识文旅融合产业对村寨文化振兴的有效度与限度。首先，要充分认识到文旅融合模式对带动村落发展具有许多积极效益。一是可以促进村寨内社会分工和社会关系的合理改变，使其更加适应村落的发展需要，也可以促进村民组织化发展。二是可以围绕文旅融合项目需要进行村寨文化氛围营造，从而促进民族特色文化的传承和发展。三是可以依据市场需求和发展需要，对村落进行基础设施进行完善、对村民言行举止进行规范，对文化、生活、产业等各方面进行“规范化”。其次，我们也应该清醒认识到文旅产业对村落发展带动的局限性。一是文旅产业为主的村落多以外部市场为导向对村落进行改造，过于追求“吸引外部游客”，发展时间长久以后容易忽视本地人的需求。二是以文旅产业为主的村落，虽然有村委会的监督和制约，但是企业话语权仍然过大，不利于村落内平等协商的推行。村落内的产业发展、治理都需要依靠企业的配合才能正常进行，长时间的发展容易导致双方地位发生实质上的转变。三是文旅产业对村落其他相关产业的改造、包装较为初级，仍以文旅产业的发展需要为主，无法对村落其他产业的发展形成深层次带动效果。

文化旅游情境下京族服饰的传承和创新

邓舒忆　黄晶　刘芯　周嘉铃　章艺纯　黄劲松

一、背景分析

作为构成中华民族优秀传统文化不可或缺的非物质文化遗产，是中华文明源远流长、世代传承的生动见证，是联结民族情感的纽带，也是维系国家统一的重要基础。保护和利用好我国非物质文化遗产，对于实现经济社会的全面、协调、可持续发展具有重要作用。党和政府高度重视非物质文化遗产保护工作，2019 年 8 月，习近平总书记在甘肃考察时强调指出，要加强对国粹传承和非物质文化遗产保护的支持和扶持，加强对少数民族历史文化的研究，铸牢中华民族共同体意识。在以习近平同志为核心的党中央坚强领导下，我国非物质文化遗产保护工作取得显著成绩。非物质文化遗产是我国非常重要的旅游资源，而旅游则是推动非物质文化遗产传承和发展的一种重要方式。目前，我国的旅游事业得到了快速的发展，而特色旅游也日益受到人们的欢迎。文化旅游作为一种特色旅游，具有丰富的文化内涵，促进非物质文化遗产与当地旅游的相互融合已成为一种发展的必然趋势。广西是一个多民族聚居的自治区，不仅有壮族、汉族、瑶族、苗族、侗族、仫佬族、毛南族、回族、京族、彝族、水族、仡佬族等 12 个世居民族，另有满族、蒙古族、朝鲜族、白族、藏族、黎族、土家族等四十多个其他民族成分[①]，发展文化旅游具有得天独厚的优势。非物质文化遗产与旅游之间有显著性相关关系，文旅融

① 《广西民族分布状况》，广西决策咨询网，http://gxjczx.gov.cn/intro/8.html.

合背景下，推动非物质文化遗产和旅游产业的融合必将成为促进现代文化旅游业发展、促进非遗文化传播的新途径。本团队深入贯彻习近平总书记关于非物质文化遗产保护重要指示批示精神，落实党中央、国务院关于扎实做好巩固拓展脱贫攻坚成果和推动乡村振兴战略的工作部署，聚焦京族服饰制作技艺这一国家级非物质文化遗产名录，探究文旅产业发展与非遗传承的关系，借助文旅融合契机，传承和推广京族服饰及其文化，为非物质文化遗产项目注入时代创新的动力。

（一）国家非遗保护政策为京族服饰制作技艺提供有力支撑

2021 年 8 月 12 日，中共中央办公厅、国务院办公厅印发了《关于进一步加强非物质文化遗产保护工作的意见》（以下简称《意见》）。《意见》全面贯彻以习近平同志为核心的党中央关于非物质文化遗产保护的决策部署，准确把握了新时代非物质文化遗产保护的历史方位和重大意义，充分吸纳和体现近年来非物质文化遗产保护形成的一系列行之有效经验和做法，从坚定文化自信、实现中华民族伟大复兴的全局和战略高度，明确提出当前和今后一段时期非物质文化遗产保护的总体目标和主要任务，是做好新时代非物质文化遗产保护工作的纲领性文件。《意见》强调，要健全非物质文化遗产保护传承体系，完善代表性传承人体系、区域性整体保护制度；要提高非物质文化遗产保护传承水平，推动非物质文化遗产助力乡村振兴，鼓励建设非物质文化遗产就业工坊，促进当地脱贫人口就业增收；同时从组织领导、政策法规、财税金融支持、机构队伍建设方面加强对非遗的保障。《中华人民共和国国民经济和社会发展第十四个五年规划和 2035 年远景目标纲要》中也指出要推动中华优秀传统文化创造性转化、创新性发展，强化非物质文化遗产系统性保护。

（二）跨境经济发展政策保障京族服饰发展

2022 年 5 月 24 日，广西东兴国家重点开发开放试验区成立十周年新闻发布会在南宁召开，主题为“奋舟求进、乘风破浪谋新局面，全力推进东兴试验区高质量发展”。广西东兴试验区充分利用了 RCEP（区域全面经济伙伴关系协定）的发展契机，深度融合本身蕴含的巨大商机，重点开展区域跨境经济，自治区也在资金、项目、政策等方面继续给予试验区倾斜支持，同时争取更多的国家政策扶持，促进东兴试验区的发展和升级。

（三）文化旅游与少数民族服饰文化的联动关系

近期，文化旅游作为热度极高的旅游模式之一，受到游客们的向往。在文化旅游兴起的背景下，少数民族文化在文化旅游中的竞争优势明显，吸引力强，游客的旅游方向也更多转向了蕴含独特民族文化的民族地区。少数民族的服饰文化，是这个民族经历长时间的历史变迁、生存环境转化的影响，不断受外来文化冲击所形成的优秀民族文化，是中华民族文化不可缺少的重要组成部分，少数民族服饰作为传播少数民族文化最直观、最常见的媒介，具有聚合民族文化结晶、展现民族生产生活特色的作用，民族服饰逐渐成为各个民族发展文化旅游的“金字招牌”。

文化旅游作为文化产业与旅游产业相互融合后的新兴产业，一方面文化是旅游的一种内涵形态，另一方面旅游是文化的一种表现形式。广西发展具有少数民族特色的文化旅游拥有诸多优势，如原生态的少数民族文化、独具特色的少数民族服饰、独特的民族饮食文化、独特的民族建筑文化、少数民族特色节庆活动、少数民族工艺品、优质的少数民族文化资源等。随着广西旅游业的不断发展，以少数民族资源作为文化契机为广西旅游业注入新活力，现已成为各地发展文化旅游的新趋势。当前，文化旅游业的发展与民族服饰文化的传播有着密切的关系，在市场经济体制发展模式下，企业也加强了对于三大产业的扶持力度。少数民族服饰文化与文化旅游业的结合，能够更好地传承和发展少数民族的传统织锦、服饰制作技艺。少数民族地区的服饰、手工艺术等也是少数民族旅游文化的重要内容，利用良好的文化素养，不断提高旅游项目的品质，少数民族地区的旅游业发展也是推动服饰文化传承发扬的重要方式。通过开发文化旅游业，让具有少数民族特色的产品拥有更广阔的市场空间，同时不断拓宽思路，开发更多以少数民族服饰文化为 IP 的文化产品和项目，实现产业化发展。以具有地域代表性的少数民族服饰文化作为文化旅游产业中的生产要素，为旅游产业带来了良好的发展空间，即少数民族服饰文化资源，经过挖掘和开发，可以带来巨大的经济效益。通过举办大型特色的民族节庆活动和演出活动、博物馆展览、民俗体验等形式体现其服饰文化内涵，以吸引更多的游客加入并体验地域文化特色，为文化旅游增添文化内涵及发展动力，提升文化旅游产业的竞争力。

（四）京族服饰文化背景

我国京族主要分布在广西壮族自治区的防城港市，主要聚居地东兴市江平镇万尾、山心、巫头三个海岛，素有“京族三岛”之称。京族是一个海洋民族，依海而生，主要是靠海洋捕捞作业生活，在长期的渔业生产实践中，形成了富有京族特色的文化产品。京族特色文化涵盖众多方面，包括服饰、文字、渔具用品、民间活动等特色文化，这些文化都散发着京族文明的独特性、多元性。京族服饰文化独具风格。男性服饰一般没有扣子，讲究袒胸窄肩，长度基本都在膝盖以下，服饰色彩以浅青色、浅蓝色等为主；裤子造型长且宽，颜色以黑色为主。妇女一般身穿菱形的遮胸布与窄袖紧身对襟无领的短上衣，搭配长而宽的黑色或褐色裤子，外出时加穿窄袖的白色长外衣（形似旗袍，但较长，下摆较阔）。随着近些年来市场出现的“非遗热”，非遗产品及其附属产品市场变得宽广，2010 年京族服饰制作技艺被列入自治区级第三批非物质文化遗产名录，京族服饰作为非遗文化的产品更加具有市场吸引力。

（五）京族服饰文化发展现状

在当今的现代化社会中，新的事物不断涌现。在传统与现代的冲突中，京族的人们，无论是生活方式还是价值观念，都发生了巨大的改变，京族特色文化正在日复一日的逐渐流失。如今，京族具有海洋特征的传统民族服装文化与陆地服装文化日趋相同。根据第七次人口普查数据显示，2021 年京族人口为 3.3 万人。但在现代生活中，只有少部分京族人仍保留着京族传统服饰文化的习惯，掌握京族服饰制作技艺的人群相对较少，这都从侧面反映出京族民族服饰制作技艺的传承面临着挑战。

关于京族服饰，古老的窄袖紧身的京族传统服饰由于不利于劳作和出海以及色彩鲜艳度较低、不够美观等多重因素，已被更为舒适的现代化时装所取代，同时京族这一民族大众知晓率较低，其服饰受众范围小，这为传承和推广京族服饰增加了一定难度。此外，经调研发现，全面掌握京族服饰制作技艺的人数较少，非遗技艺面临传承人稀缺的难题。加之汉服等其他民族服饰发展较快，市场竞争压力大，同质化产品较多，京族服饰难以出众。因此，加强京族服饰及其文化的传承和保护，并加以改良使其更加符合现代审美和时尚，是推动京族服饰、文化发展的创新路径。

二、恭城瑶族康养模式借鉴下京族服饰发展路径

京族是中国唯一的海洋民族，在其文化上有着特殊的优越性。服装文化是民族文化中的术瑰宝，它能最大限度地反映出少数民族人民的生产、生活方式和对美好的向往。京族服饰的发展，可以借鉴恭城瑶族康养发展的路子，既发展旅游，又发展京族服饰文化。

（一）以京族为基点，打造特色品牌

民族服饰的发展必须立足于自身的民族文化，走出一条在现代化浪潮中发展的道路。京族服饰文化因其特有的渔猎文化及海洋民族特色，已成为当地旅游的一大特色。将京族服饰与当地旅游产业相融合，将自身优势发挥到极致，让游客对京族服饰有一个深刻的印象，将京族服饰文化继续传承下去。

（二）着眼于创新，将京族服饰文化融入当地生活

在继承传统的基础上，对民族服饰进行恰当的改造，将民族服饰与现代设计相融合，并不断地进行创意开发，扩大消费群体，扩大市场。对京族服饰进行革新，让其既能体现京族特色，又能融入当代设计。在日常生活中，充分运用京族元素，推动京族民族服饰文化的发展，推动地方特色文化旅游。对于京族服饰的传承与创新，还需要对京族服装进行改良及创新设计。在继承京族传统的基础上，可以将京族服饰中的一些元素进行合理提炼并融入现代设计中，让其更具时代气息。同时应该考虑到服装款式、颜色等方面与现代设计相融合，让服饰更加美观且实用。

（三）构建京族服装文化产业的服务链条

少数民族服饰所体现出的民族和民族的文化特点，对旅游业的发展有着重要的意义。在京族服饰生产、加工、销售链条中，还可以加入各种形式的服务，比如让游客参加京族服饰的生产、加工，感受其独特的工艺等。发展京族服饰文化产业，既能增加本地居民的经济收入，又能增强京族民族的自信，又能促进京族服饰的传承与发展。

（四）结合边境旅游助推京族服饰文化发展

边境旅游是沿边地区在发展过程中为了进一步开放发展所产生的。边境城市旅游得到很多政策支持，2015 年国务院颁布《国务院关于沿边重点地区开发开发若干政策措施的意见》以及《兴边富民行动规划（2011—2015 年）》等政策保障了边境城市旅游业的发展。广西边境县市兴边富民旅游廊带建设是以边境旅游业发展为主要依据的具体思路和构想，广西环北部湾地区边境旅游在我国“一带一路”倡议的提出和构建的背景下奠定了坚实的基础。防城港市位于广西南部，是中国唯一一个与东盟陆海相通的城市，海洋资源丰富，三岛三湾交错分布，因此依托海洋发展旅游也成为其必然的选择。东兴市位于防城港市内，是我国京族唯一的聚居地，具有特色文化及特色节日、美食，既丰富了当地的地域文化，又成为了良好的文化旅游资源。在“后疫情时代”，边境旅游符合“推动形成以国内大循环为主体，国内国际双循环互相促进的新发展格局”。

旅游业的发展促进京族文化发展及推广。旅游活动的过程既是一个经济消费的过程，也是一个社会交往和文化交流的过程，旅游者离开自己惯常生活环境，到另一个地方去开展旅游活动，其目的往往也是为了解异域社会和异域文化。京族服饰文化具有独特的海洋民族以及渔猎文化的特点，对于旅客来说是旅游购物的极佳选择，满足游客旅游购物的需求。曲玉镜认为民族服饰与其他社会文化现象一样，具有时代性、变异性，但其继承性和稳定性使它拥有独特、鲜明的地域色彩。改良版京族服饰在京族独特的服饰文化的基础上吸纳现代设计，使它更加贴合现代人的审美，增加游客购买欲，有利于深化旅游活动，增加旅游经济效益，提高旅游的社会文化效应。改良后的京族服饰在边境旅游发展的背景下具有极大的发展前景，既具备经济效益，又能促进当地特色文化的继承与发展。京族服饰文化与边境旅游的结合，可以将服装的生产、制作技术等方面加以改进，进一步发挥其经济效益。同时，通过加强对京族服装文化的宣传，吸引更多人关注京族文化。在这种条件下，将其生产与旅游相结合可以进一步推动服装的制作和销售以及旅游商品的开发。积极发展边境旅游，能促进京族文化的发展与传承，而京族服饰作为京族文化中的一个重要部分，在文化发展过程中也将得到继承和发展。

三、“边境＋京族文化”旅游发展模式现存困境及解决策略

中国、越南山水相连，两国在文化、经济、政治等各方面往来颇多，这也促进了中越边境旅游的发展。东兴市位于中越边境，属防城港市，地处环北部湾地区边境旅游圈内，地理位置得天独厚，加之我国唯一的海洋民族——京族聚居在东兴市的“京族三岛”上，当地政府大力支持京族文化发展，京族服饰迎来了发展良机。以京族文化为核心，边境旅游为契机，推动

构建“双促进”的发展模式在实践中得到了检验和发展，但仍存在边境旅游发展低迷，京族服饰、文化知名度较低等问题，这些问题若得不到解决，将影响京族服饰的发展。

（一）现存困境

1. 边境旅游模式基础差，带动能力弱

环北部湾旅游圈以北海市为核心，辐射包括钦州市、防城港市的北部湾城市群，形成“北海—钦州—防城”金三角的旅游圈。毗邻东南亚国家尤其是越南的地理位置为旅游圈发展打下了良好的基础。但从总体上看，环北部湾旅游圈城市群规模较小，大部分为中等城市，经济发展速度较慢，区域经济欠发达，这导致地区基础设施较为落后，加之依托城市在全国知名度较低，旅游业也并非主导产业，旅游业发展处于中等水平。而京族服饰受到旅游业低迷的影响，发展受限。一是当地政府对京族服饰及文化的宣传程度较低，目前当地的旅游业以宣传海洋景观和海洋文化为主，缺少对少数民族文化的深入挖掘，京族作为我国唯一的海洋民族，依海而生，在其长年累月的渔业生产活动中，创造了丰富并且极具民族特色的文化产物。京族特色文化涵盖众多方面，包括服饰、文字、渔具用品、民间活动等特色文化，这些文化都散发着京族文明的独特性、多元性。若能将京族文化与旅游业相结合，打造具有京族特色的旅游模式，将促进双方的共赢。二是资源相似，缺乏自身特色。以桂林市恭城瑶族自治县为例，恭城瑶族康养旅游模式知名度较高，其以瑶族特色油茶为主打产品，辅之长寿康养品牌，既实现了瑶族特色文化的传播，也带动了当地旅游业的发展。而东兴市目前的旅游模式仍以发展海洋景观旅游和边境旅游为主，与其他沿海城市相比竞争力较低，京族文化旅游模式也停留在服饰出售、特色民居参观等方法，与其他民族旅游资源相比差距不大，吸引力低。

2. 京族服饰文化面临发展传承困境，年轻人感兴趣程度低

在传统和现代的交织碰撞下，京族人民的生活方式和价值观念随之发生了很大变化，京族特色文化正在逐渐流失。根据第七次人口普查数据显示，

2021 年京族人口为 3.3 万人。但在现代生活中，只有少部分京族人仍保留着京族传统服饰文化的习惯，掌握京族服饰制作技艺的人群相对较少，这都从侧面反映出京族民族服饰制作技艺的传承面临着挑战。京族文化自身所面临的困境也影响着边境旅游模式，游客对于当地少数民族文化了解程度低，加之京族文化的主要通过京族服饰、当地政府宣传等途径进行宣传，传播方式及其衍生产品单一，对游客毫无吸引力，不利于京族服饰的发展，"边境 + 京族文化"的旅游模式无法实现真正的价值，带动发展能力下降。

3. 受新冠肺炎疫情影响，文旅产业遭到冲击

2020 年，新冠肺炎疫情爆发，国民经济遭受到了巨大冲击，特别是文化旅游业，几乎处于停摆状态。环北部湾旅游城市群承受能力较差，疫情带来的冲击也较其他城市大。2022 年 12 月，国家发布了《关于进一步优化落实新冠肺炎疫情防控措施的通知》，防疫政策发生了翻天覆地的变化，总体向着开放的方向迈进。但对于边境文化旅游模式而言，虽会迎来供需两旺，但回暖周期长。京族服饰的发展也随着文旅产业缓慢复苏，但不可能一蹴而就，还需等待发展良机。

（二）解决策略

1. 加快城市建设，打造城市特色

基础设施对于城市发展而言至关重要，能为旅游业的发展提供源源不断的动力。要想发展边境文化旅游，在带动旅游业发展的同时提高京族文化、服饰的知名度，就必须加强基础设施建设，突出边境城市、沿海城市、少数民族聚居城市形象，加大力度整治市容市貌、完善交通运输条件，找准城市定位，把京族海洋文化与发展边境旅游业进行有机融合，在不破坏京族特色古建筑、古街道的情况下，对这些历史文化遗产进行保护和开发。例如在桂林恭城瑶族自治县，当地政府将瑶族油茶、瑶族康养与旅游业有机结合，临街标志性建筑、路灯、广告牌、雕塑、民居等都体现了瑶族文化元素。京族文化及服饰要想迎来发展新机，必须结合当地旅游特点，打造属于自身的城市特色。

2. 构建京族特色风情园，带来别具特色的旅游体验

如今，少数民族文化逐渐映入大众的眼帘，也在潜移默化地影响着消费者的审美观。2010 年，京族服饰制作技艺被列入自治区级第三批非物质文化遗产名录，京族服饰作为非遗文化的产品更加具有市场吸引力。要想改善旅游结构，实现京族文化和边境旅游的有机结合，就必须对京族文化加以重视。以京族三岛巫头、澫尾、山心为核心，打造京族特色风情园，全面、生动地展现京族服饰及其文化。风情园大体可以分为三个部分，一是京族特色服饰体验区，在该区域，游客在京族服饰制作技艺传承人的带领下，一步一步切身参与京族服饰制作过程，了解京族服饰制作的不易，并提供服装体验、租赁服务；店里还可以出售改良后的京族服饰，提高京族服饰的知晓率。二是京族文化体验区，该区域可以利用现代科技设置 VR、AR 体验区，通过增强现实技术和虚拟现实技术让游客身临其境地体验京族人民出海打鱼、京族哈节等活动，还可以让游客尝试弹奏京族特色独弦琴等。同时对京族特色衍生文创产品进行售卖，在文创中，将京族文化内在精华提取出来，把鲜明的时代特点、传统艺术的神韵都渗透在文创作品中，把京族衍生文创产品所具备的民族特点全面展现出来，获得崭新表现效果、视觉形象。三是京族美食体验区，该区域可以通过售卖京族米粉、“风吹饼”“鲶汁”等京族特色美食，提高游客对京族的感兴趣程度，从而带来独特的京族文化旅游体验。

3. 强化产业链，培养京族服饰制作技艺传承人

恭城“瑶族康养”旅游模式之所以取得巨大成功，就是因为恭城依托着生态优势、文化优势、康养优势，不断完善和延长产业链，从文化宣传、基础设施保障、瑶族文化开发以及服饰制作到培养瑶族服饰制作技艺接班人，环环衔接密切，促成了“恭城模式”的成功。对于京族服饰而言，不仅要在当地培养浓厚的民族文化氛围，还要做好京族文化及服饰的传承工作，强化京族文化营销旅游产业链。在发展旅游业的同时，普及京族服饰制作技巧，使社会群众全方位地了解京族传统服饰文化，传授京族服饰制作技法、工艺，解决非遗传承面临的困难，创新京族服饰制作技艺融入现代化生活。通过传承京族制作技艺和精益求精的工匠精神，树立良好的品牌效应和提供个性化服务，让更多人了解京族服饰，培养京族服饰制作非遗传承人。

四、未来展望

随着社会经济的发展，居民消费进入升级时代，不仅购买力上升，而且更加追求于品质保障与个性化等方面，这一变化使民族服饰产业迎发展新机遇。如今穿民族服装形成了新兴的时尚风潮，今年来，不少少数民族旅游景区和民族服装爱好者对民族服装的需求量增加，使民族服装这个原本小众的爱好，开始从小众走向大众，民族服装风潮的背后，一个热点的文化消费市场正在快速扩大。我们希望通过借鉴瑶族服饰的品牌宣传方式进一步发扬京族改良服饰，通过走向市场来延续京族服饰的生命力，努力做到在传承和创新的过程中仍保持京族的服饰传统和文化特色，进一步适应现代化的生产和生活需要，获得当地老百姓和外地游客的青睐。京族服饰文化内涵丰富，包括纺织、印染、刺绣等工艺，图案纹样，色彩表现及饰品加工等元素，有很高的审美和艺术价值。在未来我们希望能实现传统与时尚有机结合，走出“服饰 + 非遗文化 + 旅游”这一条产业融合新路径。

服饰文化的传播同旅游业的发展具有非常密切的关联性，旅游是少数民族文化传播的重要途径。随着京族三岛旅游业的发展，京族服饰作为京族文化一个符号现象存在在旅游活动中，因为京族服饰文化非常丰富，以服饰文化元素为主的旅游产业带来了良好的发展空间，利用良好的文化素养，不断提高旅游项目的品质，满足大部分旅游者的文化求知需求，带给游客不同寻常的精神洗礼与参与热情。

通过推广非遗服装，不但可以吸引更多的游客，还可以为当地的旅游业创造新的经济增长点，带动相关行业的发展，优化旅游产品结构，改善当地的交通、基础设施，提高少数民族的生活质量，为当地的就业创造更多的收入，增强当地少数民族的文化认同感、自豪感和凝聚力，增强历史遗迹保护和传统文化传承的意识。

人们参与旅游活动来到京族三岛地区，不仅可以受到京族文化的渲染与熏陶，还将京族文化带到自己的家乡，这就是京族传统文化传播的过程。在互联网快速发展、信息互动频繁时代背景下，人们可以通过手机、相机等设备将当地的文化拍摄、记录下来，从而向更多区域传播京族传统文化。传播的方式的多样化，增强了文化传播力度。因此，旅游产业与京族传统文化的深度结合是非常重要的。通过旅游业发展正确认识到不同地区文化的差异，以包容性的原则促使少数民族传统文化的多元化发展。京族传统文化形态的形成，要坚持平等、尊重文化的发展原则，还要积极促进与其他地区文化的交流，吸取其他文化的精髓，树立良好的民族地区形象，同时对维护自然生态环境，促进京族非遗文化文化的传承与创新有良好的影响。

参考文献

[1] 刘芳. 京族文化旅游开发新探. 商丘师范学院学报，2019（3）.

[2] 陶丽丽，伍声凤，王燕. 基于文化传承的广西民族旅游发展模式创新研究. 中国市场，2022（5）.

[3] 孙佳仪，杨允出，蔡建梅. 非遗视域下少数民族服饰的保护与传承研究. 美术教育研究，2022（10）.

[4] 刘帅，朱盼盼，钟文文，等. 民族服饰文化传承与资源库建设研究. 化纤与纺织技术，2021（9）.

[5] 梁梅朵. 广西文化旅游与少数民族服饰文化的联动关系研究. 文化产业，2020（23）.

[6] 吴忠军，孙华强. 民族地区非物质文化遗产空间分布与旅游相关性研究——以广西为例. 广西职业师范学院学报，2020（4）.

[7] 玉时阶. 瑶族传统服饰工艺的传承与发展. 广西民族大学学报（哲学社会科学版），2008（1）.

[8] 李璐. 色彩审美和图案内涵下的瑶族服饰文化研究. 流行色，2022（8）.

[9] 耿聪. 旅游发展背景下少数民族传统文化的传承与创新. 中国民族博览，2019（4）.

[10] 廖国一. 东兴京族海洋文化资源开发——环北部湾地区边境旅游研

究系列论文之一 . 西南民族大学学报（人文社科版），2005（1）.

［11］王雪芳 . 环北部湾滨海跨国旅游圈的构想——环北部湾地区边境旅游研究系列论文之四 . 西南民族大学学报（人文社科版），2005（12）.

［12］陈廷武海 . 中越边境旅游可持续发展——环北部湾地区边境旅游研究系列论文之三 . 西南民族大学学报（人文社科版），2005（1）.

［13］曲玉镜 . 我国少数民族服饰资源的旅游价值及开发 . 民族艺术研究，2006（3）.

［14］符达升，过竹，韦坚平，等 . 京族风俗志 . 北京：中央民族学院出版社，1993.

［15］李青华 . 京族 . 长春：吉林文史出版社，2010.

非遗传承教育与乡村文化振兴发展路径研究

——以邕宁壮族八音为例

庞琨　何丽媛　韦牧虎　徐子涵　隆鹏志

引　言

在农业社会，乡村文化是传统文化的主体，在传统文化体系中居于主导地位。“在国家现代化的进程中，乡村受到城镇化时代潮流的裹挟，传统农业文明受到现代文明的冲击，乡土中国正在经历着千年未有之变局，农村在快速发展的同时出现了村落空心化、乡村传统文化和乡村文明消失的现象。”①在中华民族伟大复兴历史使命下，乡村振兴尤为重要。在新的经济社会发展时期，经济发展“唯先、唯上”的思想，使农村的发展更加注重经济发展，注重物质条件的改善，而忽略了社会发展和民族文化的传承；注重“硬条件”的基础建设，忽略了“软环境”；注重挖掘和利用民族文化资源，忽略了保护与可持续发展，这就造成了整个农村社会发展的“失衡”。乡村文化振兴应当发挥好文化的“强根”作用，深挖乡村文化资源，拓展乡村文化空间，培育乡村文化生存土壤。

中国音乐文化在中华文化中占有举足轻重的地位，是中国悠久历史文化流传到现在的活态见证。在国家等四级行政体系下，在每一次公布的非物质文化遗产项目当中，音乐类非物质文化遗产项目都是基于目前能够看到的最

① 陈锡文：《走中国特色社会主义乡村振兴道路》，北京，中国社会科学出版社，2019。

有代表性的活音乐历史。我国学者对于地方传统音乐的研究主要集中在生存困境、发展困境以及发展机遇等方面。在关于生存困境影响研究主要围绕在两个方面，一是当前传统音乐文化正面临消亡，二是继承传统音乐的接班人发展滞后。张萌指出，音乐文化遗产可以分为有形和无形两种类型：有形的遗产包括历代的乐器、音乐、乐谱、珍贵的照片，这些都是珍贵的文物，不仅可以作为研究的对象，也可以作为收藏品；所谓无形遗产，就是在各种媒介中记载的语音文字，它们会随着载体的消失而消逝。[①]黄永林认为目前的非遗传承人文化水平普遍较低，靠师傅、家族的自发传承难以全面、规模地进行，而且缺乏对传统文化的认同，使得传统的传承出现了"人才断档"，需要新的传承方式和群体。[②]关于地方传统音乐文化发展困境，边吴丽指出传统音乐的发展问题并不只是因为它本身的问题，而是因为新媒体的"新"比传统的媒体表现出更大的差异，传统音乐的传播方法有了新的变化，但是新媒体环境对传统音乐发展产生了新的影响。[③]胡小东也指出，传统音乐艺术生存土壤受到了现代化发展的严重破坏，无所不在的现代化对传统音乐艺术生存发展造成了强烈冲击。另外，"申遗"成功后所产生的发展难题也是一个很大的问题，"申遗"成功之后，很多地区的旅游发展都走上了"急功近利""过度商业化"的误区，任意篡改"非遗"，使之彻底变味、变质。[④]在发展机遇方面，李桢等认为作为音乐类的传统文化可以通过各种平台来宣传，同时也可以通过各种渠道来促进音乐创作群体的传播和表达方式，改进互联网和媒体的运营方式，比如对新的音乐作品进行更新，对受众人群的关注点进行分析，进行多平台以及多形式的推广。[⑤]除此之外，赵亚红对于壮族八音的现状做了一定的调查，描述桂中、桂东地区的壮族八音呈现"一枝独秀，其余散落"的态势。其中"一枝独秀"正是指南宁市邕宁区壮族八音。[⑥]

① 张萌：《抢救音乐文化遗产》，载《音乐周报》，2002-07-19（001）。

② 黄永林：《数字化背景下非物质文化遗产的保护与利用》，载《文化遗产》，2015（1）。

③ 边吴丽：《新媒体环境下中国传统音乐的困境与机遇》，载《北方音乐》，2015（6）。

④ 胡小东：《传统音乐的生存困境与发展困惑》，载《贵州民族大学学报》（哲学社会科学版），2013（1）。

⑤ 何啸磊、李桢：《传统音乐文化产业在大数据时代下的发展策略探索》，载《四川文化艺术研究》，2021（00）。

⑥ 赵亚红：《桂中、桂东地区壮族八音现状调查》，载《北方音乐》，2018（19）。

综上，现有文献关于地方传统音乐的研究已取得丰富的研究成果，但对地方性传统音乐的研究多集中在生存、发展困境以及机遇等方面，对地方传统音乐的具体表现形式——壮族八音的研究较少，鲜有学者立足于非遗传承教育与乡村文化振兴的背景下，对壮族八音的发展现状、困境以及对策进行相应的研究。

鉴于此，本文主要以南宁市邕宁区新江镇八音艺术发展传承现状为切入点，针对其当前发展所存在的困难和问题，提出相应的解决措施，研究非物质文化遗产如何在乡村地区实现发展和教育传承，总结在乡村振兴背景下乡村文化和非物质文化遗产传承发展中面临的机遇和挑战，形成对乡村非遗传承教育可持续发展的有益研究。

一、壮族八音传承的起源及现状

壮族八音是广西众多非物质文化遗产中较为特殊的一种，它不仅是一种乐器，也是一种民间音乐，同时也是壮族人民日常生活的一种重要组成部分。对其起源、发展和传承状况进行深入的探索，对于了解壮族非物质文化遗产的特点以及提出相应的保护措施具有重要的意义。壮族八音是邕宁地区的一种音乐形式，它的演唱形式主要是“唱”，与当地语言、风俗习惯相融合，表现出壮乡人热爱生活、热情好客、热爱歌唱等特征。

（一）邕宁壮族八音的源流及演变

广西壮族八音，分为南路八音和北路八音，南路八音以邕宁和武鸣八音为代表，北路八音以隆林八音为代表。壮族八音原指古代吹打乐器的统称，依乐器制作材料的不同，将乐器分为金（如钟）、石（如磬）、竹（如管）、匏（如笙）、土（如埙）、革（如鼓）、丝（如琴）、木（如柷）等八类，俗称“八音”[①]。壮族的八音表演广泛存在于日常的生活当中，无论是结婚、庆新房、庆生、满月等喜事，还是迎神、祭祖、丧事等庄重传统的活动，都会进行八音表演，其表演的内容大致可以分为欢乐和丧葬两部分。桂中、桂东地区的壮族八音呈现“一枝独秀，其余散落”的态势，“一枝独秀”正是指南宁市邕宁区壮族八音。邕宁壮族八音是在广州八音的基础上，集壮族民间音乐、壮师剧、邕剧之长，从而形成和发展了自己的独特体系。

邕宁壮族八音历史悠久，最早形成于清末民初。在民国初期，八音活动就已经开始出现在蒲庙那路一带，每逢农村有举办婚嫁、祝寿、新居落成、迎宾等喜庆活动，就会邀请当地的“八音班”前来演奏。随着进一步的发展，到 1915 年左右，由黄大记等人一起组建的壮族七人八音班在蒲庙那路一代十分出名。[②]其后，通过与广东粤剧班的不断交流，八音班将自身充满壮民族、民俗特色的吹打乐基础与广东音乐相融合，取其所长，自此以后，具有极具壮民族特色的“邕宁壮族八音”就由此发展开来，流行于壮乡而长盛不衰，深深地植根于民间。20 世纪 80 年代以前，“邕宁壮族八音”作为地方品牌，流行于邕宁区和它的周边区域。1983 年，邕宁文化局组织蒲庙农民成立了百人规模的“邕宁壮族八音团”，以原乐器为蓝本，增加壮族流行的山歌“嘹啰”曲调，并且与具有独特民族风韵的岳鼓舞等传统舞蹈相配合，使它的开发更具有民族特色，在艺术表现形式上体现了独到之处，并将这一民间文化形式传承至今。自建团以后，八音队多次应邀参加区内外的各种欢迎活动。2006 年，邕宁壮族八音作为广西第一批非物质文化遗产项目被重视和保护起来。随着壮族八音被列为广西非物质文化遗产，邕宁区政府于 2010 举办第一届“八音节”，邕宁壮族八音已逐渐成为邕宁民间艺术的缩影和邕宁知名的文化品牌。

邕宁壮族八音流行甚广，分布于蒲庙、那楼、新江一带，从村庄到乡镇均设有八音队，并且不时有八音演出，为当地群众所熟悉和喜爱。邕宁区的八音队目前有大约 300 多人能够从事八音乐器弹技，规模较为固定。目前，

① 仲思东、童志群、黄升模：《“邕宁壮族八音”从壮乡走向世界》，载《南宁日报》，2010-09-27（005）。

② 蒋晨晨、蒋燮：《巾帼风采夺人目　八桂飘音天外来——广西南宁市邕宁区那路村壮族女子八音队调查与研究》，载《歌海》，2017（4）。

邕宁区共有八音表演队 36 支，能进行八音表演的成员达 2500 多人，参与活动的人员更是达到了 2.8 万人次。

（二）邕宁八音文化现状

1. 八音艺术团不断发展壮大

作为最具影响力的邕宁八音队，自成立以来曾多次应邀参加区内外各类庆典活动，邕宁壮族八音队先后代表南宁市参加自治区文化厅主办的 1998 年广西桂南八音表演赛荣获金奖，和参加自治区成立 40 周年庆祝大会方块队游行表演荣获一等奖，以及参加南宁国际民歌艺术节暨中国百花金鸡电影节和宜州市“刘三姐文化旅游节”迎宾、表演活动，受到了广大群众的喜爱。2001 年 9 月，应文化和旅游部、北京市人民政府邀请，邕宁八音队代表广西参加第四届“北京国际旅游文化节”民族风情表演，向首都人民和外国友人展示广西邕宁壮族八音风采，反响强烈，中央、北京电视台作了实况转播，《京华晚报》等媒体均作了报道。2003 年 10 月，邕宁壮族八音队应邀代表南宁市参加杭州市“西湖博览会”民族风情表演，受到中外游客好评；同年参加南宁国际民歌艺术节“八桂狂欢游”表演获第一名。2005 年 9 月，邕宁壮族八音队应邀参加江苏省太湖旅游博览会“活力无锡”狂欢游表演，无锡市 30 万市民争看巡游盛况。[①] 邕宁壮族八音已逐渐成为邕宁民间艺术的缩影和邕宁知名的文化品牌，从地区性发展到全国性，邕宁壮族八音逐渐风靡全国。

2. 八音文化功能变化

随着社会经济的不断发展，社会结构以及文化都发生了巨大的变化，少数民族民间音乐的礼教和仪式等社会功能逐渐淡化，而音乐表达的交流、娱乐功能上却不断增强，更多地承担起歌颂家乡、展演民族文化、歌颂风土人情、发展民族文化产业的交流功能。[②] 邕宁八音在社区文化中发生了较大的变化，以前的八音演出主要是在举办婚嫁、祝寿、庆生、庆新房等喜庆活动，但由于人

① 《邕宁区荣获中国八音文化之乡称号》.（2013-06-20）[2022-12-16]，https://www.nanning.gov.cn/zjnn/mswh/t684959.html。

② 王雯：《社会文化变迁对少数民族民间音乐的影响及应对》，载《贵州民族研究》，2016（9）。

们生活水平的提高，大多数居民都离开乡村前往城市居住，受城市文明的影响，很多传统的社会习俗、生活方式都在逐渐销声匿迹，人们在选择现代礼仪的同时，也放弃了这些传统的活动，八音在婚嫁、祝寿等活动中出现逐渐减少。同时由于近两年受新冠疫情的影响，提倡不聚集、不集会，因此人们的庆祝活动更是从简，属于传统八音的舞台正在从婚丧嫁娶向着文化展演变迁。从邕宁区政府于2010举办第一届“八音节”开始，如今的八音表演往往出现在各种的展演和商演活动中，由政府或企业出资开展有偿演出活动。

3. 学校开展八音相关课程

自2007年壮族八音被录入广西首批非物质文化遗产名录项目及2012年被授予自治区级“中国民间文化艺术之乡”称号后，邕宁区于2013年再获殊荣——邕宁区荣获由中国民间文艺家协会颁发的“中国八音文化之乡”称号。申报成功初期，邕宁壮族八音掀起一股热潮，曾先后在蒲庙镇那路村小学、那楼镇中心学校、新江镇中心学校、百济乡红星小学等10个小学设立少儿八音队，邕宁区那路小学也于2009年开设了八音相关课程。在八音文化课程上，老师将课本知识和本土资源有机结合，介绍八音演奏的各种乐器，通过认识八音、学习八音、模拟表演等方式加深了学生们对壮族八音文化的认知。随后，邕宁区那路小学建立了邕宁区八音非物质文化传承基地，并邀请了壮族八音传承人黄才定前去指导教学。通过一段时间的训练，学生掌握了唢呐、无孔笛、锣鼓镲等乐器的演奏技巧，少儿八音队初具规模。通过在校园内进行八音文化教育，引导学生学习中国传统民族音乐文化的同时，也促进学生进一步了解八音及其他传统文化，在学生们的心中埋下文化传承的种子。除此之外，学校也十分重视八音文艺队，在校内校外积极举办各级各类文艺活动，为八音表演提供了许多的良好平台，不仅促进了八音文化在校园的传承，也在社会上营造了良好的传统文化保护氛围。

4. 政府大力支持八音发展

邕宁壮族八音由兴起至鼎盛，经过数年的发展，壮族八音在邕宁区频频亮相，并得到政府大力扶持，成为邕宁区一张靓丽的“文化名片”。1980年左右，邕宁文化部门开始着手保护壮族八音，发扬优秀壮族传统文化，带头组建邕宁农民壮族八音队，自2000年起，为了挖掘和保护邕宁壮族八音，政府更是下拨了160多万专项经费。政府每年都要结合实际情况为八音文艺队设立演出场次任务，平均每个八音队一年演出的场次30场以上。此外，政府还积极扶持农村八音队，鼓励农村八音队外出开展有偿演出活动，每场收入在1000至2000元不等，这些八音队的年收入可达6万—10万元，保证了他们自身的生存和发展。通过这些途径，在促进乡村传统文化的发展同时，也带动了农村的经济发展。同时，将各乡镇和文化部门充分调动起来，配合八音队的表演，深入开展送戏下乡等服务活动。除此之外，自2005年起，邕宁区对全城区的八音队进行了普查登记，全面了解了邕宁区八音队的基本状况，同时积极培育八音传承人，并为他们申报了自治区级非物质文化遗产名录传承人。2010—2012年，政府加大财政投入，在非物质文化遗产项目上共投入经费400多万元，加大对非物质文化遗产项目进行传承和保护，在此基础上，打造非物质文化遗产项目活动品牌，并连续三年举办了第一至第三届邕宁壮族八音文化旅游节，期间创作、推出了《千人闹八音》《中外歌手唱嘹啰》等精品剧目，并组织音乐家深入乡镇进行采风，创作了歌曲《幸福八音》作为八音文化旅游节的主题曲，并录制成DVD光盘，在城乡广为传唱。①

二、邕宁八音文化传承困境

近年来，随着现代化进程的加快，社会经济的快速发展使得乡村群众受多元文化的影响，逐渐失去了对本土传统文化的认同感和自豪感，一些传统民俗文化在发展中逐渐消亡。其中，壮族八音是邕宁当地民众喜爱的一种传统民间音乐，在传承过程中出现了后继乏人、宣传困难、难以融入现代等困境。

（一）文化传承人主体困境

少数民族音乐文化是我国非物质文化遗产保护的重点内容，由于其依附

① 蒋晨晨：《游走于城市与乡村的壮族女子八音班》，载《歌海》，2018（4）。

于“人”而存在，以音声、形象和技艺为主要手段，表现为人与人之间的文化传递模式，因此少数民族音乐文化的传承人对少数民族音乐非遗保护的影响力极大[①]。受生活现代化的冲击，人们的思想观念在今天已经发生了极大的转变，许多传统的风俗活动已经被人们逐渐遗忘，八音表演也慢慢从人们的视野中消失。现在的人们追逐西方时尚的潮流，在各种活动中采用西式风格，人们喜好的转变进一步压缩了传统文化的生存空间，包括壮族八音在内的许多传统文化的传承变得越来越艰难。八音艺术团作为八音文化传承的主体所面临的困境和难题也随之涌现，以邕宁区新江镇壮族某八音艺术团为例，他们所面临的发展困境如下：第一，传承人的培养面临困境。传承与保护传统文化的关键在于不断地传承发展，因此传承人这个载体是必不可缺的。如果传承人消失了，那么非遗也将不复存在。由于学习难度较大，学习培养周期长、花费时间多以及家庭成员反对等因素影响，愿意学习八音的人越来越少，除此之外，演奏八音的人大多以农民为主，演奏八音只是他们的一种业余爱好，并没有形成一种需要发展的专长；年轻人受时代观念的影响，对八音的兴趣也不高，邕宁壮族八音的传承陷入困境。目前，邕宁壮族八音非物质文化传承人依旧活跃在八音舞台上，但大多数已步入中老年，若不抓紧培养新的传承人，那么不久的将来，八音将会出现失传的局面。第二，乐器的维护和部分部件制作教难。壮族八音演奏乐器之一唢呐，需要哨片加以辅助演奏，哨片的制作难度较大，更换频率较为频繁，一年需要更换两三次，哨片的制作是由团长亲手制作而成，8 个小时最多能制作三个，手工制作生产周期较长且产量少，难以满足艺术团内对哨片的巨大需求，因此哨片的损坏和难以供应在很大程度上阻碍了八音的发展。第三，发展过程中逐渐脱离群众，与群众联系不强。在现实方面，非遗活动的开展需要有稳定的受众群体，要有更好的宣传渠道，更要靠每一个参与者不断地创新，推动传统文化在新时代得到更好的延续，在人们的日常生活中不断得到体现。邕宁壮族八音在前几年开展了大量的服务活动，如“送欢乐、下基层”“千村万户文艺惠民工程”等，但近些年来由于疫情、传承人困境、政府补贴不高等因素，导致艺术团

① 李歆：《少数民族音乐的“继承人”与“传承人”——以责任主体为中心的民族非遗保护》，载《贵州民族研究》，2016（1）。

成员演出积极性不高，下乡服务活动次数逐渐减少，出现了与人民群众联系不强的趋势。

（二）文化宣传传播困境

近年来壮族八音非遗传承教育也面临着困境，因后期政府和学校的关注度降低，导致壮族八音在校内的非遗传承教育举步维艰。同时，随着学习任务的加重，八音课程与文化课产生冲突，学生参与八音课程较少，生源面临减少的困境。目前，鲜有学校开展八音教学课程，即使开设，教师和学生参与的积极性也不高。中小学开展八音非遗教育课程也存在着以下问题：第一，课程资源不足，学校缺乏与壮族八音传承人进行沟通的有效渠道，且壮族八音传承人人数较少，难以找到合适的课程资源，在设立课程时局限于已有认知而没有主动拓展和挖掘资源，直接导致八音课程内容不够丰富、无法对学生形成吸引力。第二，教学形式主义过重，非遗课程开展是一项教育工作，需遵循教育实践的规律与原则。部分小学在开展八音课程时并非出于提升学生对本地特色资源的了解程度、增强其保护和传承作用，而是将“完成教学目标和任务”作为出发点，这种形式主义的做法无法实现非遗教育课程的内在作用。

（三）传统文化融入现代社会发展困境

非物质文化遗产是当地居民长期的生产生活实践必不可缺的一部分，在对非物质文化遗产的保护与传承过程中，人民群众所能发挥的重要作用不可忽视，人民群众是非物质文化遗产保护与传承不可或缺的重要主题。[①] 在邕宁壮族八音的传承发展过程中也是如此，需进一步考察人民群众对邕宁壮族八音的认知及态度，才能更好地了解邕宁壮族八音发展的新出路。经过对新江镇人民的一番调查了解到，在新型冠状病毒疫情爆发前，邕宁区壮族八音活动较多，

① 刘诗琪、代光辉、熊晓贤等：《青神县居民对非遗传承与保护的态度及参与度调查——以青神竹编为例》，载《魅力中国》，2021（39）。

各艺术团被邀请去参加演出的机会也较多，逢年过节会举办各文艺演出活动，如在八音文化旅游节会有吹歌鼓乐大赛、歌台演出、邕宁文物·非遗文化展览等一系列活动，人民群众参与度较高，对壮族八音的认可度也较高。但在新型冠状病毒疫情爆发之后，受疫情防控限制，壮族八音演出机会大大减少，壮族八音也在一步步远离人民群众，同时随着大城市的发展和农村居住条件的欠缺，村里的大多数人们都离开农村前往城市居住，文艺队成员也不例外，导致了文艺队成员分布散，难以共同行动。除此之外，在于新江镇人民群众的访谈过程中可以了解到，当地居民对邕宁壮族八音文化认知程度不够，有部分人甚至没听说过，由此可知邕宁壮族八音的宣传力度有所欠缺。同时，居民的参与意识有待提高。只有人民群众的主动参与，才能真正融入到八音的非遗传承保护中，产生积极有效的作用，因此提高居民自身的参与意识具有重大意义。除此之外，因疫情和各大不可控因素的冲突，八音演出活动次数减少，人民群众缺乏有效途径了解和接触邕宁壮族八音。

三、发展路径对策

在乡村振兴和“申遗”热潮的背景下，邕宁区壮族八音得到了有目共睹的发展，逐渐成为当地的文化符号之一，实现了经济文化的共同发展。但随着热潮的褪去和疫情的影响，邕宁区壮族八音其本身的问题随之出现，发展和传承也遇到了困难。为本土八音文化的传承，营造一个良好的发展环境，实现地方传统音乐进一步发展需要社会各界的努力。

（一）政府发挥引领作用，改善传承人待遇

尽管当下各八音队的发展面临着新老交替青黄不接等影响，但得益于乡村振兴的加持，邕宁八音的发展仍有前景。这就要求政府遵循代表着先进文化的前进方向，发挥引领作用，引领邕宁区八音艺术团不断向前发展。经过调查研

究，针对邕宁八音的发展现状分析，认为政府发挥引领作用应从人才和资源两方面入手。针对当前邕宁八音，特别是以邕宁区八音艺术团的目前状况为例，在无突发意外情况的干扰下，在维持好原有队伍的基础上，吸纳相关人员的加入，加强邕宁区八音艺术团的潜在底蕴。对此政府应发挥引领作用，组织宣传、教育、文化等部门运用各种宣导平台广泛宣传民族民间音乐文化，宣传在保护传承民族民间音乐文化方面的好典型、好事例，宣传民族民间音乐文化在推动民族地区文化旅游产业发展方面的作用，让少数民族群众真正了解民族民间音乐文化的价值，自觉自愿地传承民间音乐文化。[①] 经过了解，八音队的成员多是拥有多重身份，在平日里他们都承担着各自生活的不同角色，他们是因为兴趣爱好而聚集到了一起，八音队伍的文艺演出算得上是他们业余生活中的重要组成环节。但也正因如此，队伍的管理存在一定困难，这时就需要政府发挥强有力的引导管理作用，对八音队人员给予一定的管理，既体现了政府对八音文化的重视，又在一定程度上有利于八音队的发展。同时在人力以外，政府资源的保障也是影响八音队发展的重要因素。八音队承担着传承邕宁八音的重要任务，八音演出是传播和继承八音文化的重要途径，所以一定程度上保障成员的物质需要，减缓成员的生活压力是促进改善八音队发展的重要方面。

（二）重视非遗传承，吸引更多人才

邕宁八音作为非物质文化遗产的重要品牌之一，在经过不断地发展过后已经拥有了一定的知名度，各八音艺术团通过表演及各种下乡活动把八音文化带进了人们的视野当中。但由于自身原因以及环境的影响，目前邕宁区八音艺术团的发展速度有所减缓，八音的传承发展也遇到了更大的困难。突如其来的疫情导致许多文娱活动搁置，八音文化演出也深受其影响。以往除了重要文娱活动和节日活动之外，每家每户逢重要事项，八音演出必不可少，但按照之前的疫情防控的要求，人数众多的活动被取消，八音也就随之在被疫情影响的这几年逐渐淡出大众的视野。在通过下乡与村民的调查了解中得知八音文化演出今昔对比，过去每逢事宜就有八音演出、喜闻乐见，但如今

① 常晶晶：《文化旅游与西南少数民族民间音乐传承》，载《黑龙江民族丛刊》，2013（6）。

却大大减少。解决邕宁八音作为非物质文化遗产亟待传承的问题，需要一大批热爱传统乡村音乐文化的人，邕宁八音作为当地文化的独特代表，独树一帜的文化符号，其发展需要受到人们的关注和重视。对于学校来说，要加强对于八音教学课程的开设，不能只注重形式主义，要充分利用本地特色资源，培养新时代青少年对于这种乡村非遗音乐的热爱；对于政府来说，要在一定程度上保障成员的物质需要，减缓成员的生活压力，使之成为一种可以值得热爱的事业，吸引更多的人才加入到八音文化的队伍中来。

（三）引入非遗 + 互联网，打通宣传新渠道

少数民族民间音乐的发展不能仅仅以文化遗产的形式来进行保护，那只是没有生命力的存在，只有被更多人所熟知，得到越来越多人们的喜爱，才是可持续发展的关键，而要解决这一问题最有效的手段就是在大数据的背景下充分利用新媒体的传播手段。[①] 当下互联网 + 作为作为一种有效且流行的宣传途径，在多方面为各个领域的事物的发展起到了重要作用。发掘八音队的文化内容，利用短视频等途径对邕宁八音文化进行宣传是发展八音的当务之急。为此可通过在多平台打造公众号，结合邕宁区当地的社会面貌、历史背景、风土人情等内容，面对不同受众人群宣传邕宁八音文化，激发消费者对于非遗文创产品的更大兴趣。邕宁八音经过长时间的发展，其深厚的文化底蕴是源源不断的内容源泉，其贴近生活的演出方式拉近了与人们之间的距离，被人们广泛接受。面对当下的发展环境，邕宁八音的宣传渠道不应只局限于线下的演出，要善于发掘其他方式，拓宽演出渠道，让更多地人们看到八音，了解八音其作为非物质文化遗产的优秀文化内涵。

（四）提高群众认同感，促进传统文化融入社会

“任何一种艺术形式都需要广泛的社会支持，脱离社会现实和民众支持的

① 吴晚屏：《大数据时代民族民间音乐的传播困境及对策》，载《贵州民族研究》，2017（4）。

艺术是缺乏生命力的。”[①] 邕宁八音作为非物质文化遗产且代表着邕宁区的文化品牌，在多个重要场合活动中都有演出。但随着社会发展，非遗热度的下降和疫情的影响，八音文化又逐渐淡出大众视野。就团队成员而言，八音不仅是一种热爱，更意味着是一种责任。但对于大众而言，八音多是作为彩头出现在活动当中，属于锦上添花，平时中对八音的了解甚少，没有意会到其中的重要意义。在调查中得知在小学曾开设有八音课程，但由于学业压力与缺少相关教学人员等，八音课程的开设最后不了了之。这说明群众缺乏对八音文化的认同感，但这由于种种原因是可以理解和无法避免的。所以应该提高群众对于八音文化的认同感，让八音文化的影响不只是在参与的人员之间，通过宣传、表演等让更多的人了解八音，增强对作为本土文化重要代表之一的邕宁八音的认同感，群众基础是八音文化提高认同感和继续发展的重要影响因素。

四、总结

本文经过调查研究，分析以邕宁区壮族八音为例的地方传统音乐文化的发展现状与面临的困境。在乡村振兴和“申遗”热潮的背景下，邕宁区壮族八音得到了有目共睹的发展，逐渐成为当地的文化符号之一，实现了经济文化的共同发展。但随着热潮的褪去和疫情的影响，邕宁区壮族八音的发展遇到了阻碍，其本身的问题也随之出现，文化的传承出现困难，当下的发展受阻。为此政府应发挥强有力的引领作用，引进人才和投入资源，为乡村的经济和文化建设走可持续发展道路。社会上也应该给予邕宁区壮族八音更多关注，为本土文化的发展营造一个良好的氛围环境，团队成员不仅要认真完成演出任务，更要意识到担负的责任，放眼长远，为团队以及其所代表着的壮族八音文化做贡献。只有通过不断发展、改革和创新传播环境，充分享用高科技资源，多渠道多层次传播和学习少数民族民间音乐文化，其在现代社会

① 吴凡:《民间音乐》，35页，北京，中国社会出版社，2006。

生活的环境中才能得到真正的传承与发展。[①] 打造独特的乡村文化，实现地方传统音乐文化的发展任重而道远。经济文化的共同发展才能更好的实现乡村振兴。邕宁区壮族八音的发展离不开社会各界成员的共同努力。

① 罗树萱:《传播学视域下云南少数民族民间音乐文化的传承与保护》，载《民族艺术研究》，2012(1)。

乡村振兴视域下三里镇“渡河公”文化的传承与发展

粟雨飞　张政玉　韦龙延　张雪宁　莫婷

一、选题缘由

中华民族的伟大复兴离不开乡村振兴，而乡村振兴需要靠文化引领。非物质文化遗产是乡村优秀传统文化的重要组成部分，因此，充分发挥非物质文化遗产的作用是实现乡村文化振兴的重要途径。“渡河公”及其衍生品是上林县三里镇特有的壮族民俗非物质文化遗产工艺品，在三里镇的特色文化资源中占有举足轻重的地位。几年来，三里镇贫困发生率由 2016 年的 18.3% 降至 2020 年的 1.25%。2018 年 9 月 26 日，中共中央、国务院印发了《乡村振兴战略规划（2018—2022 年）》，并发出通知，要求各地区各部门结合实际认真贯彻落实。在第七篇“繁荣发展乡村文化”中提出，传承传统建筑文化，使历史记忆、地域特色、民族特点融入乡村建设与维护。支持农村地区优秀戏曲曲艺、少数民族文化、民间文化等传承发展。完善非物质文化遗产保护制度，实施非物质文化遗产传承发展工程。深入挖掘乡村特色文化符号，盘活地方和民族特色文化资源，走特色化、差异化发展之路。

2021 年 2 月 25 日，习近平总书记在全国脱贫攻坚总结表彰大会上强调要在巩固拓展脱贫攻坚成果下工夫，持续推进乡村振兴，让脱贫基础更加稳固、成效更可持续。脱贫摘帽不是终点，而是新生活、新奋斗的起点。

随着工业化、城市化、现代化进程的持续推进，社会生产力不断提高。非物质文化遗产的传承与发展面临着空前的挑战，机器批量生产形式的出现逐步取代着传统的家庭手工作坊，进城务工人员的逐年增多使得“空心村”的数量随之增多，而为了更好迎合当代人的审美要求，在火热的乡村旅游纪念品市场中分一杯羹，不少的非物质文化遗产相关产品面临粗制滥造、同质化的问题。民族非物质文化遗产中是本民族人民智慧的结晶，凝聚了本民族的文化精神力量，是推动文化自信的重要拼图。“渡河公”文化作为广西壮族自治区南宁市上林县三里镇的特色民族文化，也面临着一系列的诸如知名度低、经营模式单一等问题，而“渡河公”文化是当地乡村特色的文化符号，是当地走特色化、差异化发展的重要组成部分，因而亦是当地巩固脱贫工作成果及实现乡村振兴的关键。

有关文化的传承与发展的讨论历来是学界的热点话题。黄永林关于《乡村文化振兴与非物质文化遗产的保护利用》一文，基于乡村发展相关数据的分析阐述了乡村及其文化发展的状况，指出当前乡村人口衰减致使乡村“空心化”问题加剧，城乡差距大、乡村贫困问题仍旧严峻，城市化渐渐通化乡村使得乡村日益衰落等问题，指出了非物质文化遗产乡村文化振兴中的作用并提出了开展非物质文化遗产生产性保护等应对举措。刘金龙的《发展人类学视角中的传统知识及其对发展实践的启示》中，从缓解贫困，倡导包容式公平发展等视域出发，阐明了传统知识的内涵，并指出了我国传统知识正处于边缘化的窘境，以此为契机提出了在当代保护和发展传统知识的理论及方法。上述学者以比较宏观的视角探寻了有关文化传承、保护及发展的路径，而未谈及结合当代新媒体趋势的新路径，尤其是带有民族特色的知名度不甚很广的非物质文化遗产。

“渡河公”文化虽自明朝而兴起而历四百多年，但有关其相关文化的研究可供参考的并不多。肖怡芊在对“渡河公”节日的活动内容、文化内涵、节日功能进行概述后提出了“渡河公”的传承及发展保护措施，既阐明了已取得的成绩，又指出了尚存的不足之处，指出建立三方有效保护体系、建立有效的传承人培养系统等具体措施。谈玲玲通过对于什么是“渡河公”，什么是“渡河公”节，“渡河公”节的节日亮点何在等对“渡河公”节进行了一个比较系统的介绍。已有文献表明，对于“渡河公”文化的相关研究甚少且年代都已经比较久远，已经不能切合于当代社会之下对于“渡河公”传承与发展的要求。

有鉴于此，本文以“渡河公”为主要研究对象，以系统全面地了解“渡河公”文化的起源传说为起点，在对三里镇当地售卖渡河公的经营户、手艺人、多年从事渡河公文化研究的学者、渡河公节时的活动场所歌圩和放渡的汇水河以及渡河公非遗传承基地的传承人进行了走访调研的基础上，广泛辐射多方面，并在此契机上从乡村振兴视域下探索保护、传承与弘扬“渡河公”文化的现代新媒体、网络的新思路以及可落地施行的措施。在乡村振兴视域下研究“渡河公”文化，促进乡村振兴战略总要求中的乡风文明、产业兴旺，推动建设美丽乡村、壮美广西。在2020—2035年基本实现现代化的这个关键时间时期内，在2020年迈入全面小康社会的步伐后，农村文化和乡风文明的振兴意义重大，是我国实现建成社会主义现代化强国的重要任务。不言而喻，在信息高速发展的现代社会，物质财富与精神财富的发掘具有同等重要性，是提升国家文化软实力的重要部分。当下时代背景是三里镇发展壮族传统民族手工艺“渡河公”的机遇。

尽管近年来，政府有关部门对于“渡河公”文化保有一定程度上的扶持力度，总的来说“渡河公”的知名度仍旧不高。《中共中央 国务院关于实施乡村振兴战略的意见》指出：“传承发展提升农村优秀传统文化。立足乡村文明，吸取城市文明及外来文化优秀成果，在保护传承的基础上，创造性转化、创新性发展，不断赋予时代内涵、丰富表现形式。”这为乡村文化振兴指明了方向。本文通过阐述乡风文明、产业兴旺与“渡河公”的内在联系，探究以传承和弘扬“渡河公”文化助推乡村振兴的新路径。共同助推传统民族文化的传承和弘扬，助力乡村振兴战略，以前者促进后者，让“渡河公”文化成为三里镇乡村振兴的乡风文明建设以及产业兴旺的有力支柱。

二、“渡河公”文化传承和制作工艺发展现状

上林县位于广西中南部，大明山东麓，东北邻兴宾区，南接宾阳县，西南毗武鸣县，西北连马山县，北靠忻城县，是一个以壮族为主的多民族聚居县，

是广西传统节日“三月三”的发祥地和珠江流域“龙母文化”的源头，也是国家生态示范区、首批“国家生态文明建设示范县”、中国长寿之乡、广西特色旅游名县、全国首批全域旅游示范区创建单位和“徐霞客最眷恋的地方”。三里镇地处上林县东部，此地人文风景秀丽、物产资源富饶、文化底蕴深厚。“渡河公”文化为流传在上林县三里镇一带的壮族民俗文化，历史十分悠久，现已列入南宁市国家非物质文化遗产保护对象。“渡河公的雏形是无脸、黑头、无辫、四肢抱南瓜形状，每年五月初五人们都会制作渡河公来做纪念、祈求平安。随着时代的发展和人们审美的变化，慢慢演变成有脸的、更加立体的模样，当然具体形象设计因人而异、因不同喜好而异，如壮帽、辫子都是后来根据顾客的需求创新出来的，表情也更加灵动可爱。”“制作好的渡河公用红丝线或黄丝线穿上，挂在小孩的脖子上，渡河公正好垂到小孩肚脐的位置，香艾所具有的驱邪、镇痛等药效可以让小孩身体健康。”制作渡河公是流传在广西上林县三里镇一带的壮族民俗，该民俗现有一个官方的传说：据说在远古的时候，九重天上的银河突然决堤，天河之水淹没大地，整个世界一片汪洋，在波涛汹涌的水面上有一对奄奄一息的金童玉女，危难之中幸运地抱住一个漂浮在水面上的大南瓜而得以幸存下来，历尽千辛万苦，终于在农历五月初五漂到了上林县三里汇水河畔的船山上，人类因此避免了遭遇灭绝的命运。洪水退后，两人结为夫妇，开始了新的生活并繁衍后代，这对金童玉女就开始被当地群众奉为人类的始祖，就是现在所谓的“渡河公”。后来人们制作“渡河公”，寄托着思念祖先、普度生灵、保佑平安、免除灾难的心愿，祈祷未来风调雨顺、富足安康。因此上林县“渡河公”历史悠久、承载着民族文化的重要历史信息，是极具壮族特色的历史文化资源和艺术文化资源。挖掘、保护、传承和发展渡河公民俗文化，对丰富完善我国民俗史能起到推动作用，尤其是在构建社会主义和谐社会、促进精神文明建设中具有现实的教育意义，同时也能成为广西发展文化产业、拓宽领域、发展经济的新亮点。

（一）文化传承保护现状

在成绩方面，早在 2002 年南宁国际民歌艺术节举办之际，上林县旅游局相关人员向三里镇手工艺人预定了500多个渡河公作为纪念品赠送给各国来宾，吸引了不少外国嘉宾及参会游客；2004年中国—东盟博览会会展期间，便有两个重达34公斤的渡河公与会参展，一经展出立刻引起轰动，现在已被广西壮族自治区民族博物馆收藏；而自从2006年当地乡民开始共同举行祭祀仪式及组织节日活动开始，不断有广西电视台、广西新闻频道等众多媒体对有关“渡河公”节日相关系列的活动盛况进行报道；2007年，“渡河公”这一手工艺品注册了商标，其正式成为上林独一无二的文化品牌代表；2007年的民歌节，有十多个传统手工艺人赴广西南宁向各地来宾展示了精致的“渡河公”产品，同时对外介绍了三里镇“渡河公”的民间活动，让更多的人了解“渡河公”这一独特的民间风俗；2008年，渡河公作为广西电视台手拉手活动的纪念品也得到了广泛宣传，名声更盛。现阶段对于“渡河公”传承方面的工作，为使更多年轻人关注“渡河公”，当地政府也将“渡河公”制作引入了课堂，如当地徐霞客小学开设了“渡河公手工制作”课，让更多年轻一代有机会了解学习“渡河公”文化，进而喜爱“渡河公”，为“渡河公”非物质文化遗产的传承保护及相关文化品牌事业的发展增添了更多新力量；2012年以“健康生活、欢乐旅游”为主题的第二届“中国旅游日”暨“南宁后花园·上林生态旅游养生节”在上林县举办，“渡河公”活动也成为了其中的一部分；2016年“渡河公”作为互动游戏的参加奖品亮相“乡土南宁·探秘非遗”晚会，既展现了其文化内涵，又让更多人认识了解了“渡河公”这一非物质文化遗产瑰宝，打破了“非物质文化遗产就是博物馆之中静态展品”的固有印象；在2019年的世界羽毛球混合团体锦标赛，组委会向上林县“老头公”民族文化传播中心特别订购了“六六大顺”的“渡河公”（即由六个“渡河公”环抱一个大南瓜）共计100个，作为颁奖时的礼物赠送给国内外的参赛选手，让海内外通过这一具有鲜明的民族特色的非物质文化遗产文创去了解广西，看见上林；2020年广西全域旅游大集市，“渡河公”香囊也作为真人娃娃机互动区的奖品给予参与互动的游客。

存在的不足之处主要有“渡河公”制作技艺的传承力量比较薄弱，相关人才出现断层趋势。“我从很小的时候就开始就跟着长辈学习制作‘渡河公’了，而且这门手艺是代代相传的。”现阶段了解“渡河公”文化、掌握“渡河公”制作技艺的手工艺人数量越来越少。“现在很多‘渡河公’手工艺人年纪普遍较高，眼神不如从前，做出的成品也不如以前精美。”“这几年做‘渡河公’的年轻人越来越少了，还在坚持制作的大多都是爷爷奶奶辈的了，比较可惜现在传承制作手艺的年轻人越来越少了。”在上林县三里镇当地，会制作“渡河公”的主要以妇女为主，基本上家家户户的女人们都会缝制“渡河公”，传承方式也主要多以家族传承为主，通过采访了解到很多妇女多是从小耳闻目染，技艺才得以代代相传。现在当地年轻男女开始学缝制“渡河公”的情况还是少数，资深的手工艺人还是多以老年妇女和中年妇女为主，她们除了有缝制渡河公的精湛技艺外，还了解渡河公故事背后蕴含的历史文化，可是随着她们的年龄增长，身体健康状况也不如从前后，这部分掌握精湛技艺的传承人相继退出了舞台，但是现在大多年轻人又不愿意继承相关手艺，造成了制作者“老龄化”的现状及传承技艺断层的局面，同时也面临着失传危机。对此，不少手工艺人表示自己有着很大的“传承焦虑”。此外，还有一种传承方式是师徒传授，但“渡河公”手工艺传承传统上传女不传男，这在一定程度上影响了技艺传承范围的广度，具有较大的保守性。

（二）文化产业现状

一方面上林三里镇的“渡河公”节是一个包括祭奠祈福仪式和放渡消灾的活动，能展示出三里镇壮族风俗习惯、文学艺术、伦理心态、道德信仰、审美价值的历史文化综合体。每年农历五月初五“渡河公节”，当地政府都会举办相关节日活动，具体活动内容包括巡街、对歌、祭祀、放渡、篝火、赶歌圩、祭祀祈福等，活动让越来越多的人置身其中，吸引了众多民众和外来游客热情参与进来，让人们在享受与感受的过程中体会民俗之瑰丽、传统之伟大，在一定程度上提高了人们对“渡河公”文化传承保护的意识，也对“渡河公”文化的宣传起到了重要作用。但近年来，由于受新冠疫情影响相关节日活动也减少了许多。另一方面谈及“渡河公”手工艺品，在“渡河公”手工艺品的制作材料方面，制作“渡河公”最原始使用的布为家里的碎布。“除基础布料外，还需要壮锦作为补充布料，比如渡河公腰身处的装饰就是各式各样的壮锦图样。身体里填充的是干燥的艾叶，现在大多数用的是比较容易见到的小艾叶。艾叶采摘回来后需要去掉枝干，只留叶子，晒干之后再直接填充。大型的渡河公有时也会用到我们当地特有的老艾，叶子比普通艾叶大很多，艾香也更加浓郁。当然，也有一些手艺人会用棉花做填充材料。除了这些基本的材料之外，我也会依据需要的不同样式，准备不同的材料。”后来经过政府的一定力度的宣传后，“渡河公”知名度也逐渐提高，使用的原料质量也愈加上乘。在款式方面，现在市面上的“渡河公”款式除了基础的挂脖式香囊外，还有手机链、耳环、戒指、帽子、风铃、捕梦网、汽车挂饰、衣服等，产品样式十分丰富。不少手工艺人还将多个“渡河公”组合在一起，创造出“两个抱”“五个抱”“六个抱”等样式的产品，有着“五福临门”“六六大顺”等美好寓意。此外，诸多手艺人依据不同时代背景及特殊时期也对渡河公样式进行了创新改造。“今年是中国共产党建党 100 周年，于是我想着把衣服做成红军服，在它们左肩绣上了党徽，带上了红军帽，就做出了红军渡河公。抗疫期间，我想着让渡河公也戴上口罩。平时也会根据当下不同的主题设计出不同的款式。”目前，随着“渡河公节”的知名度越来越大，“渡河公”手工艺品的市场也愈加广泛，“渡河公”香囊的制作技艺也随着市场扩展而在不断改进创新。此外，人们对“渡河公”香囊作为装饰品和收藏品的需求也越来越高，除了是挂饰、摆设外还希望获得如抱枕、礼品等更为实用的功用。诚然，人们逐渐增长的高需求反过来也作用于手工艺人制作技艺的提高和创新，为“渡河公”文化产业发展提供了坚实基础、扩大了外生力量。

（三）产品销售现状

在当地，“渡河公”文化产品的主要经营模式为线下门店经营，也有部分个体户采取“网店经营”模式。总体销售状况表现为线下售卖数量更多、销售范围更广。另外，在该地区大多数经营户的主要的销售渠道是接收政府及其他各行各业团体、组织的订单和其他消费者比如当地居民和外地游客的购买。此外，当地的某民俗工艺制作坊的“渡河公”系列产品已经远销海外，极富盛名。当地“渡河公”传承基地在销售文化产品的同时还提供教授制作方法服务和亲自体验制作服务，不仅能让消费者体会到制作过程的乐趣，更让越来越多的人愿意主动深入学习了解“渡河公”文化，起到了一定的宣传作用。在销售热季，对大部分经营户来说营业利润较为可观。“每年农历五月初五的端午节和三月三就是小镇渡河公的销售旺季，这时几乎家家户户都会开始售卖渡河公系列产品。而在日常生活中，主要的消费群体是乡镇上的居民和外来游客。”数据显示，销量状况较好的时候许多手工艺人一年会制作 1000 个以上的“渡河公”手工艺品，在 2019 年平均销量甚至达到了 2000 个。从时间上来看，2018、2019 年的平均收入较高，而 2020、2021 年由于受疫情影响，由政府组织举办的大型节日活动数量和规模都削减了很多，这在很大程度上减少了产品消费者的来源。直至现阶段，“渡河公”文化产业相关产品的销售状况仍旧未完全恢复，从而进行深层次的发展也具有一定难度。

三、“渡河公”文化传承开发和制作工艺面临的问题

（一）传播途径少，知名度小

总体看来，“渡河公”文化及其衍生的节日民俗活动的传播渠道不够多元，知名度和影响力还有待提升。分析原因主要体现在以下几方面：首先政府及相关部门没有完全发挥积极引导作用，近来当地政府对“渡河公”文化产业的发展虽有一定的扶持力度，但宣传力度还不够大，相关的保护开发措施和宣传方略的贯彻执行还有待加强深入落实。第二个原因是民众的宣传保护意识还不够，调查发现，大部分当地居民对“渡河公”文化的价值内涵以及传承意义理解不够透彻，人们对于自主宣传保护“渡河公”文化的主体意识较为浅薄，广大人民群众对“渡河公”民俗活动的参与度和积极性呈递减趋势。另一方面，该文化产业的发展缺乏相关专门机构及具备实践经验和专

业知识的专家学者的研究支持，导致难以构建起关于“渡河公”文化的完整理论知识体系，对“渡河公”文化及衍生的文化产品的传承保护和扩大宣传两项工作的深入开展不利。

（二）传承力量薄弱

著名民俗专家钟敬文教授认为：“丰富多彩的节日文化，不仅记载着我们祖先对自然运动规律的认识与把握，也显示了各个不同历史阶段的社会、经济、科技发展水平；同时也反映了民众张弛有度、应时而作的自然生活规律。”“渡河公”文化作为上林县三里镇当地的特色民族文化，其文化传承追其本质是手工艺人的传承。当前，“渡河公”制作技艺面临的传承问题主要表现为资深手工艺人老龄化、年轻人对待学习制作工艺热情度不高，传承力量较为薄弱且出现了传承断层的状况。“渡河公”制作工艺的传统传承方式有家族传承和谱系传承，且限定为女性。老一代的传承方式早已难以适应当今经济快速发展和人们审美需求不断变化的时代背景，同时也难以满足现代社会需求。此外，在新时代背景下，越来越多的年轻人将目光聚集到新兴产业、人工智能等高科技产业及其他行业，即使国家在鼓励年轻一代回归非物质文化遗产的继承事业，但年轻人对非遗文化和相关市场的热情度和关注程度仍然较低。

（三）缺乏创新性

现在市面上的“渡河公”款式除了基础的挂脖式香囊外，还有手机链、耳环、戒指、帽子、风铃、捕梦网、汽车挂饰、衣服等样式，但“渡河公”手工艺品仍需要创新更多样式、开发更多产品路线及不断拓宽产品组合长度来满足广大消费者和时代审美的需求。另一方面，“渡河公”手工艺品及其系列产品没有固定的名牌和成型的包装，不具备一个的产品销售应具备的完整的销售基础，难以满足众多消费者的审美需求和消费需求，对顾客的吸引力较小，创新度、应用性和实用性有待强化。

（四）销售模式单一

现阶段，“渡河公”手工艺品的销售模式多为线下销售，采取线上经验模式的商家占比极小。而主要销售方式有零售批发和接受政府、企业或学校等组织的订单。总体看来，销售渠道趋于单一化，究其原因，可以作出以下分析：

其一，制作“渡河公”制作技艺工序复杂，时间成本较高。首先制作“渡河公”香囊要事先准备好各种色彩的布料、装饰料、填充料三样材料，其中布料和装饰料包括白、黑、浅粉色布块，红黄色绸缎、彩带等；填充料为艾草、香蒿、白芷、苍术等中草药和丝绵。具体的制作顺序为“渡河公”手工艺品可爱的头脸、肢体形状、南瓜饰品、拼缝整体。而整个成品下来的时间花费对于熟练的老手工制作艺人也是极高的，再加之目前掌握制作技艺的手工艺人数量较小，在一定程度上导致产成品数量基数较小，难以广泛销售。

其二，受区域范围因素和传统销售观念的影响，开发新型销售模式易受到限制。当前与“渡河公节”相关的活动的进行主要以三里镇为中心，辐射范围较小，呈现出分散化和简单化的特点，不利于更多民众加深了解“渡河公”文化，对相关文化产品的销售造成了一定的影响。此外，基于资深手工艺人多为老年妇女和中年妇女的现状，“渡河公”文化产业的经营和相关文化产品的销售易受传统观念的束缚，难以迎合少数民族文化产业得以生存发展的时代需求。再者，当地经营户大多未将制作“渡河公”手工艺品作为自己的主业，少有经营者致力于该文化产业销售模式的更新和销售渠道的拓展，整体销售经营缺乏创新力量。以上，均在一定程度上导致创新型销售模式如电商经营难以得到大范围、深层次发展的局面。

（五）销售周期短，产业整体较脆弱

“渡河公”手工艺品的销售的热季主要是“端午节”和“三月三”两个节日期间，其余普通时段、节假日销售量均不容乐观，产品可观销售时期较短。此外，“渡河公”文化产业整体较为脆弱，受社会环境、时间因素、空间因素的影响较大。如：2020、2021年由于受疫情影响，由政府组织举办的大型节日活动次数大量削减，在很大程度上减少了产品消费者来源。现阶段，“渡河公”文化产业的销售艰难局面仍旧未完全恢复，进行再开发具有一定难度。

四、“渡河公”制作工艺的传承与发展的对策

非物质文化遗产是文明的标志、记忆和载体，其所蕴含的思想观念、人文精神、道德规范是一个民族生生不息、发展壮大的精神支撑，是民族的核心构成。近年来，在国家推行非物质文化遗产生产性保护和大力发展文化产业的大背景下，各地积极探索将乡村非物质文化遗产保护传承与推动特色文化产业发展紧密结合起来，通过保护方式、保护内容和保护机制的创新，拓展文化产业发展的新领域和新途径。自上林县三里镇“渡河公”列入国家非物质文化遗产保护对象以来，当地政府、相关部门和手工艺人等多方客体均在一定程度上从不同层面加大了对“渡河公”文化及相关产品的传承与发展道路的探索力度，但由于受“渡河公”文化本身知名度较小、制作工艺传承力量薄弱、文化产品销售受阻等诸多因素影响，相关措施和策略并没有呈现出较大成效，该文化及相关制作工艺的传承与发展仍面临较大困境。在当今经济快速发展的时代背景之下，真正有效地传承与发展“渡河公”文化及制作工艺应从扩大宣传、增加传承力量、提升文化产品创新度、改变经营模式、拓宽销售渠道等方面深入开展相关工作。具体而言，走出渡河公非物质文化遗产的传承与发展的困境，应当从以下几个方面着手。

（一）加大宣传力度、拓宽宣传方式

政府和相关部门应积极发挥主导作用，加快落实“渡河公”文化传承发展与保护开发的相关工作，并加强联系社会其他客体开拓宣传途径。例如可以与相关新闻媒体公司达成合作，拍摄特色宣传视频，让更多民众可以通过

主流媒体流量平台来深入了解“渡河公”文化及其文化产品的历史价值和现实意义。具体实施方案笔者认为可以拍摄以“渡河公”历史传说为故事背景并结合生动有趣的剧情基调的宣传视频，在符合当代广大人群审美需求的同时，也能让更多人了解并持续关注“渡河公”文化。另一方面，政府及相关还可以通过丰富“渡河公”文化民俗活动的形式来调动人民群众的积极性，如举办“渡河公”制作大赛、“渡河公”摄影比赛、“渡河公”文化传承保护发展的交流会议等活动，以达到宣传渡河公传统民俗活动的文化内涵、培养民众们的主体意识、唤起民众对“渡河公”的自觉保护意识、意识到“渡河公”文化的价值意义所在等目的。再者，为深层次开展相关宣传工作，组织专家学者展开对“渡河公”文化传承发展和制作技艺理论体系的研究亦十分重要。

（二）完善当前传承体系，增添更多传承力量

现阶段，“渡河公”手工艺品制作技艺的传承形式分为家族传承和师徒传授两种，资深的手工艺人多为老年妇女和中年妇女，呈现出老龄化的趋势，年轻一代对“渡河公”的历史来源、文化内涵和制作技艺不了解甚至不知晓。基于以上现状，当地政府应当制定完善“渡河公”制作技艺传承体系的相关规定，将制作过程具体步骤和技巧整理成书，以便其他爱好者实践学习。同时，政府也应加大对“让制作渡河公进校园”这一举措的扶持力度，当地学校可开设地方民族文化特色课堂，让孩子们从课上系统地了解“渡河公”，并运用更多喜闻乐见的方法扩大培养青少年制作“渡河公”这一兴趣爱好的渠道。总之，需不断加强与相关文化站和培训机构的密切交流合作，为传承与弘扬“渡河公”文化注入更多中坚力量。

（三）增强“渡河公”手工艺品的创新性

非遗的传承与乡村振兴之间是相互促进、难以分割，特色非遗文化能有效助力乡村振兴，三里镇“渡河公”文化及其衍生产品是当地激发乡村振兴

活力的重要源泉。在此现实意义下，“渡河公”文化及其文化产品根据时代潮流的发展和大众审美、大众需求的变化进行创新再设计，则十分重要。

首先在包装上需要进行创新设计，在满足基本销售条件的同时，也能突出宣传产品的文化价值，深化经济意义与传承意义。“希望包装上能够展现我们三里镇的特色自然风光，比如汇水河、汇水桥等；其次一定要突出产品本身，更需要体现我们三里镇的壮族文化等民族特色以及端午的节日元素。”而针对“渡河公”手工艺品的创新发展，笔者与当地经营户、手工艺人等在手工艺品的外形包装、设计理念等方面进行交流，提出可以制作“渡河公”产品的节日限定款，如七夕节可以推出七夕情侣限定渡河公、春节推出新年限定款等；此外，笔者认为还可以根据不同的人物形象进行创新制造，如根据农民形象设计“草帽渡河公钥匙扣”等，根据不同消费者的需求来量身定制。总之，可以根据时代实事、各大节日等设计更多创新的“渡河公”手工艺品，增添创新力，为“渡河公”非遗的传承和弘扬增添生机和活力。在传承中发展，在发展中传承，继承传统、推陈出新、取其精华、革故鼎新，让“渡河公”非遗文化源远流长。为助力三里镇乡村振兴融入更多活力、提供更多发展的动力，进而巩固三里镇脱贫成果，在传承与弘扬“渡河公”非遗文化瑰宝的同时助力三里镇乡村振兴。

（四）创新经营模式，开拓销售渠道

第一，推广电商经营模式。电商经营的具体实施方案有：建立电商服务站，在网络上同步产品信息和经营信息，消费者和供应商可以直接通过网站了解产品全部信息、商户经营状况及管理活动等，还可直接通过网站与经营商进行交易。另一方面，它可将市场信息同当地经营团体内部管理信息系统连接在一起，将市场需求信息传送到经营团体内部管理信息系统。经营商根据市场的变化组织经营管理活动。此外，还可对外链接电商平台，在互联网销售平台上售卖“渡河公”系列产品，在扩大推广宣传的同时也拓宽了销售渠道，延长了销售周期。在农村，受到地域、文化、配套设施等因素影响，互联网应用难度较大，必须主动推进。而服务站是最贴近村民的电商普及功

能区。在为农民提供电子商务基础服务的同时，可以突破信息瓶颈，改善销售周期短的问题，带动“渡河公”系列产品的销售，促进手艺人增收，带动当地经济。

第二，结合当地实际，采用合伙经营模式，以提高当地“渡河公”产业韧性和应对风险的能力。一是采取民主选举的方式成立管理层，至下建立手工艺人团队，层层合作，互相监督；二是不断建立和完善管理机制、分配机制和薪酬制度等，共同管理，共同受益，共同承担风险。从研究结果显示，当地“渡河公”产业规模不大，多为个体经营模式。因此当地个体手工艺人可采用合伙一起干的模式。合伙经营模式分工较为明确，合伙人根据自己擅长的领域去选择合适的岗位，共同经营创造利益最大化，实现资源有效配置。

参考文献

［1］黄永林．乡村文化振兴与非物质文化遗产的保护利用——基于乡村发展相关数据的分析．文化遗产，2019（3）．

［2］刘华芹．参与及融合：乡村振兴整合层次研究．广西民族大学学报（哲学社会科学版），2019（5）．

［3］刘倩玲．2019 年“壮族三月三”文化和旅游融合发展研讨会综述．歌海，2019（4）．

［4］钟敬文．民俗学概论．上海：上海文艺出版社，2009．

［5］肖怡芊．上林三里“渡河公”节俗传承与保护研究．桂林：广西师范学院，2014．

［6］谈玲玲．三里壮族的端午节——“渡河公”节．长江丛刊，2017（32）．

［7］刘金龙．发展人类学视角中的传统知识及其对发展实践的启示．中国农业大学学报（社会科学版），2007（2）．

图书在版编目（CIP）数据

广西乡村振兴的产业实践及其效应研究 / 刘银妹主编 . — 北京 : 民族出版社 , 2023.7

ISBN 978-7-105-17025-8

Ⅰ . ①广… Ⅱ . ①刘… Ⅲ . ①农村经济发展—研究—广西 Ⅳ . ① F327.67

中国国家版本馆 CIP 数据核字 (2023) 第 134991 号

广西乡村振兴的产业实践及其效应研究

策划编辑：李志荣
责任编辑：贾俊杰
封面设计：刘福勤
出版发行：民族出版社
地　　址：北京市和平里北街 14 号
邮　　编：100013
电　　话：010-64271909（汉文编辑一室）
　　　　　010-64224782（发行部）
网　　址：http://www.mzpub.com
印　　刷：北京中石油彩色印刷有限责任公司
经　　销：各地新华书店
版　　次：2023 年 7 月第 1 版　2023 年 7 月北京第 1 次印刷
开　　本：787 毫米 ×1092 毫米　1/16
字　　数：271 千字
印　　张：17.75
定　　价：75.00 元
书　　号：ISBN 978-7-105-17025-8/ F · 492（汉 384）